Helga Gotschlich

Ausstieg aus der DDR

Junge Leute im Konflikt

Foto: Archiv Gotschlich

ISBN 3-373-00458-6

1. Auflage 1990
© Verlag der Nation Berlin GmbH 1990
Lektor: Hans-Ulrich Schnuchel
Einband: Detlef Ringer
Gesamtherstellung: Offizin Andersen Nexö Leipzig GmbH,
Graphischer Großbetrieb
01980

Nachdenken über uns selbst

Still ist es im Haus und im Garten. Eine Amsel beginnt ihr Morgenlied. Ganz eigen verfängt sich die frühe Dämmerung in meinem Zimmer unterm Dach.

Werde ich mich dieser Stimmung einfach überlassen? Wahrscheinlich fehlt mir auch heute dazu die innere Gelassenheit. Denn da sind *diese* Briefe! Über sie grübele ich nach. Besonders nachts, wenn ich nicht schlafen kann. Auch jetzt, da ein neuer Tag beginnt.

6400 Jugendliche meldeten sich auf meine Umfrage im Februar und März 1990:

– Haben Sie Ihr Bild über die Bundesrepublik Deutschland seit Öffnung der Grenze korrigiert?

– Welche Konsequenzen/Veränderungen wird eine Vereinigung der deutschen Staaten vermutlich für Sie persönlich bringen?

– Haben Sie Zukunftsängste?

Sie schrieben aus Rostock und Suhl, aus Gera, Cottbus, Dresden, Leipzig, Chemnitz und Berlin. Aus Dörfern und Städten unseres kleinen Landes DDR, das man an einem Tag durchquert. Und das der Liedermacher Reinhold Andert besingt:

Das ist das Land mit dem Problem im Winter
das Züge stoppt und an die Fenster klirrt
Wo wir viel reden über später und auch Kinder
und wo ein Cello spielt, bevor es leise wird ...

Auf der Flucht ... wohin?

Es ist das Land, aus dem im Oktober 1989 weiter über ungarische und tschechische Grenzen »Null Bock auf DDR-Jugendliche« auf und davon liefen. (Etwa 80 Prozent der »Auswanderer« sind jünger als 30 Jahre alt!!)

Sie beanspruchten das Recht, sich zu verändern. Nicht vorhersagbar zu sein. Sich nicht festnageln zu lassen. Sie wollten werden und wachsen. Sie nahmen sich die Freiheit, zu hoffen, zu träumen, zu zweifeln, sich selbst zu lieben.

»Wie wenig wir doch gelernt haben, gut mit uns selbst umzugehen!« schrieb unlängst die DDR-Schriftstellerin Helga Königsdorf in einer Zeitung. »Vielleicht war das die größte Schuld der Vergangenheit: die Mißachtung, die Demütigung des einzelnen von außen so weit zu treiben, daß man sie verinnerlichte. Daß man sich selbst nichts wert war außerhalb eines höheren kollektiven Ziels. Wie sehr wird der Mensch, der auf solche Weise seine innere Souveränität verliert, mißbrauchbar.«

Diese davonstrebende Jugend wollte sich nicht mißbrauchen lassen. Eine großmächtige DDR-Obrigkeit – der Name tut heute ganz und gar nichts mehr zur Sache!! – posaunte seinerzeit lauthals: »Wir weinen diesen Verrätern keine Träne nach!« Was bei uns Republikflucht hieß, nannten Deutsche nebenan die »Abstimmung mit den Füßen«! – Damals nahm ich mir das Recht, nicht zu verdrängen, was mich beschwerte. Das Recht auf meinen Schmerz um junge Leute, die nicht mehr unter uns leben mochten. Ich nahm mir das Recht auf meine Ratlosigkeit. Und noch heute frage ich mich ahnungsvoll, was aus *unseren* »Auswanderern« geworden sein mag, die den herrschenden Normen eines autoritären Systems zu entkommen suchten und doch – so wie wir alle – durch dieses System DDR geprägt sind.

Haben sie am Ende erfahren müssen, daß man sich nicht von heut auf morgen dadurch verändert oder gar die eigene DDR-Identität abschüttelt, indem man das Leben in einem anderen gesellschaftlichen System fortsetzt? War es den seitens der SED-Parteiführung als »unmoralische Abweichler« diffamierten jungen Leuten dennoch möglich, die Geschichte neu zu beginnen? Den eigenen Weg zu finden? Das bislang Geglaubte in Frage zu stellen? Und das immer so Gemachte anders zu machen?

Wie erlebten die aus der Unfreiheit DDR Wegstrebenden die Freiheit des Westens? – Nachdem sie in Zeltlagern die warme Mahlzeit, Wegzehrung und einen neuen Paß erhalten hatten und in die Eigenverantwortung des bundesrepublikanischen Staatsbürgers entlassen waren?

Das empörte DDR-Volk stieß sich an dem mickrigen Luxus einer Obrigkeit und an den Zäunen, hinter denen er stattfand. Werden sich nun junge Staatsbürger auf der anderen Seite über den Reichtum der Ban-

8 kiers, Immobilienmakler, Grundbesitzer, Parteiführer, Staatsbeamten, Zahnärzte und Aufsichtsratsvorsitzenden ärgern?

Wen kümmert eigentlich *heute* die Befindlichkeit der einst Zugewanderten, da ja doch in der Bundesrepublik nach anfänglicher Begeisterung über die Ankömmlinge mehr und mehr Nachdenklichkeit einkehrte – allenfalls auch Besorgnis angesichts wachsender Konkurrenz auf dem Arbeitsmarkt.

Die andere Wirklichkeit

Ich habe diese »Auswanderer« mit meinen Fragen nicht mehr erreicht. Nur jene zum Beispiel, die um sie trauern wie Anka Z. aus Dresden, 18 Jahre alt: »Meine Freunde sind alle drüben. Ich bin sehr einsam ohne sie. Aber bald werden wir ja nun in Deutschland alle eins.«

Dieses damit gemeinte einig Vaterland wird nach einem Beitritt laut Artikel 23 der Bundesverfassung nun auch uns, den DDR-BürgerInnen, die andere Wirklichkeit von nebenan bringen. Im Eilzugtempo – ja mit Überschallgeschwindigkeit – entstand der Staatsvertrag. Die Fernseh-Berichterstattung würdigte die intensive Denkleistung der Wirtschaftsexperten und Finanzleute, der Politiker und Juristen. Der Geheimdiplomatie.

Bundesrepublikanische Völkerrechtler schlagen eben vor, die vierzig Jahre DDR als einen fehlgeschlagenen »Sezessionsversuch« abzutun. Höflich und bestimmt verhalten sich westdeutsche Berater mit eigenen Kriterien zur künftigen Wirtschaft, Politik, Kultur. Zur Schulpolitik äußerte sich der Erziehungswissenschaftler Peter Struck in der »Welt am Sonntag« vom 20. Mai 1990: »Da überdies der sozialistische Wissenschaftsbegriff parteilich oder ideologisch einseitig ist, sind die DDR-Schulabsolventen auch noch Opfer eines verfälschten marxistisch-leninistischen Geschichtsunterrichts mit deutlichen Fehleinschätzungen in bezug auf eine angemessene Beurteilung von Themen wie Arbeiter- und Gewerkschaftsbewegung, Jugendfrage, demokratische Entwicklung im Westen und Geschichte der Bundesrepublik...« Und weiter: »Wenn mein Kollege aus Dresden Pestalozzi damit zitiert, daß man nach sorgfältiger Prüfung jeweils das Gute übernehmen solle, so hat er im Grundsatz recht: Auch wenn es nicht sehr viel Gutes gibt, das aus der DDR zu übernehmen sein wird.«

In der Prager Botschaft, September 1989
Foto: Zentralbild

An der ehemaligen Berliner Mauer
Foto: Thierry de Malet

Ein *Ausstieg* aus der DDR? Möglichst ohne Spuren zu hinterlassen? Ist er so möglich? Ist er richtig? Sind wir nicht schon einmal ohne ausreichende Aufarbeitung aus einer finsteren Zeit selbstsicher »ausgestiegen« und haben Vergangenes für überwunden erklärt? – Zu meinen quälendsten Einsichten dieser Tage gehört, daß hochmütige und oft menschenverachtende DDR-Staats- und -Parteifunktionäre ebenso wie der kleine Stasi-Spitzel nebenan oder der Wärter im politischen Knast Menschen waren, keine Nicht-Menschen. Auch der Grenzsoldat, der das Gewehr anlegte. Und jener, der den tödlichen Schuß abgab! Ein Potential des Bösen und des Guten ist in jedem von uns und in jeder Gemeinschaft angelegt. Die Psyche einer unlängst interviewten Jugendrichterin ließ es zu, einen beim Fluchtversuch an der Mauer ertappten Sechzehnjährigen für Monate ins Gefängnis zu schicken und nach vorschriftsmäßiger Handhabe der DDR-Gesetze den eigenen Kindern eine liebevolle Mutter zu sein.

Wir Menschen wissen schließlich allerorts um Massenvernichtungswaffen und davon, daß sie nicht nur stationiert, sondern gelegentlich erprobt werden. Dennoch genießen wir die Farbigkeit des Sommers und die Stille des Abends.

Mich erschreckt auch darum die spürbare »deutsche Neigung« zur absoluten Umkehrung: Böses muß ausgemerzt, zerstört, liquidiert, Gutes muß zum perfekten Sieg geführt werden! Aber »Ausrottung des Bösen« (welch schauderhafte Assoziationen gehen mir bei dieser Formulierung durch den Sinn!) mündet doch in Unfähigkeit zum Leben, das nun einmal nur unvollkommen und verbesserungswürdig sein kann?

Thomas Mann stellte übrigens 1938 fest: »Dies Volk der ›Mitte‹ ist in Wahrheit ein extremes Volk.«

Bewältigung – aber wie

Dem einzelnen bleibt in der Hektik des Geschehens kaum Zeit zur Besinnung. Und Hilferufe können sich kein Gehör verschaffen. In der philosophischen Diskussion ist die DDR-Bevölkerung ohnehin ungeübt. Es dominiert allerorts hierzulande das Gespräch über die Westmark und das schnelle Geschäft.

Tausende Briefe Jugendlicher erzählen freilich davon, daß die innere Auseinandersetzung über den Sinn des Lebens und die Würde eines jeden einzelnen Menschen, über Lebenshaltungen und Mentalitäten in quälender Selbstbefragung begonnen hat. Klug, mit unterschiedlicher und auch mit ungeschickter Diktion wird beispielsweise sinngemäß erfragt: Hat die friedliche Revolution wirklich den Sieg eines Volkes über seine Peiniger und Unterdrücker jeglicher Art gebracht? Triumphieren künftig Freiheitsliebende über Bevormunder? Siegte der Fortschritt über den realen Sozialismus? Was wird aus der Idee des Kommunismus? Sind wir auf der Verliererseite? Was ist gesellschaftlicher Fortschritt?

Über den Sinn des Lebens und den gesellschaftlichen Fortschritt konnte der Jugendliche einst in dickblättrigen philosophischen Schriften nachschlagen. Im Gleichklang formulierten dort DDR-Spezialisten ihre Theorie. Danach bestand der Sinn unseres Lebens in den »Inhalten und Zielen, die das Individuum zu seiner eigenen Vervollkommnung, zur Vervollkommnung des Menschen in seiner Umgebung und zur Vervollkommnung der Menschheit, d. h. zum gesellschaftlichen Fortschritt, zu geben vermag«. In einem Artikel der Zeitschrift »Die Weltbühne« vom 15. Mai 1990 fragt Magdalena Schönhoff, wie mir scheint, sehr berechtigt: »Was soll nun die eigene Vollkommenheit, wenn sie nicht mehr in die Gesellschaft paßt? Was soll ein Beitrag zum gesellschaftlichen Fortschritt, wenn er keiner mehr ist? Sinnlose Fortschrittlichkeit führt zur Sinnpervertierung.«

Jugendliche Briefschreiber setzen hinzu: Hat der einzelne nur dann einen Wert, wenn er sich einer Gemeinschaft verschreibt? Wieviel Heimat, wieviel Verbundenheit mit einem Kollektiv braucht der Mensch?

Was war ein anständiger Mensch in der Gesellschaft des »realen Sozialismus«? Und wie sieht er heute aus? – Es sind übrigens Fragen, die sich in ähnlicher Weise Deutsche nach einem Regime-Wechsel schon einmal stellten! In einen Zusammenbruch hineingeraten, ohne eigentlich mit einem alten fertig zu sein, sind Deutsche hierzulande abermals mit der Frage nach der Verantwortung und Schuld für einen verpfuschten Weg konfrontiert. Im irrwitzigen Tempo der Anpassung, das für »Bewältigung« vorerst keinen Raum läßt, artikulieren sich öffentlich und eiligst erst einmal jene, die rasch nach neuen Formeln greifen, da die alten nicht mehr zählen. »Etwas falsch gemacht? Schuld haben die anderen!« Dies Pendel schlägt dieses Mal in die andere Richtung: Es deutet auf die Russen, auf Kommunisten, auf Parteibonzen, auf die Stasi.

Ausgespart wird mit dieser Denkweise die Frage nach der Befindlichkeit von Millionen DDR-Bürgern, jungen und alten. Schließlich haben

nicht nur führende Politiker den »realen Sozialismus« konzipiert und
autoritär angeordnet. Er konnte einem ganzen Volk suggeriert werden.
Er hatte Basis in der Verhaltensbereitschaft von Millionen, die sich mehr
oder weniger mit dem Staat DDR identifizierten. (Mit jeder neuen Ent-
hüllung über die Untaten und die Unmenschlichkeiten muß das Einge-
ständnis dieser Tatsache dem einzelnen freilich schwerer fallen!)

Aus dieser Haltung war seinerzeit kritisches Hinterfragen ablaufen-
der gesellschaftlicher Prozesse und alltäglicher Erscheinungen oder eigener widerspruchsvoller Gefühle zunächst erschwert oder auch blockiert.
Wahrscheinlich war es oft nicht möglich, denn dazu hätte es informeller
Kenntnisse für Einsichten bedurft, die vorenthalten wurden, um die
man sich ungenügend bemühte und die den Heranwachsenden nicht zu-
gänglich waren.

»Was soll uns der Schnee von gestern«, winken da einige ab. Ich traf
sie da drüben, jenseits des Brandenburger Tores: Geschäftstüchtige
junge Leute verhökerten Orden und Symbole der DDR an den Meist-
bietenden. Es fällt mir schwer, mich in die Mentalität der Käufer und
Verkäufer zu denken ... Und die Vorstellung macht mich krank, daß
Deutsche abermals, von eigener Tüchtigkeit und Richtigkeit überzeugt,
eine Chance zu ehrlicher Aufarbeitung verpassen könnten.

»Ich bin verzweifelt«, schrieb auch die schon betagte Herta Kretschmar in der »Berliner Zeitung«. Sie bekennt sich zu ihrer nationalsozia-
listischen Vergangenheit und zu einem Selbstverständnis im »realen Sozialismus«: »Wieder sind die meisten von uns mitmarschiert. Was haben
wir diesmal falsch gemacht? Sind es immer noch die alten Dummheiten
und Fehler? Ich habe Angst vor neuem blinden Gehorsam, Führer-
gefolgschaft, dem Ausschalten eigener Gedanken und Unvernunft.
Werden wir Menschen denn das nie los? ... Die jetzige ›Wende‹ ist nicht
mehr mein Problem. Die Jüngeren werden sie bewältigen müssen.« Die
Generation Herta Kretschmars erlebte gesellschaftliche Umbrüche
gleich mehrfach: Die Jahreswende 1918/19! Damals zerbrach die kaiser-
liche Monarchie. Der Weimarer Staat folgte. 1933 ging die erste bürger-
lich-demokratische Republik auf deutschem Boden im Dritten Reich unter. 1945 und danach setzten viele Menschen, wie Herta Kretschmar,
auf eine antifaschistische Ordnung und später auf den »sozialistischen
Weg« in unserem Lande. Heute zerplatzen Ideale dieser älteren Generation wie die unsrigen. Ein jahrzehntelanges Warten scheint im wirren
Chaos zu verpuffen. Herta Kretschmar bäumt sich dagegen auf, daß

14 Deutsche ihr Gedächtnis verlieren oder ungenügend aus den Irrungen und Wirrungen unseres Jahrhunderts Nutzen ziehen.

Ähnlich Konrad Weiß. Ich hörte ihn unlängst: »Vierzig Jahre sind eine lange Zeit für Scham und Zorn, für Qual und Tränen. Ich schäme mich meines Kleinmuts und meiner Niederlagen, meiner Stummheit, meiner leeren Worte, meiner schönen Bilder. Warum habe ich den Zorn über Lüge und Heuchelei, die doch offenbar waren, nicht lauter hinausgeschrien? Warum habe ich geduldet, unrecht und ungerecht behandelt zu werden? Habe ich mich mißachten und hindern lassen und habe geschehen lassen, daß es andern geschah. Ich habe meine Insel gesucht und mich auf ihr verschanzt. Ich habe erst geahnt, dann gewußt, daß der Weg in die Irre führt, und bin ihn doch gegangen. Und habe auf einem Acker gesät, der längst verdorrt und unfruchtbar war. Vor mir liegt die Vergangenheit nackt und entblößt ... die Bilder von gestern können meine Kraft von morgen sein« (Zitat aus einer Rede zur Ausstellung Hans Tichas in der Prisma-Galerie in der Rosenthaler Straße, Berlin, am 25. April 1990).

Ich habe Konrad Weiß bemüht, weil seine Gedanken auch meinen eigenen Zustand beschreiben – ich hätte dafür keine trefflichere Wortwahl gewußt.

Was macht DDR-Jugend heute aus?

Heike F. aus Brandenburg hat ihre Probleme mit der Vereinigung Deutschlands. Sie schreibt: »Bis vor kurzem habe ich keine Jugendlichen aus der BRD gekannt. Ich glaube, die haben ganz andere Ansichten als ich. Manchmal frage ich: Wieso sollen wir plötzlich ein einig Vaterland haben? Die Politiker sagen: ›Deutsche in Ost und West gehören zusammen.‹ Ich weiß wirklich nicht, warum!«

Heikes Fragen stimmen nachdenklich. Sie verdeutlichen, wie wichtig es ist, miteinander umgehen zu lernen, mehr voneinander zu erfahren und das vielfältige Bild junger Menschen auf beiden Seiten Deutschlands wahrzunehmen.

Der Hinweis auf die Differenziertheit Jugendlicher, die sich auch unter dem DDR-Regime erhalten konnte, relativiert die durchaus berechtigte wissenschaftliche Einsicht über die Ausprägung von Persönlichkeitsstrukturen und Verhaltensmustern im autoritären Regime. Vierzig

Jahre Erziehung der Menschen zur Anpassung und Unterordnung, zur Eingliederung in starre Gesellschaftsstrukturen und Muster hinterließen Spuren. »Deformierte gesellschaftliche Verhältnisse führen zu Deformationen in den sozialen Beziehungen und damit in der Persönlichkeitsentwicklung jedes einzelnen«, stellte kürzlich die Leipziger Psychologin Beate Mitzscherlich in der »Frankfurter Rundschau« fest. Sie hinterfragt aber dann auch: »Oder war es nicht eigentlich so, daß unterschiedliche Menschen nicht nur sehr verschieden mit den bisherigen Verhältnissen umgegangen sind, sondern sie auch sehr verschieden (belastend) erlebt haben?« – Jeder einzelne von uns wird auf seine Weise sich selbst darauf antworten können.

Wenn die DDR bald aufhört zu existieren, gibt es immer noch die Menschen, die sie ausmachten in ihrer Vielfalt und Widersprüchlichkeit, freilich auch mit vorgeprägten Persönlichkeitsstrukturen, Verhaltensmustern, Mentalitäten, Denkweisen. Mit einer eigenen Geschichte und Utopien. Und mit einem Gedächtnis. Ein Volk ohne Gedächtnis wäre zwangsläufig ein Volk ohne Selbstvertrauen und Selbstbewußtsein! Eine Jugend, die sich nicht erinnert, lebt ohne Zukunft!

Nach Stefan Heym ist das Buchstabentrio DDR mehr als nur eine Fußnote wert. Eben weil es letztlich nicht nur um ein marodes System geht, sondern um Menschen, die hier leben und lebten. Die Zeitgeschichte unverwechselbar fortschreiben. Dazu gehören auch die 3,8 Millionen Jugendlichen, die mit ihrer Suche nach einer Sinngebung zu tun haben und manchmal vor schier unlösbaren Konflikten stehen.

Und die ein Recht darauf haben, sich zu verändern und Neues zu wagen.

Signale wurden ignoriert

Es wird immer weniger davon gesprochen, daß die im Herbst '89 eingeleitete friedliche Revolution in unserem Lande vor allem von jungen Menschen getragen wurde. Hunderttausende engagierten sich in der Hoffnung auf menschenwürdigere Verhältnisse in einem demokratischen Staat, in dem ihre Ideen und Initiativen gefragt seien. Sie entwickelten Mut, Findigkeit, Entschlossenheit und verschafften sich auf Straßen und Kundgebungsplätzen Gehör. Selbstbewußte junge »Hierbleiber« überraschten die Alten oft mit geistreicher Ironie, mit der sie

16   sich selbst und Repräsentanten des »realen Sozialismus« auf die Schippe nahmen.

Ich höre mich nicht allein danach fragen: Was mobilisierte die mutigen Streiter? Was ging in den Köpfen rebellierender Jugendlicher vor? Hat sich ihr revolutionärer Aufbruch zuvor angekündigt?

Wer sich im Juni 1989 (und auch später) an Worten der Volksbildungsministerin Margot Honecker orientierte, war keinesfalls im Bilde. Sie tönte auf dem Pädagogischen Kongreß: »Die Saat, die die Pädagogen unseres Landes ausbrachten und täglich neu ausbringen, sie ist aufgegangen. Erstmalig auf deutschem Boden wurde das große Ideal einer wirklich demokratischen, humanistischen Bildung verwirklicht, wurde eine Schule, ein Bildungswesen geschaffen, das allen Kindern gleiche Chancen sichert. Es wuchs in unserer Republik eine gesunde Jugend heran, weil unsere sozialistische Gesellschaft, in der sie aufwächst, gesund ist... Vierzig Jahre Schulentwicklung DDR ist ein kontinuierlicher, von großer Dynamik geprägter Prozeß qualitativer Umgestaltung und ständiger Vervollkommnung...«

Was sich damals fatal las, nimmt sich heute grotesk aus. Manchen wird bei dieser Erinnerung vielleicht unbehaglich? Denn die Kluft zwischen offiziellen Verlautbarungen und dem gelebten Alltag wurde doch seinerzeit allgegenwärtig spürbar? Der kollektive Schuldanteil ist in der Rückschau offenkundig. Und der jedes einzelnen. Der Anteil jener, die an exponierter Stelle Verantwortung trugen für ideologische Verfehlungen und psychologische Schäden an Menschen, die in ihrer Langzeitwirkung kaum zu übersehen sind, ist offenkundig – auch wenn sich Spekulanten für fehlgeleitete Finanzen und Ko-Ko-Unternehmer sehr viel leichter dingfest machen lassen als eine Ministerin für Volksbildung!

Damals, in jenem Sommer '89 – ich erinnere mich exakt – reagierte die SED auf den Protest der Pädagogen und einiger WissenschaftlerInnen dieses Landes so schlecht wie in jedem Falle, wenn zwischen ihr und ihrem Volk unübersehbare Gegensätze aufbrachen: Sie tat ideologisch und administrativ ihr Bestes, um sie zu bestreiten!

Auch als sich – lange vor dem Herbst '89 – Punks, Aussteiger, Alternative, Öko-Freaks, engagierte Christen in der DDR immer offener zu ihrem Protest bekannten; Irokesenköpfe eine Herausforderung an den Staat sein wollten und die Kritik junger Leute mehr und mehr in die Öffentlichkeit drang, wurde die moralische Schönfärbung der Lage im

Sinne einer ungetrübten DDR-Wertgemeinschaft durch verordnete Bremsversuche, die immer weniger griffen, probiert.

»Ein schwerwiegender Systemfehler war, anstelle wissenschaftlicher Wirklichkeitsanalysen schöne Fata-Morgana-Visionen zu bevorzugen und sich politisch davon leiten zu lassen.« Das bekennt der Leipziger Soziologie-Professor Walter Friedrich in der Zeitschrift »Aus Politik und Zeitgeschichte« der Beilage zur Wochenzeitung »Das Parlament« vom 13. April 1990. Und weiter: Jugendstudien seien »insbesondere aus politischen Gründen nicht repräsentativ gestaltet« worden und damit in der Aussage gemindert.

Heute legen WissenschaftlerInnen des im Ergebnis unserer friedlichen Revolution erst im April 1990 entstandenen »Instituts für zeitgeschichtliche Jugendforschung« in Berlin-Ost solide Ergebnisse vor. Sie belegen beispielsweise einen fortschreitenden Prozeß des sich verändernden Wertbewußtseins junger Menschen und signalisieren auch mögliche Konfliktfelder im deutschen Einigungsprozeß. Sie verweisen aus der historischen Verantwortung des Wissenschaftlers auf Verunsicherungen und Zukunftsängste der Jugendlichen aus der DDR, auf ihre besondere Gefährdung beispielsweise durch Drogenmißbrauch, AIDS oder auch durch Arbeitslosigkeit und das damit verbundene soziale AUS. Empirische Forschungsergebnisse erbrachten Hinweise auf das ansteigende politische Desinteresse dieser Jungen und Mädchen. Zudem werden wachsende Aggressionen, eine Eskalation der Ausländerfeindlichkeit bei gleichzeitiger Deutschtümelei beobachtet.

Künftig werden darauf weitere Untersuchungen aufbauen müssen, um das Erscheinungsbild nicht nur zu analysieren, sondern Fragen daraus ursächlich erklären zu helfen.

Fragen, die uns heute bewegen. Immer neue kommen hinzu.

Nachdenken tut not

Es bedarf der zeitgeschichtlichen Auseinandersetzung darüber, wieso aus einem Millionen-Verband Freie Deutsche Jugend nach vierzig Jahren in wenigen Wochen zur Jahreswende ein vergleichsweise klägliches Häuflein wurde. (Die FDJ zählt heute etwa 10000 Mitglieder in der DDR, größtenteils handelt es sich dabei um ehemalige Funktionäre.)

FDJ – Freie Deutsche Jugend! Ich denke an strahlende Gesichter, an
Ferienlager, Wimpel im Sommerwind, ein Riesenrad, das endlich er-
rungene Sportleistungsabzeichen oder an eine Medaille »Für gutes Wissen« in Gold. An das Erlebnis bunter Pfingsttreffen, an Fackelzüge. Ich
rieche den Duft der Blumen, Wiesen und Felder, verschwitzte Haare,
Terpentin der Barackenlager »Arbeit und Erholung«. Ich höre Streit
und Tröstung, Lachen und Weinen – alles durcheinander! Den Straßen-
lärm, den Gesang, Beatmusik, das Geflüster der Verliebten. Das Lied
vom Vaterland DDR schrieb der bereits einmal zitierte Reinhold Andert
für die FDJler:

Kennst du das Land mit seinen alten Eichen
das Land von Einstein, von Karl Marx und Bach
wo jede Antwort endet mit dem Fragezeichen
wo ich ein Zimmer habe unterm Dach . . .

Ich entsinne mich eigener, zeitweiliger Unbekümmertheit und blät-
tere im Bericht der FDJ-Bezirksleitung über eine studentische Reise
nach Bonn und Trier vom 6. bis 13. September 1989. Dort steht:
»Die Reiseteilnehmer traten diszipliniert und parteilich in allen Diskussionen mit offiziellen Vertretern des öffentlichen Lebens der BRD
sowie in Gesprächen mit Bürgern, Jugendlichen und Regionalmedien-
vertretern der BRD auf . . . Dabei war es nicht immer leicht, die Diskussion auf sachlicher Grundlage zu führen und die für uns logischen Argu-
mente und Standpunkte zu vertreten, da diese von vornherein von einigen Gesprächspartnern nicht akzeptiert wurden . . . (man) versuchte, mit
unsachlichen Argumenten über unsere Republik – wie ›stalinistisches
System‹, ›reformunwillige Staatsführung‹, ›Unterdrückung der Reisefreiheit‹, ›Unterdrückung der Menschenrechte‹, ›keine Demokratie‹,
›wie kann eine Regierung die blutige Niederschlagung des Protestes
in China begrüßen‹ und anderes mehr die Reiseteilnehmer immer
wieder zu provozieren . . . Während der Reise kam es zu keinen Vor-
kommnissen. Alle Teilnehmer reisten geschlossen wieder in die DDR
ein. Hervorragend bewährt haben sich während der Reise Genosse
Hans-Jürgen K., Dr. Wolfgang K. und Genossin Elke F. . . . .«
Wie ergeht es den bewährten FDJ-Studenten heute? (Das geschilderte
Reiseerlebnis liegt erst ein halbes Jahr zurück.) Sind sie unter jenen
Briefschreibern, die mir heute Fragen stellen, auf die ich keine Antwort

weiß? Die sich an einstige Hoffnungen und Ideale klammern? Oder die Zweifel haben – die der einzelne zu früherem Zeitpunkt vielleicht nur darum nicht zuließ, weil sie schwer auszuhalten sind! Jetzt werden sie schmerzhaft erfahren. Keiner kann sich einfach wegmogeln! Wir bekommen Wahrheiten von den anderen massiv gesagt! Wir sollten sie auch aushalten. Und traurig sein sollten wir auch. Trauern darüber, daß wir anderen unsere Intoleranz zugemutet haben. Denen, die eine andere Sichtweite hatten, suchten wir unsere Vorstellungen von richtig und falsch einzureden. Und einigen ist ja in unserem Namen noch viel mehr zugemutet worden.

Vielleicht gehören Hans-Jürgen, Wolfgang und Elke aber auch zu jenen FDJlern, die auf ihrem Brandenburger Kongreß vom 26. bis 28. 1. 1990 »Für einen sozialistischen Jugendverband« beschlossen, eine »neue FDJ« zu leben. Der Hauptreferent Eberhard Aurich: »Wir wollen einen Verband, in dem sich junge Leute zusammenfinden, denen die Zukunft unseres Landes nicht egal ist ... Wir setzen uns ein für ein Land, in dem wir jungen deutschen Staatsbürger unsere Ideale wiederfinden ... eine Gesellschaft mit Platz, einem Arbeitsplatz für alle, atomwaffenfreie, grüne und blühende Felder und Wälder, ausbeutungsfreie Arbeit und reiches Eigentum des Volkes, Partnerschaften und Familie von Bestand, Liebe und Sex, ohne Drogen und AIDS, Brot für alle und nicht für den Mülleimer... Vor allem eine Demokratie, die Mühe und Spaß macht, die uns junge Leute einbezieht und nicht draußen läßt.«

Allzu häufig haben junge Leute aus diesem Mund wohlklingende Töne vernommen. Die übergroße Mehrheit hat sich dieses Mal von der FDJ losgesagt und den wohlklingenden Worten mißtraut. Ehemalige FDJler haben heute – wie alle Jugendlichen in der DDR – mit sich zu tun, mit einem Stück gelebter Geschichte. Die wenigsten haben sich unter dem Dach des neugegründeten Demokratischen Jugendbundes (DJB) und in einer der pluralistisch-demokratischen Jugendorganisationen wieder zusammengefunden. (Nur fünfzehn Prozent der DDR-Jugend sind heute organisiert, in der früheren Staatsjugend FDJ waren siebzig und mehr Prozent der Mädchen und Jungen erfaßt.)

Jugendliche haben heute den Verlust der Staatsidentität DDR zu verarbeiten. Das schließt den Verlust bewußter und unbewußter Gefühlsbindungen an dieses Land, diesen Staat, seine spezifischen Verhältnisse und Werte, an seine Repräsentanten und eben auch an die Jugendorganisation ein.

Auf der Verliererseite?

Jugendliche, an autoritäre Verhältnisse gewöhnt, erfuhren Fürsorglichkeit und Zuwendung durch Unterwerfung unter vorgegebene Normen, Ansprüche der Gesellschaft, Erziehungsziele der Schule oder der Jugendorganisation. Durch ihre Anpassung an Regeln wurde Geborgenheit und äußerer Halt erreicht. Viele taten in der FDJ und in der Schule ihre »Pflicht«, darauf bedacht, den Ausbildungsplatz zu sichern. Zu viele nahmen sich selbst in einem FDJ- oder Klassenkollektiv oder in der Jugendbrigade nicht mehr so wichtig. Alle zusammen wollten möglichst keine »Fehler« machen. Weil Fehlermachen mit »Schuld« besetzt schien. Fast waren junge Menschen lebensunfähig in dieser Furcht vor dem Fehlermachen. Der ständige Anpassungsdruck an fremde Normen hat den einzelnen verlernen lassen, in sich selbst – an den eigenen, ganz persönlichen Maßstäben – Halt zu finden.

Dennoch schien den meisten Jugendlichen (so besagen zumindest o. g. Studien der Jugendforschung) die Zukunft gewiß. Die berufliche Laufbahn garantiert. Sozialpolitische Maßnahmen korrespondierten mit der Familienplanung junger Leute und bewirkten Gefühle der sozialen Geborgenheit und Vertrauen auf die »gesicherte Perspektive« in der DDR.

Heute scheint nahezu alles fragwürdig. Der feste Grund, auf dem man zu stehen meinte, ist gewichen. Verunsicherung breitet sich aus. Jugendliche grübeln: Wird mein Abitur künftig anerkannt? Erhalte ich eine Lehrstelle, einen Studienplatz? Wer bezahlt meine Ausbildung? Droht mir oder den Eltern die Arbeitslosigkeit? Was wird aus früheren Sicherheitsgarantien? Wird die Rückständigkeit unseres Landes alsbald überwunden? Bin ich auf der Verliererseite? In einem Billig-Lohn-Land Deutschland-Ost? Warum muß gerade ich darunter leiden? Was wird von uns in einem geeinten Deutschland übrigbleiben? Wie werden wir uns einbringen?

Diese Fragen klingen aus Tausenden Briefen, an mich gerichtet – ich stelle sie mir selbst.

Hat die Zukunft schon begonnen?

Manchmal denke ich an den bohrenden Frageblick einer Sechzehnjährigen. Sie stand neben mir am 4. November 1989 auf dem Alexanderplatz. Eingekeilt in einer euphorisch bekennenden Menge: »Wir sind das Volk.«

Mit diesem Bild verbinde ich die Zuschrift der Abiturientin Katarina aus Berlin: »Eigentlich wurde ich bisher gelebt. Nur hab' ich das so nicht gesehen. Über mich wurde verfügt, und die Welt war so in Ordnung. Ich bin in die Jungen Pioniere gegangen worden. Dann übernahm uns, die ganze Klasse, die FDJ. Damals war ich dreizehn. Meine Eltern wußten auch immer, was gut für mich sei. Auch die Lehrer übertrugen ihre Maßstäbe auf uns. Nun überlege ich viel und möchte mehr über mein Land herausfinden. Zum Beispiel, wie alles so und nicht anders gekommen ist. Und wo mein Platz ist. Dafür bleibt keine Zeit. Alle reden von einem Gesamtdeutschland. Ich möchte lieber in der DDR weiter leben und habe kein Zutrauen auf diese Gesellschaft in der BRD. Aber niemand fragt mich dieses Mal. Wieso hat unsere Revolution eigentlich gesiegt? Was hat die ›Wende‹ gebracht?«

Die Briefschreiberin hat mich bewegt und betroffen gemacht. Denn wir alle gemeinsam erfahren hierzulande die bittere Einsicht der eigenen seelischen Verformung und der Irrwege! Und die Fragen »Was wird aus uns?« und »Wird nun alles besser?« oder nur »schwieriger?«, vielleicht gar nicht »menschlicher?« sind allgemein. Und auch dieses Verlustgefühl, das ich durch Katarinas Zeilen zu spüren glaube. Aber war das, was wir heute zu verlieren meinen, nicht eigentlich längst verloren?

Ich selbst glaube nicht – wie das oftmals behauptet wird –, zu früherem Zeitpunkt, vielleicht noch Anfang der siebziger oder der achtziger Jahre, sei manches vom Sozialismus zu retten gewesen. Unsere Probleme erklären sich wohl auch nicht allein daraus, daß an der Spitze des DDR-Staates die Falschen regierten. Ich meine, daß der Menschheit in der Gesamtheit ihrer Entwicklung für das Experiment »Sozialismus« heute noch erforderliche Voraussetzungen fehlen. Wird sie diese jemals haben? Können die durchaus wohlklingenden Ziele der Utopisten irgendwann einmal mehr als ein Traum sein? (Auch Träume und Hoffnungen sind wichtig!) Im Rückblick auf die DDR sah ich jedenfalls keinen verpaßten Zeitpunkt für Korrekturen. Dieser Ordnung fehlte das

Fundament. Insofern möchte ich Katarina Mut zusprechen, denn mir erscheint die gegenwärtige Entwicklung vorwärtsweisend, in die richtige Richtung.

Unterwegs sein...

Ist es heute eigentlich noch von Bedeutung, seit wann einer unterwegs ist? Mir scheint zumindest unerheblich, ob der einzelne von uns den »realen Sozialismus« nur mitgestaltete oder auch mitgestalten wollte. Auch wenn ich natürlich achte, daß sich oppositionelle »Hierbleiber« unter den Jugendlichen (ich treffe sie gelegentlich in der Hinterhofwohnung, Berlin-Prenzlauer Berg, 2. Etage, 1 Zimmer, Küche, Außenklo) an einen konfliktreich gelebten DDR-Alltag noch vor der »Wende« erinnern.

Manchmal wird mir bewußt, wie spannend unsere Zeit ist, wie einmalig! Ich erfahre, wie alte Verkrustung aufbricht – die allgemeine und die ganz persönliche. Das Leben in historischen Zeiten ist nicht leicht – aber voller Chancen. Und darum glaube ich doch, daß wir in der DDR die Revolution gewonnen haben, auch wenn wir Grund haben, traurig zu sein.

Stellt euch vor, wir wären im Herbst nicht aufgebrochen. Die DDR-Jugendlichen hätten weniger Mut, weniger Unduldsamkeit gezeigt. Welche Alternative hatten wir in der alten DDR, die in letzter Zeit immer offener unmoralisch war? Was hätte dieses Regime, weiter in die Klemme geraten, noch für entsetzliches Unheil heraufbeschwören können! Wir erleben freilich nicht nur den Zerfall einer Ordnung, die einst Erlösung von Ausbeutung, Armut und Ungerechtigkeit versprach. Wir erfahren dieses Dilemma vor dem Hintergrund einer allgemeinen Überlebenskrise der Menschheit überhaupt und wachsender Unsicherheiten im individuellen Bereich. DDR-Jugendliche reagieren unterschiedlich. Zumindest ein Großteil läßt sich nicht allein von dem farbigen Bild einer scheinbar vor Lebenslust strotzenden Wohlstandsgesellschaft oder der Fahrkarte zum bislang exotisch klingenden Reiseziel allein leiten. Eine BRD-Gesellschaft erstrahlt in einem Glanze, und Politiker, die dieses System ganz und gar nicht ändern wollen, finden in der DDR ihre Anhänger und ihre Kritiker. Jugendliche fragen, wie Frank von der Organisation »Demokratischer Jugendbund« gelegentlich eines Besuches bei

Foto: Rolf Walter

einer Regierungsvertreterin in Bonn, sinngemäß: »Für die DDR-Jugend
ändert sich mit dem Vereinigungsprozeß nahezu alles. Das Selbstbild,
das Bild über die Gesellschaft. Das Weltbild. Nichts bleibt, wie es mal
war. Welche Veränderungen bringen der Zuwachs unseres Landes und
unserer Menschen eigentlich den Bürgern der BRD?« – Die Antwort
war kurz und präzise: »Die DDR tritt bei nach Artikel 23.« (Die Auf-
zeichnung des Gespräches per Tonband ist archiviert, H.G.)

»Wir jedenfalls sind unterwegs!« meint Frank selbstbewußt. Ich traf
ihn erst neulich zwischen Ex- und Noch-DDR-Jugendlichen. Sie hock-
ten auf alten Matratzen und Oma-Möbeln, stellten alles Bisherige in
Zweifel, und die Zukunft schien ungewiß. Viele Träume sind inzwischen geplatzt. Manche Jugendlichen fühlen sich erneut an den Rand der
Gesellschaft gedrückt und äußern Besorgnis darüber, nach »erkämpfter
Selbstbefreiung« wiederum zum Opfer politischen Handelns zu werden. Sie fragen – wie meine BriefeschreiberInnen –: Woran kann man
sich halten? Woran glauben? Welche Werte soll man dem eigenen Tun
zugrunde legen? Zieht die schlimmste Krise für den Menschen, die
Sinn-Krise herauf? Steht das Zeitalter des Nihilismus, des absoluten
Werte-Zerfalls vor der Tür? Oder hat dieses Zeitalter vielleicht schon
einen Fuß in der Tür?

Karsten aus Berlin schreibt: »Werden wir in dem geeinten Deutsch-
land rebellisch bleiben gegen die Zerstörung des Planeten Erde? Gegen
Rüstung? Werden wir laut genug Anklage erheben gegen die Vernach-
lässigung der Armen auf dieser Welt? Gegen ausbeuterische Systeme?
Werde ich Gehör finden in meiner Empörung gegen die Verwüstung der
Wälder und das Aussterben von Tier- und Pflanzenarten?«

Ich verstehe Karsten sehr gut. Dabei denke ich an meine stille Insel
Usedom mit der sanften Dünung der Felder, den Wäldern, kieferndun-
kel und birkenhell! Mit schillernden Mooren und Mücken. Mit schilf-
umstandenen Seen ... an das kleine mecklenburgische Dorf mit dem
Konsum-Laden, unter dessen abgebröckelter Fassade die alte Schrift
»Kolonialwarenhändler« erkennbar wird. Ich denke an die Heuernte, an
Heringslake und an eine Wiese, die einen Buckel macht. Was wird daraus, wenn Autokolonnen über diese Insel fahren ... Werde ich immer
wieder am frühen Morgen eine Amsel singen hören?

Lieber Karsten, liebe Katarina, liebe Briefeschreiber! Es wird an-
strengend und spannend sein, miteinander unterwegs zu sein.

Dokumentation

»Wir sind *das* Volk« ist die Losung der Demonstranten im Herbst 1989.
Polizeiknüppel wüten gegen friedlich Aufmarschierende.
Von Demo zu Demo werden die Forderungen dringlicher.
Das Volk stellt die Mächtigen zur Rede.

Leipzig, Herbst 1989
Foto: Ralf Günther

Diese und folgende Seiten:
Einsatz der Stasi am 7. Oktober 1989
gegen Demonstranten in Berlin
Fotos: Nikolaus Becker

Linke Seite:
Demonstrationen im Herbst 1989
Fotos: Ralf Günther

Folgende Seiten:
Berliner Gethsemane-Kirche, Oktober 1989
Fotos: Rolf Zöllner (2), Rolf Walter

WACHET UND BETET
MAHNWACHE UND
FÜRBITTE FÜR DIE ZU-
UNRECHT INHAFTIERTEN

Foto: Ralf Günther

Linke Seite:
Berlin, 4. November 1989
Fotos: Rolf Zöllner

Teil I

Am 28. Februar 1990 sandte ich meine Frage-Briefe an Erweiterte Oberschulen und Berufsschulen. LehrerInnen und ihre 16 bis 18jährigen SchülerInnen aus allen Bezirken der DDR reagierten darauf sehr lebendig. 6400 Jungen und Mädchen schrieben ihre Meinungen auf.

Die Umfrage ist Teil einer empirischen Untersuchung am Institut für zeitgeschichtliche Jugendforschung Berlin (Ost), sie soll nach entsprechender Auswertung wissenschaftliche Aussagen über die Befindlichkeit der ehemaligen DDR-Jugendlichen ermöglichen.

Ich entschloß mich dennoch bereits im Vorfeld der Untersuchungsergebnisse zur Publikation einer Auswahl der Zuschriften. Ich glaube, daß sich darin große Teile der Jugendlichen mit ihren Hoffnungen und Wünschen, mit ihren Protesten, dem inneren Unbehagen, vielen Zweifeln und Ängsten wiederfinden. Vielleicht werden sie angeregt, sich im gegenwärtig intensivierten Prozeß der eigenen Identitätsfindung auseinanderzusetzen. Die westdeutsche Jugend erfährt durch die Lektüre oftmals die geheimsten Gedanken ihrer Altersgefährten aus dem östlichen Teil des Landes und kann sich damit vertraut machen.

Die Schreiber werden, soweit Angaben vorhanden, durch Vornamen, Alter und Tätigkeit ausgewiesen. Die Diktion ihrer Briefe ist in dieser Dokumentation erhalten geblieben.

Die erste Frage spricht Wertverschiebungen an, die Jugendliche gegenwärtig in einem rasanten Tempo hierzulande verkraften sollen. Sie lautet: »Haben Sie Ihr Bild über die Bundesrepublik Deutschland seit Öffnung der Grenze korrigiert?«

Fotos: Ralf Günther, Rolf Zöllner

Das Wort »Wieder«-Vereinigung spielt ja in letzter Zeit eine große Rolle – ich würde sagen – im Leben jedes einzelnen DDR-Bürgers und BRD-Bürgers. Auch in meinem. Obwohl es mich persönlich immer bedrückt, wenn dieses Wort fällt. Ich halte Vereinigung passender.

Um auf die Frage zu kommen, gerade in den letzten Wochen hat sich mein Eindruck gefestigt (!), daß wir – die DDR – ein eher unliebsames Anhängsel wären (für den BRD-Bürger).

Die Politiker – wie Kohl, Wörner... – reden von der Vereinigung immer wieder als größtem Ziel ihrer politischen Arbeit. Aber ich bin mir sicher, daß, wenn es zu einer Volksabstimmung in der BRD zum Thema Vereinigung käme, das Ergebnis ziemlich knapp wäre.

Ich fühle mich als DDR-Bürger nicht wohl. Ich fühle mich als Deutsche, möchte demzufolge in einem Land mit Deutschen leben. (Ich bin aber kein Nationalist, ich bin auch gegen Ausländerfeindlichkeit (!).)

Zwei deutsche Staaten, die dieselbe Geschichte, dieselben Traditionen haben, können auf Dauer nicht getrennt existieren. Außerdem ist es doch unrealistisch anzunehmen, daß zwei so starke Wirtschaftsgefälle (nicht nur in diesem Gebiet) nebeneinander existieren können. Ein bißchen bin ich von den Politikern enttäuscht – von unsern wie von unseren Nachbarn. Es klingt alles so hohl, ich habe den Eindruck, deren Reden sind einstudierte Phrasen, um Wähler zu fangen. Besonders wichtig ist z. B., den Reden im Bundestag zu folgen. Vielleicht sollte ich sagen, daß, wenn ich wählen könnte, meine Stimme den Liberalen gehören würde.

o. A., 17 J., Oberschülerin

Ich finde, daß unsere deutschen Nachbarn sich um andere Dinge den Kopf zerbrechen müssen und dadurch einen »aufrechten Gang« haben. Sie wurden nicht immer von obenherab gegängelt, oder mußten nicht Dinge tun, die gar nicht ihren Interessen entsprachen. Die Menschen in der BRD lebten nicht wie wir immer in diesem gleichen Trott, konnten sich auf Dinge (z. B. Reisen) freuen, die wir »nie« hätten unternehmen

können. Ich habe vorher, vor dem 9. November '89, auch schon Leute
gekannt, mit denen man drüber reden konnte, wenn nicht so offen, dann
aber umso besser.

Jetzt, wo man mir das andere deutsche Land nähergebracht hat, sind
meine Gedanken über dieses nur gefestigt worden, und seither habe ich
mein Bild über die Menschen dort geändert. Da sieht man, was eine vier-
zigjährige Diktatur alles verändern kann und wie unterschiedlich die
Menschen aus einer Familie doch sein können durch die Grenzen. Die
Menschen sind ausgeglichener, haben mehr vom Leben und vor allem
können sie ihr Leben leben.

Mein Bild von der BRD habe ich vielleicht doch geändert in dem
Sinne, daß auch ich »bald« so leben kann wie sie, und irgendwie denke
ich mir, daß es uns dann »gut« geht. Natürlich hat auch die BRD ihre
schlechten Seiten, aber man kann nicht nur die sehen, und ich denke oft
darüber nach, aber ich denke mir, daß man auch die bewältigen kann.

o. A., o. A., Lehrling (Finanzkauffrau)

Ich bin für die Wiedervereinigung! Und wer sagt, das Wort Wiedervereinigung stimme nicht, hat unrecht. Nach dem zweiten Weltkrieg
existierte eine Wirtschafts- und Währungsunion und die BRD und DDR
(die zwar noch nicht existierten) bildeten eins! Berlin müßte natürlich
Hauptstadt werden. Das Dorf Bonn ist doch ein Witz.

o. A., 17 J., Lehrling (Elektromonteur)

Für mich ist sehr wichtig, daß sich die Bundesbürger nicht vor uns
verschlossen haben, sondern uns ganz im Gegenteil wie Landsleute
aufgenommen haben. Sie hatten ja auch in letzter Zeit große Lasten
zu tragen, wie beispielsweise die Übersiedlerwelle. Daß sie uns DDR-
Bürger trotzdem gut aufgenommen haben, finde ich besonders beeindruckend.

Ich mußte mein Bild über die Bundesrepublik in der Hinsicht ändern,
daß ich sie jetzt nicht mehr als Feinde und die »bösen Imperialisten«
sehe, wie es uns von kleinauf anerzogen wurde. Für mich sind die Bundesbürger jetzt zu Freunden geworden. Ich kann auch nicht sagen, daß
ich in WB viel von Arbeitslosigkeit oder gar Obdachlosigkeit mitbekommen habe. Sicher gibt es da einige Fälle, aber deshalb bin ich nicht gleich
ein Feind der Bundesrepublik. Ich denke, solche Fälle sind in fast jedem
Land normal. Meiner Meinung nach kann kein DDR-Bürger sagen, daß

er die Bundesbürger haßt (bzw. BRD als Ganzes), denn dann würde er lügen. Fast jeder von uns war doch wohl schon im Westen, hat sich sein Begrüßungsgeld geholt und damit eigentlich von der Gutmütigkeit der Westdeutschen profitiert.

Außerdem sieht doch wohl auch jeder, wie leistungsfähig die Wirtschaft drüben ist. Sicher werden die Arbeiter auch ein wenig ausgebeutet, aber das reicht ihnen noch, einen guten Lebensstandard zu haben. In der Schule hatten wir immer nur die schlechten Seiten der BRD, und sahen alles sehr einseitig. So kann man es aber nicht sehen. Man muß sich auch die guten Seiten betrachten, und die sind für mich eigentlich überwiegend.

> *o. A., o. A., Oberschüler*

Ich war seit Nov. '89 nur einmal in der BRD und einmal in Berlin und habe daher kaum Gelegenheit gehabt, viele Eindrücke zu sammeln. Wir, d. h. unsere Familie, hatten uns auch eher zurückgehalten, was die Bekanntschaft mit den Menschen dort betrifft. Ich meine aber, es sind Menschen wie wir auch, es gibt auch dort solche und solche, es gibt hüben wie drüben positive und negative Erscheinungen in der Gesellschaft. Mein Bild von der Bundesrepublik mußte ich bisher noch kaum ändern, teils deshalb, weil ich nur wenige Einsichten hatte, und auch deshalb, weil ich schon vorher nie ein absolutes Feindbild angenommen habe. Ich habe immer versucht, eine objektive Beurteilung zu finden, habe nicht nur die Schwarz-Weiß-Gestaltung unserer Medien aufgenommen. Eine kleine Änderung wäre vielleicht, daß die Bundesrepublik doch normaler aussieht, als ich früher dachte.

> *o. A., 18 J., Oberschüler*

Unsere deutschen Nachbarn haben es gelernt, sehr umweltbewußt zu leben. Wir hingegen haben es verlernt.

Jedoch sind wir politisch besser informiert als der Großteil der Bundesbürger.

Ich hatte schon vorher ein Bild über unseren westlichen Nachbarn, welches sich als sehr zutreffend erwies, deshalb brauchte ich keine Korrektur vornehmen.

Es besteht nicht nur die Möglichkeit, daß sich BRD und DDR zu einem deutschen Staat bilden, sondern es besteht die Gewißheit darüber. Denn solange die DDR als sozialistischer Staat besteht, kann es zu

keinem Wirtschaftsaufschwung kommen. Ich bin auch für die Bildung
eines deutschen Staates.

Nur bei dem Wirtschaftssystem der freien Marktwirtschaft kann eine
blühende, jedoch nicht immer gesunde Wirtschaft entstehen.

o. A., 17 J., Lehrling (Ofenbauer)

Ich finde, daß die Wohlstandsgesellschaft auch auf die Menschen
einen zum Teil positiven aber auch negativen Einfluß hat. Viele Menschen, auch Jugendliche, in der BRD leben von einem Tag zum anderen,
machen sich keine Sorgen um ihre Zukunft. Auf der anderen Seite miß-
fällt mir die Einteilung in soziale Schichten, die dort besonders spürbar
ist. Bei uns spielte das bisher nicht die herausragende Rolle, ob die Eltern eines Schülers Werkzeugmacher oder Minister waren. Das Karrieredenken ist für mich auch eine ungewohnte Erfahrung gewesen. In anderer Hinsicht finde ich die Bildungsmöglichkeiten weiter gefächert als
in der DDR. Auch das Leistungsprinzip, das zwar hart ist, aber das doch
als Maßstab vertretbar ist, befürworte ich.

o. A., o. A., Oberschülerin

Ich glaube, daß die BRD-Bürger sich freuen, daß wir wieder ein Land
werden. Ich bin froh darüber, daß die Menschen, die im Sommer letzten
Jahres über die Grenze geflüchtet sind, mit offenen Armen empfangen
worden sind und viele sich eine glückliche, bessere Zukunft aufbauen
konnten. Ich glaube, daß das nicht nur aus Gewinnsucht gemacht
wurde.

o. A., o. A., Lehrling (Buchhändler)

Der Eindruck, wie wir an den Grenzen und im Land herzlich empfangen worden sind, war für mich besonders wichtig! Politiker haben über
Jahre hindurch den Kalten Krieg miteinander geführt. Aber auf die
Menschen ihres Landes (auf das Innerste im Menschen) haben sie (Gott
sei gedankt) keinen Einfluß gehabt!

Mein Bild über den Staat (Bürger der) BRD oder Westberlins hat sich
geändert. Am Anfang hatte ich echt immer Angst, alleine mal rüber
zu gehen, weil die BRD/WB ja jahrelang schlechtgemacht worden
sind. Z. B.: Zentrum von Pornografie; Drogenszene etc. Durch diese
Ängste redete ich mir ein, wenn ich rüber gehe, passiert mir gleich
was...

Aber jetzt habe ich natürlich festgestellt, daß, wenn man sich auf nichts einläßt, auch normalerweise nichts passieren kann.

Kerstin, 18 J., Oberschülerin

Man sieht, daß die Läden dort vollgestopft sind mit Sachen, die bei uns Mangelware sind. Besonders denke ich da an Obst und Gemüse und einige Konfektionswaren. Im ersten Augenblick blendet es einen ganz schön in die Augen, wenn man all diese Sachen sieht. Auch die Freundlichkeit der Verkäufer ist umwerfend.

Ich lerne Köchin, und mit meinen Werkzeugen für den täglichen Gebrauch sieht es nicht besonders rosig aus. Überrascht war ich, als ich die Fülle von Messern und anderen Werkzeugen für den Koch sah. Das Angebot war auf jeden Fall da. In dieser Beziehung fehlt uns noch etwas.

Auch die Literaturangebote haben mich fasziniert. Man kennt diese Fülle im Angebot gar nicht. Ich wußte gar nicht, wo ich zuerst hinschauen sollte. Dies ist die schöne Seite. Aber man sieht auch auf den Straßen (Westberlin oder BRD) Menschen rumrennen, die total runtergekommen aussehen. Ich finde, man sollte nicht nur den Glanz sehen, den es dort gibt. Viele Leute sind arbeitslos. Darunter auch viele Jugendliche. Wenn man ihnen auf der Straße begegnet und sieht, daß sie keinen großen Wert auf ihr Äußeres legen, Schlägereien anfangen, dann fürchtet man sich, auch selbst was abzubekommen.

Diana, o. A., Lehrling (Köchin)

Können wir schon sagen, daß wir Eindrücke in so kurzer Zeit gewonnen haben? Sie sind nicht besonders tiefgründig – eine Mischung aus Empfindung und Betrachtung! Viele Menschen haben in den letzten Wochen und Monaten etwas zurückgelassen bei mir, was mich etwas nachdenklich stimmt.

Ich sehe wehende Mäntel, teures Make up, aufgestylte Frisuren. Ich höre selbstbewußte Laute, manchmal verwirrendes Gelächter. Ich rieche schweres Parfüm, Pommes... Die Hüllen, die sich dort viele zugelegt haben, machen mir eigentlich bewußt, wie allein doch jeder ist.

Innere Kämpfe und Schweigemarsch in einer Großstadt (Bln. West), paßt das zusammen?

Trotz alledem freue ich mich über Verständnis, Entgegenkommen und so manch lustiges Erlebnis, was mir unsere Nachbarn nicht vorenthalten haben!

Mein Bild, was ich mir in all' den Jahren völlig »selbständig« gebildet habe, weicht nicht von meiner heutigen Meinung ab.

Durch Presse, Medien usw. von beiden Seiten habe ich immer versucht abzuwägen oder auch mal einfach alles zu hinterfragen. Die Schulweisheiten habe ich, so gut es ging, abgeblockt, um nicht total verformt aus diesem »Bildungshaus« herauszukommen. Entscheidend positiven Beitrag leistete mein Elternhaus. Hier konnte ich immer die mahnende und wachsame Stimme vernehmen.

Die Bundesrepublik Deutschland ist ein Land, welches in all' den Jahren trotz Politikeraffären oder anderen Schmutzes, der dort sofort von den Medien aufgedeckt wurde, für mich als bürgerlich-humanistisch gilt. Das mag alles etwas »verwaltungsdeutschmäßig« klingen, aber ich kann das derzeitig noch nicht anders begründen bzw. ausdrücken.

Vereinigung der beiden deutschen Staaten ist für mich kein menschenfeindlicher Zusammenschluß, sondern ein Schritt der vielen Schritte, die auf diesem langen Marsch noch folgen.

o. A., o. A., Lehrling (Buchhändler)

Als ersten und besonders starken Eindruck möchte ich die Freiheit nennen. Einfach das Wissen, daß ich die Freiheit habe, zu gehen, wohin ich will, zu tun, was ich will und zu denken und zu sagen, was ich will. Das war das erste, was ich bei der Grenzöffnung empfand, und es hat mich geprägt. Mein Lebensgefühl ist positiv geworden.

Direkte Eindrücke in der BRD und Westberlin waren für mich auch sehr wichtig. Ich habe gemerkt, daß die Menschen dort uns sehr ähnlich sind. Und es ist mir zum ersten Mal klar geworden, daß wir zu einem Volk gehören. Ich habe das zwar schon oft von anderen gehört, aber für mich waren die BRD und Westberlin unerreichbar fern, eine andere Welt. Und automatisch dachte ich, daß dort ganz andere Menschen leben.

Ich habe erfahren, daß wir zu einem Volk gehören. Das heißt nicht, daß ich für die Wiedervereinigung bin, und daß mir die »Deutschtümelei« vieler Leute gefällt. Aber für mein Verständnis des westlichen Staates war es sehr wichtig. Ich habe auch gemerkt, daß selbst durch eine so verschiedene Entwicklung die Menschen nicht sehr verschieden sind.

Ein weiterer wichtiger Eindruck waren die Obdachlosen, die Bettler auf den Straßen. Aus den Medien wußte ich, daß es sie gibt. Aber ich habe es zum ersten Mal gesehen. Und ich finde, daß Betteln eine Erniedrigung für den Menschen ist. Egal, aus welchem Grund er bettelt. Es ist ein Armutszeugnis für die Gesellschaft. Besonders, wenn man daneben bunte, volle Schaufenster sieht.

Ich habe mein Bild über die BRD und Westberlin korrigiert. Ich habe ja schon geschrieben, daß ich bisher dachte, dort leben völlig andere Menschen. Außerdem hatte ich eine falsche Vorstellung vom westlichen Sozialsystem. Ich dachte, es sei nicht sehr gut. Unseres dagegen hielt ich für sehr gut (außer den Renten). Noch kenne ich das westliche System zu wenig, um mir eine Meinung darüber zu bilden. Aber ich denke, da ist bei vielen DDR-Bürgern eine Korrektur notwendig, sowohl bei denen, die das westliche jetzt als sehr gut empfinden, als auch bei denen, die der entgegengesetzten Meinung sind.

Karin, 18 J., Oberschülerin

Für mich war der herzliche Empfang sehr wichtig und die große Freude. Jedoch ist diese Freude bei den BRD-Bürgern sehr schnell erkaltet. Irgendwie hat man gemerkt, daß sie jetzt Angst bekommen haben. Und wenn ich in der U-Bahn in Westberlin sitze und ein Jugendlicher in meinem Alter zu seinem Freund sagt: »Wenn ich heute noch einen Ostler sehe, dem schlage ich eine rein«, ist man doch ganz schön traurig.

Ich hatte mir früher auch alles irgendwie anders vorgestellt. Man sah nur in der Werbung – alles bunt und toll. Also, der »Goldene Westen!« Ich dachte, ich gehe da in einen Laden und will mir eine Jeans kaufen und kann mich nicht entscheiden. Aber so ist es absolut nicht. Ich bin vierzehn Tage rumgelaufen, um etwas Passendes zu finden, weil mir die Klamotten einfach nicht zusagten. Wenn ich so meine Verwandten immer reden gehört habe, mußte man denken, es ist da drüben das Paradies. Und wenn ich Bahnhof »Zoo« die Penner gesehen habe, ist mir alles vergangen.

o. A., 18 J., Lehrling (Kauffrau)

Für mich sind viele Eindrücke besonders wichtig. Diese Eindrücke sind zum Teil ziemlich gegensätzlich. Zum einen die überschwengliche Freude und Spontanität der Bürger Westberlins und der BRD bei der Begrüßung und Aufnahme von Bürgern aus der DDR. Zum anderen, und das zeichnete sich schon kurz nach der Eröffnung der Grenzen ab, die Angst der Bundesbürger, daß die übersiedelnden DDR-Bürger ihnen Arbeit und Wohnung nehmen könnten. Persönlich kenne ich mehrere Westberliner, die auch heute noch den DDR-Bürgern viel Verständnis entgegenbringen und ihnen helfen. Dagegen wieder das Unverständnis anderer, die nicht verstehen, warum so viele die DDR verlassen.

Die Politiker der Bundesrepublik gaben schon öfters Versprechen ab für wirtschaftliche Hilfe zum schnellen Aufbau der Wirtschaft der DDR. Diese wurden aber nur in geringen Maßen erfüllt. Vielmehr gaben die Politiker neue Versprechen mit neuen Forderungen.

Nach der Öffnung der Mauer habe ich mein Bild über die BRD bzw. WB geändert, denn ich konnte mich selbst von vielem überzeugen. So sind zum Beispiel auf der einen Seite viele Arbeitslose, aber auf der anderen steht eine gute Sozialpolitik. Es können manche Menschen, welche nicht arbeiten wollen, sehr gut von ihrer Sozialversicherung leben. Weiter bestehen auch günstige soziale Bedingungen für Frauen mit Kindern. Für mich hat sich mehr das Bild eines sozial gut abgesicherten Staates geprägt.

Die Vereinigung der beiden deutschen Staaten hat für mich persönlich Konsequenzen. So z. B. müßte ich mein Wissen auf vielen Gebieten, wie z. B. Geschichte, Philosophie u. a., revidieren oder erweitern. Man muß noch selbständiger werden, man ist mehr auf sich gestellt, nicht nur bei der Berufs- bzw. Studiensuche.

Besondere Zukunftsängste habe ich noch nicht. Aber man macht sich mehr Gedanken um alles, ob man einen Studienplatz bekommt oder einen Arbeitsplatz, wie die Zukunft für die Eltern bzw. deren Eltern ist.

o. A., 17 J., Oberschüler

– Mein Weltbild brach nicht zusammen, da ich alles sehr kritisch beurteile und mich auch mit anderen Ideologien beschäftige (auseinandersetze), wurde ich nicht überrascht!

– Daß die Bundesrepublik das reichste Land der Welt ist, es wie andere Industriestaaten auf Kosten der dritten Welt und der Umwelt lebt, weiß ich.

– Deshalb machen mich der Konsum und alles, was damit zusammenhängt, nicht an! – denn ich sehe die Schattenseiten (die es überall gibt).

– Daß das in der Schule vermittelte Bild unreal war, ist für mich kein Thema.

– Lenin sagte, daß der Sieg im Kampf der beiden Gesellschaftsordnungen durch ihre Wirtschaftlichkeit, ihre Ökonomie bestimmt wird.

48 Da hat er recht. Der Kapitalismus ist heutzutage und in (naher) Zukunft die wirtschaftlichere Gesellschaftsordnung. Sie ist für mich nicht die Endlösung.

Die Bestrebungen gegen eine Wiedervereinigung finde ich unrealistisch und blauäugig, denn sie wird kommen (Ökonomie Lenin).

Für mich sehe ich persönlich keine Konsequenzen, außer, daß ich jetzt flexibler werden muß.

Daß der Kapitalismus nicht die Endlösung für eine humanistische Welt ist, habe ich erwähnt, aber ich habe keine Angst!

– In der Bundesrepublik gibt es viele soziale Absicherungen und politische Rechte (die die Bundesbürger teilweise gar nicht kennen/noch beanspruchen, da sie durch den Konsum erblindet sind).

Meine Frage: Warum sind so wenige/keine Arbeitslose in die sozial sichere DDR gekommen?!

Ängste bestehen nur in Sachen Menschheit allgemein (Imperialismus – Rüstung Profit – Krisenherde und Umwelt).

o. A., o. A., Oberschüler

Ich habe den Eindruck von den Bundesbürgern bekommen, daß sie sehr höflich und vor allen Dingen kameradschaftlich sind, die ich kennengelernt habe. Sie sind auch sehr unternehmungslustig, und es hat sie nicht gestört, daß ich aus der DDR gekommen bin. Sie fühlen sich natürlich besser als wir, weil sie andere Kleidung tragen, die besser ist als unsere, deshalb wollen sie ein wenig im Vordergrund stehen.

Es gibt dort auch viele Ausländer, z. B. Türken, die nicht gerade begeistert sind, daß wir jetzt auch reisen dürfen. Diese Leute sind übermütig und unhöflich.

Mein Bild von der Bundesrepublik habe ich erheblich korrigiert. Denn alleine die Wohnhäuser und Autos, es war einfach Wahnsinn. Dort ist alles so bunt und sauber und nicht so eintönig. Und Diskos waren einfach Klasse. Aber was mich stört in der Bundesrepublik, sind die Drogen, daß immer wieder manche Jugendliche denken, sie brauchen das Zeug oder sie fühlen sich stark dadurch.

Ich bin voll dafür, daß alles wieder ein Deutschland wird. Die Konsequenzen, die sich bei mir ergeben würden, weiß ich nicht, und kann es mir auch nicht erklären, aber das werde ich alles in meinem späteren Leben mitbekommen.

o. A., 17 J., Lehrling (Maurer)

Seit Öffnung der Grenze im November '89 ist wohl auf jeden von uns eine Vielzahl von Eindrücken und Emotionen eingestürmt. Es ist nicht leicht, hier zwischen wichtigen und unwichtigen Eindrücken zu unterscheiden. Für mich sind unsere deutschen Nachbarn Menschen, welche von ihrer Gesellschaft geprägt wurden, welche wissen, daß sie arbeiten müssen und wie sie arbeiten müssen. Es ist das Bild einer High-Tech-Gesellschaft, in der der Konsum von großer Bedeutung ist.

Mein Bild über die Bundesrepublik hat sich nicht verändert, ich betrachte sie als eine Gesellschaft mit objektiv gesunder Wirtschaft und einem sehr guten Sozialnetz. Die Frage, auf welche Bevölkerungskreise sich das alles wohl nur erstrecke, muß ich dahingehend beantworten, daß es innerhalb einer Gesellschaft niemals eine wirkliche Gleichberechtigung hinsichtlich des sozialen Status' eines Mitglieds geben wird (insofern ist auch das Kommunismusmodell nur ein Traum).

Die Tatsache, daß immer zwischen Stärkeren und Schwächeren unterschieden werden muß (keine Artengesellschaft macht da eine Ausnahme), läßt sich nicht einfach unterdrücken. Die Sozialstruktur einer Gesellschaft kann daher niemals die Unterschiede wegwischen, sondern bestenfalls mildern. Insofern ist auch die »Zukunftsangst« vieler DDR-Bürger irreal.

Die Vereinigung beider deutscher Staaten wird die Unterschiede wieder vergrößern, aber es gibt die Chance für einen Neuaufbau und damit später ein allmähliches Verkleinern der sozialen Stufen bis hin zu einem gesellschaftlich und ökonomisch vertretbaren Maß.

Ich hoffe sehr, daß die Bevölkerung beider Länder die zukünftige Gesellschaftsstruktur so verändern oder gestalten wird, daß soziale Sicherheit für die Schwachen und Freiheit und Individualität für die »Stärkeren« garantiert ist.

Kurz und bündig: Ich habe keine Zukunftsangst. Ich sehe alle Chancen – ich muß bloß etwas dafür tun! Denn das Funktionieren eines solchen Gesellschaftsmodells hängt nicht zuletzt von der Kreativität und Individualität des einzelnen ab!

o. A., 17 J., Oberschüler

Bevor der Grenzübergang für einen Jugendlichen möglich war, konnte ich mir kaum ein Bild machen, wie es dort zuging, weil erstens wir von der Schule anders unterrichtet wurden und zweitens wir kaum durch Rundfunk bzw. Fernsehen von westlicher Seite Sender empfangen konnten.

Nach dem Grenzübergang meinerseits fielen mir fast die Augen aus dem Kopf, als ich den Wohlstand und die moderne Entwicklung dieser westlichen Seite sah. Mir wurde dort richtig bewußt, um wieviel unser Staat bzw. Land betrogen wurde, in welchem Rückstand wir leben.

Jana, 18 J., Lehrling

Trotz »mentaler Vorbereitung« auf die Konsumwelt der BRD war ich doch ziemlich beeindruckt, als ich diese Glitzerwelt betrat. Doch als allererstes lief ich mit Freunden durch Kreuzberg und bekam somit am Anfang gleich die Schattenseite dieser Gesellschaft zu sehen. Aber um so größer war der Eindruck, als ich den Reichtum der Geschäfte, z. B. am Ku'damm in Westberlin sah. Meine ersten Gedanken waren: Hier geht es vielen Menschen sehr gut, sie leben in ziemlichem Reichtum und Überfluß, und es gibt Menschen, die sparsamer und bescheidener leben müssen und einige wenige, die arm und ohne Wohnung sind.

o. A., 17 J., Lehrling (Elektromonteur)

Unsere Landsleute im Westen zeigen, daß unser Volk zusammengehört. Sie empfangen uns offenherzig und sind froh, daß die Wende so friedlich abgelaufen ist. Unter der Politik unseres aller Kanzlers Dr. Helmut Kohl wurden die Deutschen in Ost und West zusammengeführt, und wir aus dem Osten konnten und können Großzügigkeit und menschliche Wärme spüren. Ein Volk geht zusammen. Die Deutschen lassen sich nicht von den Kommunisten trennen. Die rote Pest ist hoffentlich vorbei, und wir werden zusammen und vereint leben im Herzen von Europa.

Geändert nur in dem Sinne, was diese roten Schweine uns vorenthalten haben.

Natürlich wird Deutschland wieder Deutschland werden. Und nicht zu einem späteren, sondern zum heutigen Zeitpunkt. Deutschland wird leben und in ihm ein fleißiges Volk, das Deutschland wieder zum Ruhm führt (nicht militärisch).

Konsequenzen/Veränderungen:

Ich habe in Deutschland wieder eine Chance, mein Leben aufzubauen ohne jede Bevormundung. Ich weiß, wofür ich arbeite und lebe, ohne rote Schweine, die mich kleinmachen wollen.

Hoffentlich erleben wir auf der ganzen Erde kein rotes Regime mehr,
die es zum jetzigen Zeitpunkt aber noch gibt.

o. A., 17 J., Lehrling (Ofenbauer)

Im großen und ganzen hatte ich einen positiven Eindruck von der
BRD. Besonders erstaunt war ich über die Freundlichkeit, mit der sie
uns DDR-Bürger empfangen haben. Aber ich kann bzw. konnte auch
die Arbeitslosen verstehen, die gesagt haben: »Wir sind Bürger dieses
Landes, und wir bekommen keine 100,-DM Begrüßungsgeld«. Irgendwie kam ich mir auch blöd vor, wie sich die Leute um das Geld gedrän-
gelt haben. Ich weiß zwar, daß wir ohne dieses Geld nichts gehabt hätten, aber ich fand es auch schlimm, wie die Leute in einen Kaufrausch
verfallen sind. Und finde es sehr erniedrigend, wenn ich in der Zeitung
lese: »Armer DDR-Bürger sucht Waschmaschine/Auto, wer schenkt
mir eins«. Da kam mir immer die Frage, wie kann sich ein Mensch nur
so erniedrigen?

Ob ich meine Meinung, mein Bild geändert habe, kann ich nicht genau sagen. Ich meine, in Stabü haben wir immer nur über die schlechten
Seiten erfahren – und wenn du dann plötzlich in das Land kommst, ist es
irgendwie ein komisches Gefühl. Wenn du in ein Kaufhaus gehst, bist
du erst mal wie erschlagen von dem, was es alles gibt. Man sieht nicht
ein leeres Regal. Aber dann, wenn du auf der Straße läufst und du siehst
die Bettler und Kranken sitzen... Meine Eltern und Verwandten haben
mir zwar erklärt, daß es kein Mensch nötig hätte, sich auf die Straße zu
setzen. Sechzig Prozent davon sind solche, die nur schnelles Geld verdienen wollen, und die anderen, die vielleicht wirklich betroffen sind,
bekommen genug Unterstützung, um davon leben zu können.

Ich weiß, daß meine Eltern recht haben, aber glauben kann ich es
trotzdem nicht.

Sicher habe ich jetzt eine andere Meinung, früher war es die Meinung
meines Stabülehrers und heute ist es meine eigene.

Ich weiß nicht, ob die Vereinigung der beiden deutschen Staaten für
mich persönlich eine Veränderung bringt. Sicher wird man noch selbständiger werden. Bis jetzt ist es mir relativ leicht gemacht worden. Ich
wurde zwar zur Selbständigkeit erzogen, aber ob ich so selbständig bin,
wie ich es in Zukunft sein muß, möchte ich bezweifeln. Ich habe irgendwie Angst, die ich aber nicht in Worte fassen kann. Vielleicht ist es auch
nur die Angst vor mir selbst, daß das, was in Zukunft auf mich zu-

kommt, vielleicht nicht zu bewältigen ist für mich. Ich möchte Lehrerin werden, ich weiß nicht, wie das mal werden soll. Da sind so viele Fragen, die unbeantwortet bleiben, weil sogar Erwachsene nicht auf jede Frage eine Antwort wissen.

Ja. Zukunftsängste habe ich. Ich habe Angst davor, daß ich den Forderungen nicht gewachsen bin, die in Zukunft an mich gestellt werden.

Ich weiß auch nicht, wie das wird, es gibt so viele Gruppen, Parteien, daß man sich gar nicht ein Bild über alles machen kann. Das sind einfach Ängste, die zu allem stehen, wie wird das mit den Republikanern? Wie können wir unserer Umwelt helfen? Wie wird die Zukunft für uns? Das sind alles Fragen – ohne Antwort.

o. A., o. A., Oberschülerin

Seit Öffnung der Grenzen hat sich bei uns im Staat viel geändert. Es kam für mich, obwohl ich auch die Öffnung der Grenzen haben wollte, sehr schnell und unerwartet. Keiner wußte so richtig, was geschehen war. Ich konnte es zuerst gar nicht glauben. Der ganze Trubel und so weiter. Es hieß, Grenzen sind auf, ihr könnt jetzt rüber. Für manche, auch für mich, war es manchmal schrecklich.

Ich konnte natürlich die Leute verstehen, daß sie alle sofort rüber wollten und es sich mal ansehen. Ich war ja auch einer der ersten. Denn es konnte ja niemand wissen, ob die Grenzen offen blieben oder gleich wieder geschlossen wurden. Aber sie blieben auf, und es wurde immer besser. Ich finde es auch wunderbar, daß wir von der BRD her unterstützt werden. Denn jetzt gibt es wenigstens mal mehr zu kaufen. Manch einer wußte gar nicht, was eine Kiwi-Frucht war, z. B. mal.

Wo ich dann endlich im Westen war, konnte ich es zuerst gar nicht fassen. Es war für mich wie ein Traum, wie das Paradies einfach. Dort gab es einfach alles. Man braucht zwar auch Geld, aber wir hatten ja erst mal unsere hundert Mark, und die haben für den Anfang gereicht. Schon die Sauberkeit dort war herrlich. Wo ich dann dort das erstemal in der Disko war, konnte ich es kaum fassen. Man konnte dort einfach reingehen ohne anzustehen. Nicht wie bei uns, wenn man in eine fremde Disko geht und keine Beziehungen hat, daß man da stundenlang warten muß und dann doch nicht reinkommt. Dann die Größe der Disko. Da gab es eben gleich mal drei Bars, ein Café, Videoraum und Billardraum und natürlich der große Saal mit der Tanzfläche. Man konnte alles trinken, von Bier über Schnaps zu alkoholfreien Getränken. Nicht wie hier, wo

Der vorgezeichnete Weg:
Pionier, FDJler, Student im Blauhemd ...
Und nun?
Foto: Archiv d. IfzJ

es entweder nur Bier oder nur Mixgetränke gibt. Ich fand natürlich auch etwas mies im Westen und zwar die Arbeitslosigkeit. Aber es gibt dort auch viele Arbeitslose, die nicht arbeiten wollen und denken, daß sie von der Sozialunterstützung leben können.

Aber wieder etwas Gutes, die Autos und Motorräder. Das war einfach unnormal. Nicht wie hier, wo du für erschwingliche Preise dir gerade so einen Trabant leisten kannst und darauf noch zehn bis fünfzehn Jahre warten mußt. Dort gehst du in den Laden, kaufst dir ein gutes Auto. Dort kannst du dir auch für nicht soviel Geld einen guten Wagen leisten.

o. A., 18 J., Lehrling (Rundfunk- und Fernsehmechaniker)

Ich habe mein Bild von der Bundesrepublik nicht ändern müssen. Seit der dritten Klasse habe ich gewußt, was die BRD darstellt. Unsere deutschen Nachbarn sind dieselbe Nation wie wir. Ich habe mich gut mit ihnen verstanden. Sie wirkten legerer, lockerer und selbstbewußter als wir, da sie in einem wirklich menschenfreundlichen Staat leben. Ich weiß, daß auch die BRD ihre Schattenseiten hat, aber diese werden bekämpft. Und ich bewundere diese Menschen dort, die für diese Einheit sind, da ja dadurch erst mal bestimmte Schwierigkeiten auf alle zukommen. Doch da sie wissen, was ein Deutschland darstellt und ein deutsches Volk leisten kann, nehmen sie diese Schwierigkeiten eher in Kauf als Menschen aus der DDR, die erst lernen müssen, was Deutschland ist, und die wieder etwas Nationalbewußtsein entwickeln müssen, da dieses bei uns brutal unterdrückt wurde.

o. A., 17 J., Oberschüler

Das erstemal im westlichen Ausland – da stürzten viele Eindrücke auf mich ein. Aber eine sehr wichtige Sache habe ich auch erkannt. Auch in der Bundesrepublik ist nicht alles Gold, was glänzt. Auf der einen Seite habe ich die überfüllten Schaufenster gesehen und den hohen Lebensstandard. Andererseits sah ich auch Kinder und behinderte Menschen, die an Häuserecken Musik machten, um sich etwas Geld zu verdienen. Diesen Menschen sah man an, daß sie es in ihrem Leben nicht gerade leicht haben. Auch die Menschen in der BRD haben einen großen Eindruck auf mich gemacht. Ich traf Menschen, die uns herzlich aufnahmen und keinen Unterschied machten, ob Ost oder West. Aber ich lernte auch solche Menschen kennen, die die Leute aus der »Zone« mit Verachtung und Beschimpfung aufnahmen. Diese Menschen ließen uns als

DDR-Bürger spüren, wie »schlecht« es uns doch ging und was wir doch für ein Pech hatten, im anderen Teil Deutschlands zu leben. Das war irgendwie deprimierend. Diese Begegnungen waren auch sehr wichtig für mich.

Meine Einstellung zum Westen und zur BRD hat sich geändert. Es ist für mich nicht nur das kapitalistische Land mit seinen schlechten Seiten und mit profitgierigen Unternehmern. Ich konnte mich davon überzeugen, daß es einem Menschen, der gut und hart arbeitet und es versteht, mit Geld umzugehen, in der BRD gut geht. Und ich frage mich dann manchmal, warum man uns früher, ob in der Schule oder zu Hause, eine sehr übertriebene Darstellung der BRD in Hinsicht auf die Hemmnisse und Fehler, die es in der kapitalistischen Welt gibt, beigebracht und eingebleut hat. Diese Darstellung haben meine Eindrücke, die ich aus der Bundesrepublik mitgebracht habe, verdrängt. Ich sehe das Land mit anderen Augen.

o. A., o. A., Oberschülerin

Uns wurde immer erzählt, das da drüben sind die bösen Kapitalisten, die uns vernichten wollen und noch viel mehr Quatsch. Ich habe festgestellt, daß das auch alles einfache Menschen sind, die uns sehr nett empfangen haben, sich mit und für uns gefreut haben, daß endlich die Grenzen offen sind. Ich habe schon damals nicht an die Märchen geglaubt, die uns da aufgetischt worden sind in Stabü. An Sozialismus (ohne daß die oben in ihre eigene Tasche arbeiten) glaube ich nicht. Das ist absolute Utopie. Um sich weiterzuentwickeln braucht jedes Land die freie Marktwirtschaft.

Ich habe immer noch dasselbe Bild über die BRD. Das Leben mag nicht einfach sein. Dazu braucht man Ellenbogen. Aber wer arbeiten will und sich was erschaffen will, der schafft es auch. Vieles ist drüben nicht fair, genauso, wie's bei uns war, aber die Leute leben hundertmal besser und gesünder wie wir. Bei uns gibt es Schlechtes so wie drüben auch, find' ich. Aber die Meinungsfreiheit ist doch das Allerwichtigste.

o. A., 18 J., Lehrling (Gärtnerin)

– Leben und Arbeiten der Menschen kennenzulernen (speziell den Alltag der Verwandten kennenzulernen und sie nach langer Zeit wiederzusehen).

– Für mich wichtige Vergleiche der maroden Wirtschaft Ostdeutsch-

56 lands und der – im Gegensatz zu den Partei- und Stasibetrieben – relativ umweltfreundlichen, hochentwickelten Industrie Westdeutschlands, – Sauberkeit und Umweltbewußtsein unserer Landsleute.

o. A., 17 J., Oberschüler

Die Bürger der Bundesrepublik haben uns, als wir das erste Mal im westlichen Ausland waren, herzlich empfangen und begrüßt. Sie sind sehr freundlich und haben uns Übernachtungsmöglichkeiten gegeben. Doch in der Bundesrepublik muß jeder Mensch um seine Existenz kämpfen. Er muß für das Geld, das er verdient, hart arbeiten. Die Geschäfte haben ein sehr großes Warenangebot. Der ganze Markt ist überschwemmt von Waren. Aber wer kein Geld hat, kann sich auch nichts leisten. Ich habe wenige Bettler und Arbeitslose bzw. Obdachlose gesehen, aber ich habe den Eindruck, daß ihnen das Leben dort nicht gefällt. In der Bundesrepublik ist auch nicht alles Gold, was glänzt. Der Bundesbürger hat z. B. eine sehr schöne Wohnung, für die er aber sehr hohe Mieten zahlen muß. Man muß auch sein Geld richtig einteilen. Wenn man einkaufen geht, muß man wissen, was man kaufen will. Sonst sieht man hier etwas Schönes und da etwas Tolles und am Ende hat man nicht das, was man eigentlich wollte, und das Geld ist auch alle.

Besonders haben mich die Gymnasien der BRD beeindruckt. Das ganze Bildungssystem ist ja anders. Ich finde gut, daß es in Gymnasien neben den normalen Fächern auch noch Leistungskurse gibt. Was ich nicht gut finde, ist die Disziplin. Man kann in der Stunde tun und lassen, was man will, man kann rausgehen und Kaffee trinken oder rauchen.

Die Ausstattung der Schulen ist auch ganz toll. Die ganzen Experimentiergeräte in Physik sind sehr hoch entwickelt. Die Produktion in den Betrieben läuft nur auf Knopfdruck. Man sieht kaum einen Arbeiter in der Werkhalle. Der Entwicklungsstand der Technik ist sehr hoch. In Büros wird fast nur mit Computern gearbeitet. Man muß die Ordner und Akten schließen, die Blätter sortieren und alles an den richtigen Platz legen. Das hat mich auch sehr beeindruckt.

o. A., o. A., Oberschülerin

Ich war angenehm überrascht. Es war drüben alles so sauber, die Straßen und Häuser so gepflegt, überall bunte Plakate. Die Geschäfte waren sehr schön, und vor allem gab es alles. Am meisten haben mir die Menschen gefallen. So freundlich und zuvorkommend. Auch hilfsbereit.

Aber auch Bettler habe ich gesehen, die auf der Straße saßen. Vor allem
auf den Bahnhöfen, das hat mich sehr bedrückt.

Im Geschichts- und Stabüunterricht wurde der Kapitalismus immer
als »sterbender« bezeichnet, genauso die Arbeitslosen, die ganzen sozialen Sachen, zum Beispiel, was jetzt Frauen mit Kindern angeht, die Monopole, all das wurde doch sozusagen so dargestellt, daß der Kapitalismus
schlecht und Sozialismus gut ist. Ich habe gesehen, was Konkurrenz ausmacht, was es ausmacht, wenn es heißt »Arbeite – sonst fliegst du!« Die
Menschen treiben sich selbst in ihrer Arbeit an. Einer will besser sein als
der andere. Was man bei uns nicht sagen kann. Auch so, wie das mit den
Kindermißhandlungen dargestellt wird. Eine Frau hat mal gesagt: »Man
merkt genau, wer aus dem Osten kommt, an der Erziehung der Kinder,
die auf der Straße angeschnauzt werden«. Es gibt auch noch einige andere Sachen. Der Kapitalismus hat auch seine Vorteile, nicht nur Nachteile. Und was den Sozialismus angeht, ich glaube, dazu brauche ich
nichts zu sagen.

o. A., 17 J., Lehrling (Fachverkäuferin)

Mein erster Eindruck aus Lübeck war überwältigend. Ich wäre am
liebsten dageblieben, weil mir sofort eine Wohnung und Ausbildungs-
stätte zugesichert worden war. Die Leute waren sehr nett und zuvorkommend (sind sie jetzt in Lübeck auch noch). Und dann dieses riesige
Warenangebot... Ich dachte: Das kann doch wohl nicht wahr sein. Das
soll nun der sterbende, parasitäre, zum Untergang verurteilte Kapitalismus sein??? Alles gefiel mir, bis auf die Ausländer, aber die gibt es bei
uns ja auch. Wenn ich nicht mitten im Abitur stände, würde ich auch
nicht mehr zurückgekehrt sein.

Korrekturen waren also in jeder Hinsicht nötig. Z. B. über das Klima
der Menschen untereinander, über Möglichkeiten des beruflichen Auf-
stiegs, über das soziale Netz in der BRD und über den Lebensstandard,
der ja wirklich viel höher ist als in der DDR.

o. A., 18 J., Lehrling (Baufacharbeiterin mit Abitur)

Wichtig scheint mir, daß ich trotz Grenzöffnung sagen muß, daß ich
sehr wenig über das Leben der einfachen Menschen weiß und wußte. Bekannt sind und waren mir nur die Äußerlichkeiten der Gesellschaft, d. h.
die reichen Warenangebote, große Industriezentren und die unheim-
liche Menge von Presseangeboten. Feststellen mußte ich, daß die mei-

58 sten Menschen eine etwas andere Einstellung zum Leben haben als ich. Ich glaube, materielle Werte stehen noch mehr als bei uns im Vordergrund. Trotzdem muß ich sagen, daß für die menschliche Individualität mehr Platz ist als bei uns.

Mein Bild von der BRD mußte ich kaum korrigieren. Einzig das soziale Netz hatte ich mir schlechter gedacht, als es wirklich ist.

o. A., 17 J., Oberschüler

Mich beeindruckt sehr das wirtschaftliche Leistungsvermögen des anderen deutschen Staates. Das organisierte Wirtschaftswachstum und die Umweltpolitik.

Unter der alten Führung, muß ich sagen, hatte ich ein völlig »falsches« Bild vom »WESTEN«. Ich bin ja nun 1972 geboren und somit auch durch das Bildungssystem in der DDR gegangen. Ich muß ehrlich sagen, viele Dinge, die man früher immer gehört hat, vom »bösen« Westen, vom Kalten Krieg usw. waren möglicherweise wahr, aber so entstellt, daß sie grotesk klangen. Daher habe ich jetzt schon ein anderes Bild vom Westen als bisher. Klar, wenn man sich dort umsieht, könnte man schon sagen, »Land der unbegrenzten Möglichkeiten«, aber man sollte nicht vernachlässigen oder übersehen, daß es noch Lücken in diesem System für die Schwachen gibt.

Ja! Schon die Einführung der Währungsunion o. ä. So sehr ich auch für sie plädiere, bringt sie völlig veränderte Lebensbedingungen für jeden DDR-Bürger mit sich. Es muß neu gelernt werden, mit dieser Währung umzugehen, soziale Errungenschaften müssen täglich erkämpft werden.

Nein! Da ich als 17jähriger sowieso jetzt bald erst auf eigenen Beinen stehe, bedeutet das insofern keinen Neuanfang, wie für viele ältere Menschen, für mich. Klar, der DDR-Bürger muß jetzt lernen, mit den veränderten Bedingungen zu leben (NEUANFANG).

o. A., 17 J., Lehrling (Elektronikfacharbeiter mit Abitur)

Über Weihnachten verweilte ich ein paar Tage in der Nähe von Frankfurt/Main. Dort kamen wir auch ins Gespräch mit Westdeutschen. Besonders viel Mut für die kommende Zeit gab mir, wie herzlich wir willkommen geheißen wurden. Zunächst hatte ich jedoch Zweifel, wie es mit den DDR-Bürgern weitergehen sollte, doch durch die Gespräche habe ich erfahren, daß es uns nur besser gehen könnte. Die

BRD-Bürger sind in bezug auf unsere gemeinsame Zukunft sehr optimistisch, und sie müßten ihren Staat ja am besten kennen. Mein Vater
war für eine Woche auf Dienstreise in der BRD. Dort besichtigte er
einen Betrieb und lernte die wahren Seiten des »Kapitalismus« kennen.
Nachdem er uns darüber berichtete, stärkte und bestätigte sich mein
Optimismus.

> *o. A., 17 J., Oberschülerin*

Meine erste Fahrt in den »goldenen Westen« ging nach Westberlin.
Damals hatten wir (meine Familie) noch kein Visa in unserem Ausweis,
doch an der Grenze ging alles reibungslos, man ließ uns durch, ohne daß
wir irgendwas hinzeigen mußten. Meine ersten Gedanken waren, das
weiß ich noch ganz genau: »Endlich, endlich haben wir es geschafft«! In
meinen Augen sah man Freudentränen. Nicht nur in meinen Augen,
sondern in den Augen vieler tausend Menschen.

Die Geschäfte lagen mit allem voll, wovon man jahrelang in der DDR
träumen durfte. Bei mir selbst, das merkte ich, bildete sich anfangs ein
großer Haß gegen unseren Staat aus. Als man später erfuhr, wie wir dort
belogen und betrogen worden sind, verstärkte sich dieser Haß immer
mehr.

In dieser Zeit sah ich meinen Opi zum ersten Mal in meinem Leben.
Wir hatten zwar oft Briefkontakt, aber was sollte ich von einem Menschen halten oder gar urteilen, den ich nur aus Briefen kannte?

> *o. A., 17 J., Lehrling (Wirtschaftskauffrau)*

– Bier ist sehr teuer!
– Die Einsicht, daß alles richtig war, was im West-Fernsehen über die
sehr hohe Lebensqualität zu sehen war, – und – wir müssen uns ganz
schön am Riemen reißen.

> *o. A., 18 J., Oberschüler*

Ich finde, man kann die Frage nicht direkt mit einer Feststellung beantworten. Die Eindrücke waren total gegensätzlich. Sicher – der Jubel
war riesig, freundliche Leute! ... Aber auch nur anfangs und auch nicht
alle. Bei meinem ersten Besuch in Westberlin sah ich Plakate »Ostis
raus!«, »Schert Euch um Euren eigenen Mist«. Und es begegneten
einem auch viele böse Blicke, Blicke die Angst um ihre Existenz zeigten,
Angst, verdrängt zu werden.

Mein Bild habe ich nicht verändert. Ich hatte auch keins. Woher? Materielle Gründe stehen nicht unbedingt im Vordergrund, und was Politik, Menschenrechte ... angeht, erfuhr man ja auch so.

o. A., o. A., Lehrling (Buchhändler)

Seit der Öffnung der Grenzen am 9. November 1989 besuchte ich bisher zweimal das Land bzw. den Stadtstaat Westberlin jenseits der Mauer, wobei der zweite Besuch im Februar '90 in etwa eine Woche dauerte.

Ich muß sagen, daß ich vom äußerlichen Erscheinungsbild in der BRD und Berlin/West nicht besonders beeindruckt bin, es ist eben so, wie ich es mir vorstellte oder aus Zeitung und Fernsehen kannte. Besonders wichtig sind für mich die Bilder jener, die ich in Frankfurt/M. auf der Zeil, der geschäftstüchtigsten Straße der BRD, an jeder Ecke sitzen sah. Gemeint sind hier die Bettler und Obdachlosen mit zwei Tüten an ihrer Seite, die vermutlich ihre ganze Habe darstellten, und einem Schild um den Hals »Ich habe Hunger!« oder »Geben Sie mir bitte eine Spende«. – Ich hoffe, daß es so etwas in unserem Lande nie geben wird, sei die jetzt aufzubauende Marktwirtschaft auch so sozial, wie sie wolle.

Mein Bild, äußerlich gesehen, veränderte ich nicht; die BRD und Berlin/West sind für mich nach wie vor Ausland wie jedes andere Land der Welt. Es kam aber eine Vielzahl von neuen Informationen und Richtigstellungen über das (nun), meiner Meinung nach, noch bessere Bildungssystem hinzu.

Außerdem muß ich hinzufügen, daß ich vom Konsumzwang und all dem Glitzer und Glamour nicht allzusehr angesteckt bin; ich freue mich natürlich, nach meinem Besuch bei Verwandten »drüben« jetzt einen besseren Walkman, neue moderne Turnschuhe und eine Reisetasche für DDR-Verhältnisse zu Spottpreisen zu besitzen, doch ich würde ebensogut auch ohne all dies Zeug auskommen. Für mich sind menschliche Werte, ein festes Haus über dem Kopf, Familie und gute Freunde und natürlich das Nötigste zum Leben und ein bißchen mehr genug.

o. A., 18 J., Oberschüler

Ich weiß nicht, wie ich meine Ausführungen beginnen soll, die Frage, welche Eindrücke von unseren deutschen Nachbarn für mich wichtig sind, verwirrt mich, und trotz Überlegungen weiß ich keine auf einen Punkt gebrachte Antwort. Ich war erst ein paar Mal ganz kurz in WB zum Stadtbummel, habe auch somit kaum Kontakt mit unseren »deutschen Nachbarn« gehabt. Meine Eindrücke sind vor allem »U-Bahn-Eindrücke« – ich habe mit großem Interesse unseren »Klassenfeind« in Form der einfachen Menschen, also der Jugendlichen, Rentner, Ausländer, Geschäftsmänner usw. beobachtet. Wichtig ist mir dabei, daß sich die Gesichter nicht von den unseren unterscheiden, und daß Menschen wo, wie, unter welchen gesellschaftlichen Bedingungen sie auch aufwachsen mögen, immer Menschen bleiben – mit all ihren »schlechten und guten Seiten« – und auch die modischste Kleidung von »C&A« oder das teuerste Parfüm können die Menschen nur markieren, die inneren Werte bleiben.

o. A., 17 J., Oberschülerin

Auf einmal sieht man die Hintergründe, die hinter großen Autos, schönen Häusern, herrlichen Geschäften ... stehen. Natürlich sind die Eindrücke umwerfend, sowohl die guten als auch die schlechten, und für mich auch noch jetzt, nachdem ich schon einige Male in der BRD war. Ich empfinde die BRD als Inbegriff der Gegensätze, man sieht Häuser, die riesig erscheinen, aber Menschen kommen heraus, die nicht wissen, wie sie sie abbezahlen können. Ich kann einfach (noch) nicht schreiben, welche Eindrücke ich hatte, da man sich doch nur von der materiellen Seite beeinflussen läßt, die war natürlich unheimlich beeindruckend.

o. A., 18 J., Oberschüler

Es gab für mich noch nie schlechte Eindrücke über die BRD. Die BRD hat genauso den Krieg verloren wie wir, aber die haben damals wenigstens was draus gemacht, und wir sind am Boden geblieben.

Daß der Sozialismus ein Schuß in den Ofen war, darüber braucht man ja wohl nicht mehr nachzudenken. Was haben wir denn eigentlich so richtig über die BRD kennengelernt? In Stabü, jedesmal der gleiche Schleim: Kapitalismus schlecht, keine Arbeit, alles teuer usw.! Endlich sind mal »paar Richtige am Zug ...«

Wieso sollte ich?? Endlich würden dann unsere Faulpelze, die sich jeden Tag ihr Geld – vom Rathaus o. weiß ich woher, abholen, nicht mehr so durchgeschleift werden. Dann ist Leistung gefragt, und wer weiter seine Arbeit gut macht, der wird sicher auch in Zukunft Lorbeeren ernten. Zukunftsängste? Niemals! Jedenfalls um meine Arbeit nicht!!!

Höchstens, daß die gleichen Schleimer, die uns bisher verarscht haben, wieder gewählt werden wollen bzw. gewählt werden. Wenn man bedenkt, was uns die verdammten Kommis angetan haben! Vor allem unseren Eltern und Großeltern, die ein Leben lang gebuckelt haben für NICHTS!!!

o. A., 18 J., Lehrling (Friseuse)

Wie sollte ich mir je ein Bild von der BRD oder Westberlin machen, wenn ich nie (bis Nov. '89) die Möglichkeit hatte, selbst dorthin zu fahren? Das, was wir in der Schule, Fernsehen oder Rundfunk hörten oder in der Zeitung lasen, war nicht immer wahr. Das konnte man jetzt aber erst erfahren. Durch Verwandte, Bekannte und durch meine Eltern wurde mir vieles erst verdeutlicht, was ich falsch gelernt hatte, z. B. die Arbeitslosigkeit. Ich habe Zeitschriften gesehen, wo Annoncen auf Seiten standen, auf denen Arbeitsplätze angeboten werden. Hier hieß es immer: »Es gibt keine Arbeitsplätze mehr«. Qualifizierung, Alter etc. spielen auch 'ne wichtige Rolle. Ich konnte mir auch nicht vorstellen, daß es wirklich hungernde Menschen auf Straßen gibt. Doch jetzt habe ich sie gesehen. Es hat mich bedrückt.

Aber eines, was ich vorher schon wußte, verärgert mich immer wieder. Es ist dort möglich, daß jeder Mensch, ob arm ob reich, ob alt ob jung, sich modisch kleiden kann, da Mode in allen Preislagen existiert. Da ich im Handel, speziell in der Jugendmode, tätig bin, bedrückt es mich. Oft gehe ich ohne Lust zur Arbeit, denn man kann reden und reden; die Klamotten sind oftmals nicht verkäuflich oder viel zu teuer.

Das Bild zu korrigieren ist nicht leicht, zumal ich noch nicht genau weiß, wie vieles dort im Detail geschieht. Uns erdrücken zuerst nur die vielen bunten »Erscheinungen«, aber ob das eigentliche Wesen uns auch gefällt, ist fraglich. Wir kennen es nicht selbst. Wir müssen es kennenlernen, aber langsam und genau. Aus diesem Grunde werde ich zu einem späteren Zeitpunkt in die BRD fahren, für mehrere Tage, um dort ein bißchen mehr von den Menschen zu erfahren. Deshalb kann ich noch nicht konkret auf Ihre Frage antworten.

o. A., 19 J., Lehrling (Verkäuferin)

In vielen Gesprächen mit Bürgern der Bundesrepublik und aus Westberlin sind sehr unterschiedliche, auch der gesellschaftlichen Stellung entsprechende Eindrücke entstanden.

Von völliger Ablehnung und Ignoranz bis hin zu einhelliger Sympathie unserer Landsleute gegenüber unserem bisherigen Gesellschaftsmodell war alles zu verzeichnen. Positiv auf mich hat die Aufgeschlossenheit in einer freien Diskussion und Meinungsäußerung gewirkt. Besonders wichtig für mich sind Erfahrungen mit dem kapitalistischen System (negative Erfahrungen) meiner Gesprächspartner gewesen, besonders beim Kampf um soziale Rechte für Jugendliche, Schüler, Studenten.

Die Frage nach der Korrektur meines Bildes über die Bundesrepublik kann ich nicht einhellig beantworten, da es mir vorerst nicht gegeben war, mir ein objektives Bild der Strukturen in dieser Leistungsgesellschaft zu machen und ich mich in der Schule und im Alltag immer gegen klischeehafte Darstellungen gesträubt habe, aktiv und passiv. Innerhalb meiner persönlichen Entwicklung hat sich allerdings meine weltanschauliche Position immens erweitert und bestimmte Positionen haben sich gewandelt. (Innerhalb sehr kurzer Zeit.)

o. A., 18 J., Lehrling (Koch mit Abitur)

Ich brauchte mein Bild über die BRD/Westberlin nicht verändern, denn was uns in der Schule erzählt wurde von dem bösen Kapitalisten und den armen Arbeitslosen ist doch alles Unsinn. Wer dort arbeitslos ist, ist selbst daran schuld. Und ausgebeutet und unterdrückt wurden wir in der sozialistischen DDR viel mehr. Welches System das bessere ist, ist jetzt eindeutig entschieden.

o. A., o. A., Lehrling (Buchhändler)

Ich hatte keine besonderen Eindrücke und war auch nicht irgendwie besonders begeistert von ihnen. Es sind ganz normale Menschen wie wir, die die Nationalität deutsch haben. Festgestellt habe ich, daß die Menschen untereinander nicht so offen und frei sind wie bei uns. Das liegt sicherlich am System, in welchem sie erzogen wurden. Jeder lebt für sich. Jeder versucht, seine Existenz aufrechtzuerhalten. Das Finanzielle steht also im Mittelpunkt, das Geld. Mit Geld kann man in dieser Gesellschaftsordnung leben. Man bekommt an Konsum und Nebensächlichkeiten und Reisen alles. Soziale Sicherheit gibt es in diesem Land auch. Das will ich nicht bestreiten, doch so gesichert wie wir haben sie nie gelebt. Natürlich hat es bei uns an vielem gefehlt. Reisefreiheit, Angebot in den Läden war nicht die Masse. Aber ich wußte, daß ich eine Zukunft hatte. Das weiß ich jetzt nicht mehr.

Auf jeden Fall habe ich mich zu diesen Menschen nicht stark hingezogen gefühlt.

Ich habe mein Bild über die BRD/Berlin West seither nicht geändert. Ich habe zu diesem Land nach wie vor Abneigung. Und Angst vor ihm, weil ich weiß, daß es uns, wie wir jetzt noch bestehen, aus unserem System herauslösen wird. Das Warenangebot hat mich nicht niedergeschlagen. Ich weiß, daß man nicht beides haben kann: 1. Soziale Sicherheit und staatliche Unterstützung auf allen Gebieten und 2. volle Läden. Ich würde, wenn es was nützen würde, wenn meine Stimme zählen würde, mich für die 1. Variante entscheiden. Ob ich nun 'ne tolle Verpackung habe oder 'ne einfache Tüte, das ist doch egal. Ich will so leben, wie ich immer gelebt habe bis jetzt, nur dazu müßte noch kommen eine ehrliche Partei- und Staatsführung und Reisemöglichkeiten.

Katja, o. A., Oberschülerin

Ich hatte bisher dreimal die Möglichkeit, in die BRD bzw. nach Westberlin zu reisen. Beim ersten Mal war ich, wie auch sicher viele andere, geblendet von dem Anblick der Straßen und der Stadt. Auch von der Freundlichkeit der Leute, die ja bei uns in den letzten Monaten sehr nachgelassen hat. Ich glaube aber, daß nicht alles so gut und schön ist, wie es vielleicht aussieht, denn beim zweiten Mal hat man alles schon mit anderen Augen gesehen.

Bei einem Besuch in Westberlin sind wir an einem Türkenviertel vorbeigelaufen und waren auch auf einem »Flohmarkt«. An solchen Stellen zeigt sich doch erst das wahre Bild der Stadt. Dort sieht man auch halb baufällige Häuser, und die Menschen leben dort sicher nicht gerade sehr human. Was mich dort sehr erschüttert hat, ist der krasse Unterschied zwischen den Menschen. Möglicherweise geht es dem größten Teil der Bevölkerung dort gut, aber auf der anderen Seite gibt es immer welche, die darunter leiden müssen und die in der Gesellschaft untergehen. Am Beispiel Westberlins merkte man auch sehr deutlich, daß zwar Hauptstraßen bzw. Einkaufsstraßen sehr sauber und gepflegt sind, aber in den Arbeitervierteln sieht es katastrophal aus.

Bevor ich alles mit eigenen Augen sehen und erleben konnte, informierte ich mich über das Leben und die Zustände in der BRD/Westberlin im westlichen Fernsehen. Diese stellten aber ihr Leben, sicher auch als Anreiz für die DDR-Bürger, wie im Paradies dar. Und dieses Bild mußte ich für mich korrigieren. Auch das Bild, das man uns in der

Schule vorgemalt hat, »der böse Kapitalismus«, war nicht richtig, aber
ich glaube, es war nicht so falsch, uns vor der kapitalistischen Gesellschaft zu warnen, denn ich glaube auch, ein großer Teil unserer Bürger
wird in der kapitalistischen Gesellschaft untergehen. Für mich hat sich
ein Bild über die BRD aufgebaut, das gute und schlechte Seiten hat.
Und ich denke, daß es keine Gesellschaft gibt, die keine schlechten Seiten hat.

o. A., 16 J., Oberschülerin

Ich habe zum ersten Mal das kapitalistische Ausland gesehen und war
überrascht und wütend. Einerseits überrascht über den Wohlstand und
das Leben in diesen Städten, obwohl ich wußte, daß es im Kapitalismus
andere Gesetze und Richtlinien gibt, war ich begeistert über das, was ich
dort sah.

Geärgert habe ich mich über die jahrelangen Lügen über diese Gesellschaft – wir haben noch in der 10. Klasse der POS vom »faulenden,
sterbenden und parasitären Kapitalismus« gesprochen. Wir sind auch
Deutsche und hätten mit unserer Wirtschaft auch einen höheren Rang
erreicht, wenn nicht führende Position und Stellungen so ausgenutzt
worden wären. Es ist schon schlimm, solche großen Gegensätze und Unterschiede in diesen ehemals zusammengewesenen Ländern zu sehen.

Mein Bild über die BRD/Westberlin habe ich korrigiert. Ich bin der
Überzeugung, daß der Kapitalismus wichtig ist für das Erstarken einer
Wirtschaft und ein Mittel, um Bummelei und Unstrebsamkeit entgegen-
zuwirken.

o. A., 17 J., Lehrling (Facharbeiter für Pflanzenproduktion mit Abitur)

Ich betrachte die Bundesrepublik nicht als ein fremdes Land, ich habe
sie eigentlich nie als solches betrachtet. Natürlich haben mich die vollen
Geschäfte beeindruckt, aber ebenso auch die sehr hohen Lebensmittel-
preise. (Bsp.: Ich hatte Hunger, aber als ich die Preise sah, war er verschwunden.)

Bei Begegnungen mit Rechtsradikalen hatte ich riesige Angst, aber
das geht mir auch hier so!

In den Städten, wo ich war, haben sich die Einwohner nicht mehr son-
derlich über die Besucher aus dem Osten gefreut, sie waren unfreund-
lich und mürrisch (die meisten). Das hat mich ziemlich bestürzt, hatte
ich doch im Fernsehen immer nur die beiderseitige Freude gesehen.

Ich bin eigentlich nie mit einem Feindbild aufgewachsen, in der Schule wurde zwar immer gesagt, der Westen bringt nichts Gutes, doch meine Eltern versuchten mir Dinge zu erklären, welche in der Schule nicht besprochen wurden. Die größte Korrektur in meinem Denken in den letzten Wochen war das Umdenken (früher war ich ziemlich gegen eine Vereinigung, ich bin immer noch nicht ganz von ihrer Richtigkeit überzeugt, aber ich habe mich mit diesem Gedanken auseinandergesetzt und bin ihm näher gekommen).

Ich bin ziemlich bestürzt über den Weg, den wir nun einschlagen, ich kann nicht sagen, daß ich vorher ungeteiltes Vertrauen zur Regierung und zur SED hatte, aber allzu schlimm, wie es jetzt immer dargestellt wird, habe ich es nicht empfunden. Selbst die beschränkte Reisefreiheit war für mich nicht schlimm, da unsere Familie das Geld für eine große Reise sowieso nicht aufbringen kann (ich habe noch 3 Geschwister!).

o. A., 16 J., Oberschülerin

Der erste Eindruck, den ich von unseren deutschen Nachbarn gewann, war ein äußerst positiver. Ich war beeindruckt von ihrer spontanen Freude, ihrer großen Gastfreundschaft und ihrem großen Interesse am Kennenlernen der DDR.

Ich habe inzwischen auch schon die Möglichkeit gehabt, Jugendliche meines Alters kennenzulernen. Mir wurde in Gesprächen ihre positive Einstellung zu unserem Land bewußt, und ich bin auch beeindruckt von ihrem Wissen (Allgemeinbildung).

Aber nicht nur die positiven, sondern auch negative Eindrücke, die ich sammelte, sind nicht zu verdrängen.

So habe ich z. B. in der Praxis (als Verkäuferin) beobachtet, daß viele Bundesbürger von den wenigen gefragten Konsumgütern, die wir besitzen, regelrechte Hamstereinkäufe bewerkstelligen. Ich finde das nicht in Ordnung, da sie bei sich doch alles bekommen, und so unsere Lage im Handel noch mehr schädigen und der Unmut in unserer Bevölkerung noch größer wird.

Mir wurde bewußt, daß der Kapitalismus nicht die richtige Gesellschaftsordnung sein muß, aber war es denn der Sozialismus, den wir hatten? Ich finde, man muß einfach einen Kompromiß eingehen oder eine Alternative finden, um die Gesellschaftsordnung, die in der BRD praktiziert wird, noch sozialer zu gestalten, oder anders gesagt, den Fortschritt der Menschheit voranzutreiben. Dabei würde ich z. B. viele Er-

Foto: Rolf Zöllner

rungenschaften des Sozialismus einbringen (eine gemeinsame Gewerkschaft...).

Ich bin davon überzeugt, daß es über kurz oder lang zu einer Vereinigung Deutschlands kommt. Ich möchte aber nicht, daß dieser Schritt übereilt wird. Darum lehne ich z. B. die Auffassungen der Allianz für Deutschland vollkommen ab. Will man uns etwa zum Billiglohnland machen?

Mir wäre es auch lieb, wenn Berlin später wieder die Hauptstadt wird. Ich glaube, das ist die Geschichte Deutschlands dieser Stadt schuldig.

Die Vereinigung hätte für mich zur Konsequenz, daß es mir sicher erstmal schwer fällt, die neue politische Lage voll zu erfassen und zu verstehen.

o. A., 19 J., Lehrling (Fachverkäuferin)

Für mich persönlich sind besonders die Meinungswandlungen unserer deutschen Nachbarn wichtig. Ich habe mich sehr gewundert, daß die Freude über den Zustrom von Übersiedlern nach der Öffnung der Grenzen noch so lange angehalten hat. Die jetzige Auffassung der BRD-Bürger ist für mich viel verständlicher und realistischer, denn auch ich würde mich nicht damit einverstanden erklären, auf eine neue Wohnung bzw. Arbeitsplatz zu verzichten. Weiterhin möchte ich sagen, daß unsere Nachbarn zum größten Teil freundlicher und aufgeschlossener sind als unsere Bevölkerung, was mich positiv überrascht hat.

Teilweise habe ich mein Bild über die Bundesrepublik geändert und korrigiert. Jahrelang hat man uns eingeredet, wie schlecht der Kapitalismus ist, daß man nicht nur den Konsumreichtum sehen darf, aber jetzt, wo ich mir mein eigenes Bild machen konnte, muß ich sagen, daß weit mehr Positives in der BRD vorhanden ist.

Ich habe das »Feindbild«, was man uns eingeredet hat, verbannt und eine eigene realistische Einschätzung getroffen. Man könnte grob sagen: Es ist nicht alles Gold, was glänzt, aber dem größten Teil der BRD-Bevölkerung geht es wesentlich besser als uns.

Für mich würde diese Vereinigung keine sehr großen Veränderungen bringen. Ich bin noch jung und lebe mit der Hoffnung, nach dieser Vereinigung ein gesichertes und unternehmungsreiches Leben zu führen, denn ich habe von der Welt noch nicht viel gesehen. Jedoch weigere ich mich strikt dagegen, zu sagen, daß alles, was in unserem Staat geschaffen

worden ist, schlecht sein soll. Der Sozialismus war einen Versuch wert,
wie er jedoch umgesetzt worden ist, ist die andere Seite. Was jetzt aus
ihm wird, steht in den Sternen.

    o. A., 17 J., Oberschülerin

Besondere Unterschiede zwischen beiden Staaten sind meiner Meinung nach die Differenzen der menschlichen Werte und Eigenschaften.
Der durch großes Engagement und Selbständigkeit geprägte und
damit selbstbewußte Bürger (Bundesbürger) steht dem scheinbar geringeren DDR-Bürger gegenüber. Diese Unterschiede werden sich
aber mit der Zeit angleichen, so, wie es schon jetzt in der Wirtschaft geschieht.

Ich habe nichts anderes erwartet, weil ich mich schon vorher um ein
eigenes Bild bemüht habe, welches vielmehr den Realitäten entsprach
als irgendwelche Propaganda-Berichte der »Jungen Welt«.

    o. A., 18 J., Oberschüler

Wenn ich an die Bürger der BRD oder Westberlins denke, sehe ich sie
nur noch mit LKW's oder Kleinbussen in der Leipziger Innenstadt. Sie
führen sich auf, als wenn sie hier zu Hause sind. Man findet immer weniger den netten Bundesbürger, mit dem man sich unterhalten kann, ohne
sich dabei zu fühlen wie der letzte Dreck. Früher sah ich in ihnen die
Freunde und Nachbarn. Heute sind es für mich Eindringlinge, die mir
am liebsten die Luft zum Atmen in D-Mark verkaufen würden.

    o. A., o. A., Lehrling (Buchhändler)

Vor der Wahl wurde das »Blaue vom Himmel« versprochen. Nach
der Wahl wird jetzt ein Rückzieher nach dem anderen gemacht. BRD ist
nicht interessiert an den Menschen, die in der DDR noch leben, sondern
an dem Geld, was aus der DDR noch rauszuholen ist (ob nun nach dem
Einverleiben der DDR, oder davor). In dieser Beziehung hatte ich schon
Vorurteile aufgebaut, ich brauchte also nichts zu korrigieren – meine
Meinung wurde bestätigt.

Was ich begrüße, das sind die jetzt ständigen Gespräche über die Aufnahmelager (ob sie geschlossen werden oder nicht). Ich bin für das
Schließen der Aufnahmelager.

    o. A., 18 J., Oberschülerin

Meiner Meinung nach bilden sich die BRD-Bürger viel zu viel ein. Sie sagen sich, wir sind was Besonderes, also behandelt uns so auch. Zumindest auf einen Großteil trifft das zu. Und in den meisten Fällen werden sie ja auch so behandelt. Überall werden BRD-Bürger bevorzugt, da sie ja die harte Westmark haben. Die DDR-Bürger sind doch nur noch ein Haufen Dreck. Man sollte so etwas schnellstens ändern. Wenn es so weitergeht, können sich die Menschen gar nicht mehr sehen. Obwohl es alles Deutsche sind. Aber Deutsche müssen auch gleich behandelt werden.

Auch finde ich es nicht gut, wenn sich viele BRD-Firmen jetzt bei uns einkaufen. Na klar, es gibt mehr und besseres zu kaufen, aber muß es denn so sein. Kann denn unser eigener Staat so etwas nicht produzieren? Wofür haben denn unsere Großeltern und Eltern gearbeitet? Um nach vierzig Jahren immer noch von vorne anfangen zu müssen? Ich meine, wir sollten versuchen, uns alleine zu helfen. Was zwar nicht gelingen wird, dazu hat uns die SED-Regierung viel zu heruntergewirtschaftet. Die haben sich ihr Geld auf die hohe Kante gelegt. Und jetzt soll uns die BRD helfen. Das würde ich als BRD-Bürger auch nicht einsehen.

o. A., o. A., Lehrling (Buchhändler)

Mich hat sehr die Freude der Leute (die ich natürlich teile) berührt, endlich ungehindert mit Freunden und Verwandten zusammenkommen zu können. Das Gefühl, von niemandem mehr angehalten zu werden, weil man zu dicht an die Grenze gekommen ist, also einfach frei zu sein, ist sehr wichtig für mich.

Ich habe mein Bild über die BRD – vor allem über Westberlin – allerdings korrigiert. Ehrlich gesagt macht mich dieses »wahnsinnig« vielfältige Angebot krank, ich hab es mir nicht so schlimm vorgestellt (wie auch!?).

Dann bin ich von Westberlin sehr enttäuscht, es gibt auch hier viele verkommene und verdreckte Ecken, aber W-Berlin übertrifft uns da. Was mich z. B. sehr unangenehm berührt hat, sind die beschmierten Wände, die seit der Grenzöffnung auch schlagartig hier zu finden waren.

Ich glaube, der Begriff Demokratie wird sehr weit gedehnt, und meiner Meinung nach viel zu weit in einigen Dingen, Schmierereien, Waffenkauf etc.

Was ich erfahren und gesehen habe (WB und BRD) hat mich teilweise
sehr erschreckt.
o. A., 18 J., Oberschüler

Meine Eindrücke sind sehr unterschiedlich, weil ich auch mit sehr vielen, verschiedenen Menschen gesprochen habe. Letzte Woche hatte ich ein »unschönes« Gespräch mit sehr entfernten Verwandten meines Freundes. Diese wollten mir klarmachen, daß bei uns doch alles in Ordnung war, und fragten, warum wir eine »Revolution« machten. Sie haben uns echt behandelt wie den letzten Dreck und dachten, wir verhungern in der »armen DDR«. Dementsprechend war auch ihr Benehmen. Es war ihr erster Besuch in der DDR, und deshalb ärgerte mich sehr, daß sie unbedingt besser wissen wollten, wie damals (vor der Wende) unser tägliches Leben ablief.
o. A., 18 J., Oberschülerin

Der größte Eindruck seit der Grenzöffnung, ein negativer, war keiner, der direkt mit Westberlin und seinen Einwohnern zusammenhängt. Es war vielmehr mein Unverständnis zum Verhalten vieler DDR-Bürger, ihr hysterisches Verhalten, das zum größten Teil allein vom Konsumdenken beherrscht war.

Als ich das erste Mal drüben war, fühlte ich mich auch ziemlich blöd. Ich mußte, wollte ich auch etwas kennenlernen, etwas davon haben, betteln gehen, und mit einer großzügigen Geste wurden mir 100 DM geschenkt – wie gut ist doch die Regierung!

Beim Besichtigen der Geschäfte und Kaufhäuser war die Vielfalt der Erzeugnisse schon beeindruckend, aber ihre Aufmachung oft auch erschreckend – welch eine Verschwendung! Da waren doch glatt zwei Fahrradventile in einer großen Standardverpackung untergebracht! Aber, daß es so ungefähr dort aussieht, ahnte ich ja aus Filmberichten und Erzählungen.

Auch in einem anderen Punkt sah ich meine Vermutungen bestätigt: Ich wurde schon des öfteren, besonders von Jugendlichen, angesprochen, ob ich nicht etwas zu essen habe oder wenigstens 'ne Mark. Auch die Häuser sind dort, wo ich war – in Kreuzberg – in keinem besseren Zustand als bei uns. Diese Eindrücke erwecken in mir eine neue Wut auf die »Rosa-Rot-Darstellung« der Westmedien.

Aber auch bei uns konnte ich Eindrücke von unseren Nachbarn sammeln. Ob es nun in Berlin oder auch in Stolberg/Harz sei. Ein paar West-Mark genügen – schwarzer Umtausch – und schon sind unsere Gaststätten voll! Es wird zwar jetzt versucht, sie in DM zahlen zu lassen, ich glaube jedoch nicht an den Erfolg dieser Aktion, eher daran, daß es für's Devisenkonto nützlich ist (privat), Kellner zu sein!

o. A., 18 J., Lehrling (Elektronikfacharbeiter)

Ich war letztes Jahr nach München gefahren und vor kurzem nochmal in den grenznahen Raum in Richtung Hof. Es war vieles für mich neu und beeindruckend. So zum Beispiel die immer gefüllten Kaufhäuser und Geschäfte, der Service, der fast überall geboten wurde, die Autos und besonders die modernere, vielseitigere Technik.

Ich habe festgestellt, daß man sich so ziemlich alles kaufen kann, wenn man Geld hat. Und dies ist das Problem, vor dem die meisten Bürger der DDR stehen, ich auch. Ich bin gern durch die Geschäfte gegangen, habe viel Neues gesehen, gelesen. Ich habe aber auch von Bekannten erfahren und selber festgestellt, daß es neben dem »Reichtum« vieler BRD-Bürger auch viele andere Probleme gibt, die wir oft noch nicht kennen und erkennen (z. B. unterschiedliche Preise in verschiedenen Geschäften, verschiedene Warenqualität usw.). Viele Leute verfallen in einen Konsumrausch (ich nicht) und wachen ernüchtert auf mit dem Problem: Sie haben kein Geld (ohne Geld geht nichts).

Ich persönlich muß sagen, daß es mir gut ging, denn ich hatte alles, was ich zum Leben brauchte. Natürlich freue ich mich über den zu erwartenden Anstieg des Warenangebotes.

Bisher vertrat ich die Auffassung, das soz. System sei das beste. Deshalb war ich auch erschrocken über die Machenschaften einiger ehemaliger Führungsmitglieder (wie E. Honecker...). Über das kapitalistische System habe ich meine Meinung kaum geändert.

Ich mußte feststellen und zugeben, daß es vielen Leuten in der BRD besser geht als uns und daß das Land reicher ist als das unsere. Aber der Kapitalismus ist noch immer ein System mit vielseitigen Problemen und sozialen Ängsten.

o. A., o. A., Oberschüler

Über die Öffnung der Grenzen habe ich zwei Meinungen. Die erste, es ist zwar schön, daß die Grenzen auf sind, weil wir (die, die keine Westverwandten haben) auch mal etwas von den Warengütern abbekommen.

Bei uns gibt es kaum noch ausreichende und gute Klamotten. Und wenn es mal etwas gibt, dann kosten die eine ganze Stange Geld. Drüben gibt es viel und für alle. Wenn man vergleicht (Lohn DDR und Lohn BRD) und dazu die Preise der Klamotten sieht, ist es drüben billiger.

Meine zweite Meinung ist, daß ich mich seit Öffnung der Grenzen in meiner Heimat einfach nicht mehr sozial und auch sonst sicher fühle. Wenn man sieht, daß Bürger aus der BRD einfach rüberkommen und ihre alten Eigentümer wiederhaben wollen, wo jetzt schon wieder eine neue Familie drauf wohnt und dort selbst gebaut und investiert hat, finde ich das erschreckend von unserem »Bruder BRD«. Die machen sich hier breit, und wir Bürger der DDR müssen leiden. Wir werden behandelt wie der letzte Dreck.

o. A., o. A., Oberschüler

Das Lockere, Legere des Menschen. Das Unverkrampfte. Der herzliche Empfang. – Wenn man unsere Seite gesehen hat, fand ich unsere Aktivitäten ein bißchen dürftig. Die Menschen dort sind auch spontaner, enthusiastischer, verrückter in manchen Beziehungen (pos. gemeint). Ich finde, wir sind da viel zu verklemmt, den Blick immer geradeaus. Die Eigenschaften – siehe oben – fehlen. Wir haben Angst vor dem Risiko, und das bedauere ich. Das wurde meines Erachtens durch die jahrelange Meinungsunfreiheit hervorgerufen. Da ist doch die Persönlichkeitsentwicklung total eingeschränkt.

o. A., 17 J., Lehrling (Kauffrau)

Bei mir waren nicht nur einzelne Eindrücke wichtig, sondern alle, also das Bild, was Westberlin mir zeigte, als ich zum ersten Mal drüben war. Dieses Bild war identisch mit meinem bestehenden Bild vom »Westen«. Wobei ich sagen muß, daß es nicht das Bild vom Stabü-Unterricht ist, sondern ein Bild, was ich durch viele Diskussionen und Unterhaltungen über die BRD mir selbst erstellt habe.

Konkrete Meinungen – Eindrücke »Westen« sind:

1. Westbürger behandeln uns, als ob wir sonst was sind, oder besser gesagt, sie tun so, als ob sie der Krösus persönlich sind, wobei sie diese Show im »Westen« wie auch bei uns abziehen (Personen, die zu den zwei Dritteln der BRD/Westberlin gehören).

2. Daß es wirklich eine Ellenbogengesellschaft ist.

3. Daß kaum eine menschliche Unterstützung vorhanden ist, damit

meine ich gegenseitige Hilfe, z. B. wenn man im selben Neubaublock wohnt.

o. A., 18 J., Lehrling (Elektronikfacharbeiter)

Es waren viele verschiedene Eindrücke, die ich von unseren deutschen Nachbarn gesammelt habe. Es waren positive, aber mehr negative. Viele Leute haben uns herzlich begrüßt, uns als vollwertige Menschen angesehen, unsere Probleme verstanden. Sie haben sich mit uns Gedanken über »unsere« Zukunft gemacht.

Aber die Mehrheit unserer deutschen Nachbarn hat uns nicht für voll genommen. Sie wollen uns nicht verstehen. Sie haben in uns nur einen neuen Absatzmarkt und ein Billiglohnland gesehen. In ihren Augen waren wir nur neue Käufer für ihren Markt und die armen, vertrottelten Ossis.

o. A., 15 J., Oberschülerin

Die Eindrücke in den letzten Wochen und Monaten sind unterschiedlich gewesen. Im Oktober und November hatte ich von der Bundesrepublik eine sehr hohe Meinung, die von Verwandten und deren Erzählungen noch genährt wurde. Es gibt alles zu kaufen. Die Umwelt ist sauberer und freundlicher. Nicht zuletzt war es die Reisefreiheit der BRD-Bürger, die dieses Land für mich so rosarot gezeichnet hat.

Nach meinen ersten Besuchen drüben ist dieses Bild nun abgeschwächt. Hinter den bunten Reklamebildern sind auch Probleme (Arbeitslosigkeit, Mieten, auch Umwelt) zum Vorschein gekommen. Die BRD ist nun für mich ein Land, das nicht unfehlbar, himmlisch oder glänzendes Vorbild ist. Es gibt dort Gutes zum Nachmachen, aber auch Negatives, was die Regierung drüben auch noch verbessern kann!

o. A., 18 J., Lehrling (Zimmerer)

Ich habe festgestellt, daß meine Verwandten sehr erfreut über unsere jetzigen Reisemöglichkeiten sind. Ich glaube, diese Freude war auch ehrlich gemeint. Was mich allerdings bedrückt hat, ist der Neid auf andere und auch z. T. enormer Geiz. Mir kam es so vor, als ob nur materielle Werte entscheidend sind. Das hat mich doch sehr geschockt. Unsere Verwandten nagen nicht am Hungertuch, doch die »Sparsucht« ist fast schon belastend. Dabei muß ich sagen, daß es gut und notwendig ist, mit Energie und Wasser sorgsam umzugehen. Das ist z. B. ein Punkt, in dem uns die BRD voraus ist, genauso wie im Umweltschutz. Aber wenn diese Sparsamkeit in Geiz ausartet, wie ich es bereits erwähnte, dann würde ich mich nicht wohlfühlen. Insofern habe ich mein Bild über unsere westlichen Nachbarn doch sehr geändert.

o. A., 17 J., Oberschüler

Mich beeindruckte besonders die Sauberkeit in den Städten und Dörfern. Dort gibt es zwar sehr viele, schöne (manchmal aber auch kitschige) Sachen zu kaufen, aber über Verwandte habe ich erfahren, daß es, auch wenn es oft nicht so scheint, sich viele Leute nicht leisten können. Wenn man die Medien verfolgt, dann kann man auch bald bemerken, daß die BRD-Politiker gern den Ausverkauf unseres Staates sehen würden. Damit bin ich persönlich jedoch nicht einverstanden. Jedoch der Eindruck trügt, daß es in der BRD keine Umweltverschmutzung gibt, nur weil man keine Schornsteine rauchen sieht, wenn man an Betrieben vorbeifährt. Dort gibt es nämlich die gleichen Probleme wie bei uns. Die Giftstoffe werden dort in die Flüsse abgelassen. Die Politik, die in der BRD betrieben wird, ist nicht immer, aber oft, eine falsche. Indem auf uns gewiesen wird, welch große Umweltverschmutzung es hier gibt, wird von vielen DDR-Bürgern vergessen, daß drüben auch welche existiert (vor der Wende konnte man davon noch in den Medien hören). Während uns Schülern seit Jahren das Bild eingepaukt wurde, wie schlecht die BRD ist, habe ich natürlich mein Bild von ihr jetzt korrigiert. Jedoch meine politischen Ansichten habe ich (wie oben genannt) beibehalten. Korrekturen habe ich vorgenommen in bezug auf die Menschen, die in der BRD wohnen. Es sind, genau wie hier in der DDR, nette, freundliche Leute, die oft mehr Ideen entwickeln als unsere, da sie unter besseren Bedingungen, mit besserer Ausrüstung arbeiten als bei uns.

o. A., o. A., Oberschülerin

Die Mauer ist durchlässig.
Neugierige, Wagehalsige, Zögerliche ... erleben
den gewonnenen Freiraum.

Foto: Rolf Zöllner

Fotos: Thierry de Malet

Fotos: Thierry de Malet

Fotos: Ralf Günther, Thierry de Malet

Eindrücke, die für mich wichtig sind:

Bevor die Grenze geöffnet wurde, dachte ich immer, die Westler seien etwas Besonderes. Diese Meinung hat sich jedoch schnell wieder gelegt. Es sind Menschen wie wir auch. Es gibt – nichts – Besonderes an ihnen. Es gibt nichts, wofür man sie beneiden sollte. Sie besitzen kein höheres Niveau als wir. Gut, als ich die Läden betrat, schaute ich mir schon die Preise an und freute mich, daß ich mir etwas kaufen konnte, das ich schon seit langer Zeit haben wollte. Jedoch war es für mich nicht der »Goldene Westen«. Von den Berichten, die man hörte bzw. las, hatte ich mir schon etwas mehr erhofft. Ich war früher immer der Meinung, dort sei alles billig und schön. So war es aber nicht. Ich merkte bald, daß ich mit meinen 115 DM keine großen Sprünge machen konnte. Mir war es eher peinlich, alles anzugucken oder zu bestaunen.

In der BRD/Westberlin ist es fast genauso wie hier. Alle Sachen, die schön waren, waren fast genauso teuer wie hier. Und alles, was billig ist, sieht auch dementsprechend aus. Mir tun die Leute nur leid, die schon vor der Grenzöffnung rüber sind. Mag sein, daß sie es zu etwas gebracht haben, und daß es ihnen gefällt. Für mich jedoch gibt es bis jetzt nur ein Land, in dem ich mich wohlfühle, und das ist die DDR. Hier habe ich meine Freunde und meine Verwandten. Mehr brauche ich nicht.

o. A., 17 J., Lehrling (Facharbeiter für Pflanzenproduktion mit Abitur)

Eindrücke:
– Ein reiches Land.
– Wie gelehrt: Armut und Arbeitslose.
– Wer Geld hat, ist etwas.
– Ohne Geld liegt man auf der Straße.
– Die meisten BRDler sind überheblich gegenüber uns »Ahnungslosen«, aber andererseits auch freundlich.
– Die Menschen stehen unter Leistungsdruck.
– Die meisten wollen die Wiedervereinigung.
Korrektur:
– Der »böse« Kapitalist ist nicht mehr das, was er einmal in unserem Hirn war.
– Wer arbeiten will, bekommt auch Arbeit.
– Es gibt auch real denkende Menschen.
– Die meisten von ihnen wollen Frieden und Ruhe.

Fotos: Ralf Günther, Rolf Zöllner

– Sie sprechen alle von Wiedervereinigung, wissen aber nicht, welche Konsequenzen das hat.

– Die meisten stellen sich unser Land wie einen stinkenden Knast vor; sie folgern das auch aus den Medien.

Ich will keine deutsche Wiedervereinigung in den nächsten zehn Jahren!

o. A., 17 J., Oberschüler

Ich habe den Eindruck, die Menschen im »Westen« sind nicht so kommunikationsfreudig wie wir. Die Leute sind außerdem wenig kreativ. Und wenn, bilden sie sich unwahrscheinlich was drauf ein. Sie können schlecht improvisieren. Wenn bei denen mal der Strom ausfällt...!!!

Außerdem versuchen sie, uns in Sachen Politik zu belehren. »Bloß keine Experimente mehr!« Was kann es denn anderes sein, als ein Experiment? Ich fühlte mich immer von oben herab behandelt. Und am 10.11.'89 fühlte ich mich wie im Zoo (als Tier!). Eigentlich hatte ich mir Westberlin schon so vorgestellt, wie es ist. Trotzdem sind mir keinesfalls alle Gegenden sympathisch. Der Ku-Damm zum Beispiel protzt mir viel zu sehr vor Geld. Da gefällt mir Kreuzberg schon viel besser.

Die Bundesrepublik sieht aus, wie auf dem Computer vorbereitet und nach diesem Schema systematisch aus der Erde ausgestampft! Alles sehr ordentlich und sauber, aber irgendwie abstoßend.

Tobias, 15 J., Oberschüler

Wichtige Eindrücke:

Mein Eindruck – Zwiespalt der Bundesbürger gegenüber den Bürgern der DDR.

Am Anfang – Bundesbürger schreien regelrecht nach Wiedervereinigung von »Brüdern und Schwestern« aus Ost und West.

Jetzt – Bundesbürger haben Angst, mehr Steuern bezahlen zu müssen, als Beispiel: »Die ziehen uns das Geld aus der Tasche, Klauen usw.«, so ist nun ihre Meinung.

Meine Meinung:

Die Bundesbürger haben Existenzängste. Unsere Übersiedler nehmen jeden unterbezahlten Job an, nur um zuerst einmal über »die Runden« zu kommen. Dies wiederum macht kein BRD-Bürger. Der Arbeit-

geber vergibt seine Arbeitsplätze sicherlich »lieber« an denjenigen, der
nicht so hohe Ansprüche stellt. Wir machen nur die Arbeit dort drüben,
was andere nicht für nötig halten und lieber Arbeitslosenunterstützung
in Kauf nehmen.

Die andere Seite:
Bundesbürger wirken auf mich viel selbstsicherer, stärker, cleverer,
sie wissen, was sie wollen – und auch kriegen. Allerdings sind auch manche zu sicher. Die denken, sie bekommen hier alles, auch die Mädchen,
nur weil sie aus dem Westen sind. Das ist ein ganz gravierender Eindruck bei uns Jugendlichen. Wenn man so in der Disko unter jungen
Leuten ist.

o. A., 17 J., Lehrling

Hier muß ich Privatpersonen und Politiker unterscheiden. Von meinen Bekannten und Leuten, mit denen ich mich kurz unterhalten habe,
kann ich sagen, es sind liebe und sehr fleißige Menschen. Es herrscht
dort eine ganz andere Arbeitseinstellung als bei uns. Wir haben bisher in
einer sicheren Trägheit gelebt. In meinen siebzehn Jahren ist mir doch
alles in den Schoß gefallen. Viele meiner deutschen Nachbarn kommen
mir beweglicher, flexibler vor als unsereins. Was mir auch auffiel, ist,
daß sie uns bedauerten. »Wie konntet ihr bloß so leben?« Doch sie mußten auch zugeben, keine konkreten Vorstellungen über unser Land zu
haben. Natürlich wünschen sich die meisten eine schnelle Einigung beider Staaten, aber auch hier wußte eigentlich keiner, wie es eigentlich gehen soll. Was manche Politiker, besonders die der CDU, angeht, habe
ich den Eindruck, daß sie uns als fünf weitere Bundesländer betrachten.
Mit welcher Selbstverständlichkeit sie den Wahlkampf »unserer« Volks-
kammerwahlen betrieben! Noch sind wir DDR, noch wurde die Volkskammer, nicht der Bundestag gewählt!

o. A., 17 J., Lehrling (Buchhändlerin)

Mein Eindruck von den bundesdeutschen Bürgern ist eigentlich recht
gut. Meiner Meinung nach treten die Bürger viel selbstbewußter und
sicherer auf als unsere DDR-Bürger. Sie sind viel weltoffener und hilfs-
bereiter und kollegialer (auch z. B. im Straßenverkehr). Trotz der vielen
Schwierigkeiten und Probleme, die sie durch uns bekommen haben, versuchen sie uns zu helfen, wo sie können, z. B. haben sie jetzt viel Ärger
mit den ganzen Asozialen und Amnestieentlassenen, die jetzt auch alle

86 übersiedeln. Ich glaube aber, daß sie uns auch bald über haben, ist ja auch verständlich.

o. A., 18 J., Lehrling (Kellnerin)

Besonders wichtig war mir bei meinem Besuch in der Bundesrepublik der Kontakt zu den dort lebenden Menschen, besonders zu den Jugendlichen meines Alters. Bei unseren Gesprächen erstaunte mich immer wieder, wie wenig Interesse sie (besonders Lehrlinge) den politischen Ereignissen in der DDR widmeten. Sie leben in ihrer eigenen, abgeschirmten Welt. Bei Abiturienten und Schülern war das schon etwas anderes. Viele sympathisierten noch im Oktober/November mit den Leipzigern, die auf dem Karl-Marx-Platz demonstrierten... heute äußern sie sich erschreckt über die »Wende« bei den Montagsdemonstrationen. Die Frage nach dem Verhältnis zu den Übersiedlern wurde zögernd und auch ganz verschieden beantwortet. Hier machte ich die Erfahrung, daß ein großer Teil der angesprochenen Leute leider anders redete, als er dachte. Es ist schon eine große Zumutung für die Bundesbürger, zu sehen, wie Übersiedler aus der DDR förmlich bevorzugt werden, auch verständlich, denn im Grunde genommen stellen diese (meist) billigen Fachkräfte eine Konkurrenz eines Teils der Bundesbürger dar (Wohnung, Arbeit...).
Da ich die Bundesrepublik und Westberlin nur aus Erzählungen von Verwandten und Bekannten kannte, die vor dem Oktober '89 im Westen waren, bzw. im Staatsbürgerkundeunterricht ein regelrechtes Feindbild aufgebaut wurde, war ich angenehm überrascht. Ich machte die Erfahrung, daß die meisten Bundesbürger problemloser und zufriedener (nach eigener Aussage) leben, als es uns in Stabü z. B. erzählt wurde. Natürlich stellten die Schilderungen des Stabü-Lehrers und die erlebte Realität einen krassen Gegensatz dar, der erst einmal überwunden werden mußte. Beim Besuch mehrerer schöner deutscher Städte, z. B. Nürnberg, Bremen, Hannover oder Braunschweig fiel natürlich erst einmal rein optisch die bunte, gut erhaltene und mit Strenge und Sorgfalt gepflegte Fassade auf. Ich muß ganz ehrlich zugeben, daß beim Anblick der Geschäfte, der Häuser und der Sauberkeit schon der Gedanke des »Drübenbleibens« aufkam, doch als Mensch wägt man ab, und irgendwie habe ich dort etwas gespürt, was mich veranlaßte, meinen Gedanken zu verwerfen. Die Kälte zwischen vielen Menschen und dieses unbedingte Vermarkten von Dingen, dieser Drang nach oben, Karriere

und Kommerz, und natürlich dabei Betrug und nicht immer sogenann-
tes Fairplay!

Diesen Zustand bemerkt man vorwiegend in größeren Städten. Für
mich persönlich bedauere ich diesen oft kalten und leblosen Zustand dieses Kompromisse-machen-müssens. Der einzige Weg, nicht zu sehr in
diese Abhängigkeit zu rutschen, ist für mich (so hart wie es klingt!), mich
so teuer wie möglich zu verkaufen bzw. meine Arbeitskraft so wertvoll
wie nur möglich zu machen. Da ich weiß, daß ich ein sehr starkes Selbstbewußtsein besitze, habe ich eigentlich wenig Zweifel am Gelingen meiner Vorstellungen.

In Zukunft wird nur eines gefragt sein: Leistung!

Ich will nur hoffen, daß bei diesem Drang nicht eins baden geht:
menschliches Gefühl.

o. A., 17 J., Oberschülerin

Ja, ich denke, daß die BRD und die DDR einen gemeinsamen neuen
deutschen Staat bilden werden. Dabei hoffe ich, daß keine bloße Anglie-
derung der DDR erfolgt, sondern daß eine Gleichberechtigung beider
deutscher Staaten zu einem besseren, neueren und auch menschlicheren
Staat führt. Dieser Staat sollte möglichst einen vermittelnden Charakter
zwischen den noch bestehenden Blöcken haben. Ich bin für Auflösung
sowohl der wirtschaftlichen als auch der militärischen Blöcke und für die
Bildung eines unabhängigen, freien Hauses Europa. Somit wird die
Vereinigung der beiden deutschen Staaten in den Prozeß eines geeinten
Europas eingehen. Deutschland könnte dabei nicht nur die wirtschaft-
liche Stärke, sondern auch durch menschliche, praktische Politik eine
Triebkraft sein. Die globale wirtschaftliche Verflechtung der Wirtschaft
spielt sicher eine große Rolle, ist aber nicht das wichtigste. In einem
Europa, das offen für jeden Bürger ist, da keine administrativen und
wirtschaftlichen Barrieren, würden sich viele Probleme lösen lassen
(Ausländerfeindlichkeit, ökonomische Probleme, zwischenmenschliche
Probleme), aber auch neue entstehen (Konkurrenzkampf, Machtaus-
breitung, evtl. größere soziale Unterschiede).

Ich bin für ein Deutschland, das wirklich hilft, daß sich die Menschen
verwirklichen können, ihr Leben selbst und unabhängig gestalten können, das demokratisch, neutral (keine Paktzugehörigkeit), tolerant und
nicht nationalistisch ist!

Es würden sich Konsequenzen für mich ergeben, daß ich neu lernen muß zu leben und zu denken. Schon mit achtzehn Jahren habe ich mich fast daran gewöhnt, ein Leben im vorgeschriebenen Rahmen zu führen, dem Unkreativität und Heuchelei, aber auch Passivität und Unfreiheit aufgezwungen werden sollten. Jetzt weiß ich, daß ich die Möglichkeiten habe, mein eigenes Leben zu gestalten, aber auch Leistung zeigen muß, um dies zu erreichen (aber es ist erreichbar geworden)! Ich spüre aber, daß all dies viel effektiver und wirkungsvoller wäre, wenn ich zum Beispiel erst in der achten Klasse wäre. Die neuen Möglichkeiten sind nur mit viel Selbstdisziplin und Einsatz zu verwirklichen. Das sind persönliche Anforderungen, die mir nicht leicht fallen, die ich aber als Charakterzüge schätzen könnte. Ich glaube, daß mein Leben viel intensiver von mir gelebt werden kann. Ich habe für mich persönlich keine Zukunftsängste, die sich auf berufliche Verwirklichung oder familiäre Gebiete (Partnerschaft) beziehen. Gefahr sehe ich in den Volksmassen, die nur nach Deutschland, Einheit, D-Mark und Mercedes und Lederstiefel schreien. Enttäuscht bin ich auch von den Leuten, die solche, für mich primitive und naive Menschen, politisch vertreten wollen. Wo waren die, die jetzt mit BRD-Fahnen durch die Straßen ziehen und das große Maul haben, und gegen jede demokratische Form sich durch Intoleranz vergehen, als es noch mutig war, seine Meinung dem Regime zu sagen, als Berufsverbot oder Kesseltreibjagden in Leipzig das persönliche Leben bedrohten?!

Wenn es ein Wahlbetrug war im Mai, so haben doch viele Millionen dem Regime ihre Stimme gegeben. Solch feiges und dummes Verhalten will ich nicht tolerieren, und ich kann solche Leute, die nun, wenn die Gefahr vorbei ist, revolutionär werden, nur als Dummenfänger sehen.
Thomas, 18 J., Oberschüler

Mir ist besonders aufgefallen, daß die Leute, gesellschaftsmäßig bedingt, ganz anders als wir erzogen wurden. Irgendwie freier, aufgeschlossener oder auch rücksichtsloser. Damit muß man erstmal klarkommen. In vielen Situationen kommt man sich wie der »dumme Ostler« vor. Das ist irgendwo deprimierend. Auch, daß man so auf's Geld achten muß und nicht einfach das kaufen kann, was einem gefällt. Was mich persönlich unheimlich stört, daß die meisten Westler hier so auf den »Putz« hauen.

Eigentlich hatte ich mir das Ganze auch so vorgestellt, wie es mir in der Realität geboten wurde. Ich kann nicht sagen, daß mich alles dort so

fasziniert. (Sonst wäre ich wahrscheinlich auch nicht mehr hier!) Aber
vieles ist einfach – na, da kommen wir halt nicht hinterher. Hier ist echt
die Zeit stehengeblieben!

o. A., 18 J., Lehrling (Kauffrau)

Ich war bisher nur in Westberlin. Demnach weiß ich nicht, wie es in
der BRD ist. Ich war Silvester auch am Brandenburger Tor. Viele Westler, die ich dort kennenlernte, waren sehr nett. Auch bei meinen anderen
Besuchen in Berlin/West habe ich keine schlechten Erfahrungen gemacht.

Trotzdem habe ich von Berlin/Ost ein besseres Bild. Ich kann mich
mit den Menschen bei uns besser identifizieren. Sie sind eben wie ich.
Sie arbeiten und leben wie unsere Familie. Natürlich gibt es auch Unterschiede, aber die sind nicht so kraß wie in der BRD bzw. Berlin/West.

o. A., 17 J., Oberschülerin

Früher fand ich Befragungen als vertane Zeit, die heute spricht mich
an, da diese Fragen mir auch derzeitig im Kopf rumgehen.

Da ich am 9. November leider nicht in Berlin war, habe ich die Öffnung der Grenze nicht bewußt mitbekommen. Erinnere ich mich an
diese Zeit, dann denke ich an den Morgen, an dem alle Radiosender von
diesem denkwürdigen, unglaublichen Ereignis berichteten. Ich muß
sagen, ich habe es nicht geglaubt. Vor dem Fernseher sitzend, fühlte
ich mit den Menschen mit, die sich in die Arme fielen und sich weinend
mit Sekt zuprosteten.

Mit meinem Freund trat ich eine Woche nach Öffnung der Grenze
den Weg nach Berlin an. Mir fiel auf, daß wir an allen Ecken und Enden
freundlich empfangen wurden. Mich erstaunte, wo diese Freundlichkeit
herkam, als ich in einem Kaufhaus eine Verkäuferin beobachtete. Ich
mußte an unsere Verkäuferinnen denken, bei denen man sich oft noch
entschuldigen muß, wenn man sie um etwas bittet. Schon auf dieser
Fahrt (leider waren wir nur einen Tag dort) wurde mir bereits klar, daß
das kein Dauerzustand sein wird und kann. Mit meinen Eltern fuhr ich
wenig später nach Hannover. Deshalb war ich auch nicht verwundert,
als uns ein Mitarbeiter einer Sparkasse im Stadtzentrum ziemlich kalt
und reserviert begegnete. Ich habe schon immer die Meinung vertreten,
daß ich nicht mit offenen Armen drüben empfangen werde. Nähere
Kontakte mit Jugendlichen konnte ich bisher leider nicht knüpfen. Das

wäre mir aber in Zukunft besonders wichtig. Ich möchte sehr gern das Leben dort begreifen, die Menschen und ihre Mentalität. Aus diesen Darlegungen wird sicher schon deutlich, daß ich mein Bild über die BRD nicht korrigieren mußte. Ich hatte keine Tante, die mich mit Milka-Schokolade vollstopfte und immer nett zu mir war, wenn sie da war. Insofern habe ich immer ganz nüchtern eingeschätzt, was der sogenannte Goldene Westen zu bieten hat.

Erst einmal möchte ich sagen, daß ich der deutschen Einheit mit sehr gemischten Gefühlen gegenüberstehe. Das möchte ich im folgenden kurz begründen: Vor einem Jahr ist eine sehr gute Freundin von mir mit ihren Eltern nach Westberlin gezogen. Sie war hier immer sehr aufgeschlossen, hatte keine Probleme im Umgang mit Jugendlichen und hatte eine gehörige Portion an Humor und Lebensfreude. In Westberlin hat sie bald Fuß gefaßt, da sie eine Lehrstelle als Hotelfachfrau bekam. Sie kam nach einem halben Jahr in die DDR zu Besuch. Ich hatte mich riesig darauf gefreut, weil Briefe ja doch keine tiefgründigen Gespräche ersetzen können. Sie erschien mir völlig verändert. Ohne jede Gefühlsregung nahm sie Anteil an meinem Leben, was ich ihr schilderte. Sie selbst hatte nur mit sich zu tun. Die Gemeinsamkeiten von früher wurden nun beiseite gelegt. Sie sprach ausschließlich über die Reisen, die sie noch alle unternehmen will. Ich hätte heulen können, als ich abends nochmal alles an mir vorüber laufen ließ. Wie kann ein Mensch so geformt werden? Das Beispiel führe ich deshalb an, weil es den Kernpunkt darstellt für das, was ich gern ausdrücken möchte. Wir DDR-Bürger hatten nie die Möglichkeit, zwischen einem Marokko-Urlaub oder einem Italienkurztrip zu wählen. Ich habe meine Zeit nicht damit totgeschlagen, mir zu überlegen, welche Schrankwand ich mir nächstes Jahr kaufe. Ich selbst wollte in Richtung der Kulturszene beruflich tätig sein. Im vergangenen Februar unterzog ich mich deshalb einem Eignungstest an der Humboldt-Uni. Spätestens ab diesem Zeitpunkt mache ich mir Gedanken, was in den Köpfen unserer Menschen vorgeht. Ich unterhalte mich gern mit Leuten, um die verschiedensten Meinungen erfahren zu können. Ohne diesen Kontakt könnte ich nicht leben. Ich bin ein sehr sensibler Mensch und verstehe es oft einfach nicht, wenn Ungerechtigkeit so vordergründig in Erscheinung tritt. Solche menschlichen Werte, auch zwischenmenschliche Beziehungen, stellen für mich einen überaus großen Punkt dar. Mit einer vorschnellen deutschen Einheit sehe ich die Gefahr, daß solche Werte zugrunde gehen. Sollte es in nächster Zukunft zu

dieser Einheit kommen, dann hoffe ich, daß es keine bloße Vereinnahmung sein wird.

Ich persönlich möchte trotz der materiellen Verbesserungen mein
»Ich« bewahren. Vorteile sehe ich in der Einheit dahingehend, daß sich
gerade für uns Jugendliche bessere Möglichkeiten ergeben, unsere Kreativität in einem Beruf voll auszuschöpfen. Es wird Möglichkeiten geben,
von denen wir heute nichts ahnen. Ich freue mich schon jetzt auf eine
Reise nach Italien – mein Traumland. Ich lerne jetzt aus diesem Grund
auch Italienisch.

Zukunftsängste habe ich bereits artikuliert. Hätten Sie mir diese
Frage vor zwei Wochen gestellt, hätte ich sie absolut mit ja beantwortet.
Ich wurde vom Studium an der Fachschule für Klubhausleiter in Meißen
abgelehnt. Meine berufliche Entwicklung war also ungewiß. Jetzt habe
ich die Möglichkeit, als Bibliotheksmitarbeiter zu arbeiten ab September, so daß ich alles schon etwas lockerer sehen kann. Ich habe Ängste
für meinen privaten Bereich. Meinen Freund habe ich sehr gern und
würde gern mit ihm alt werden. Auch er denkt ähnlich. Ich habe nur
Angst, daß gesellschaftliche Veränderungen auf das Leben des Menschen, also auch auf mich, Einfluß ausüben. Angst habe ich vor der Kriminalität, Drogen, Prostitution usw. Ich möchte nicht, daß die Jugend
alleine gelassen wird.

Constanze, 18 J., Oberschülerin

Meine Eindrücke von Bundesbürgern, die ich in den letzten Wochen/
Monaten gesammelt habe, sind vielfältiger Art.

Meiner Meinung nach sind unter den Besuchern der Stadt Schwerin,
die aus der BRD kommen, viele mittelständische Unternehmer, die versuchen, in Mecklenburg/Vorpommern Fuß zu fassen und damit ihre
Unternehmen zu vergrößern. Dieses Treiben steht in starkem Widerspruch zu meiner Auffassung für den Weg der deutschen Einheit. Ich
bin der Meinung, man sollte den Einheimischen mehr Möglichkeiten
geben, sich selbständig zu machen und damit den Ausverkauf verhindern.

Andere Besucher hingegen kommen regelmäßig (meist Wochenende),
um hier billig zu leben, und ich finde es ungerecht, daß man als
DDR-Bürger teilweise im eigenen Land wie der letzte Dreck behandelt
wird.

Das Bild, was ich mir vor der Grenzöffnung über die BRD machte, traf eigentlich beim ersten Besuch in Hamburg zu. Korrekturen waren im großen und ganzen eigentlich nicht nötig.

o. A., o. A., Lehrling (Maurer)

Meine Eindrücke von den Bundis:
Die Bundis sind meiner Meinung nach leicht überheblich in ihrem Auftreten bei uns. Sie sind auf alle Fälle besser gekleidet als wir. Aber fast jeder trägt einen langen Mantel, was ja fast an Uniformiertheit grenzt. – Fast jeder fährt ein Auto. Was mir noch aufgefallen ist, daß die Bundesbürgerinnen gepflegter aussehen als unsere DDR-Frauen.

Ich habe mein Bild über die BRD so korrigiert, daß ich jetzt nach der Grenzöffnung denke, daß viele Bundesbürger die Einheit Deutschlands jetzt nicht mehr so stark fordern wie vorher.

o. A., o. A., Lehrling (Maurer)

Die ersten Erlebnisse habe ich mit sehr viel Vorsicht angesehen. Ich stehe persönlich in keinem guten Verhältnis zur BRD. Vielleicht liegt es daran, daß wir keine Verwandten (somit keine Kontakte) haben. Mir liegt an einer persönlichen Bekanntschaft auch nicht viel. Besonders wichtig war für mich zu sehen, wie schnell die BRD in der Lage ist, ihr System auf unseres zu verbreiten. Ich meine damit, wie schnell Firmen u. a. in unserem Land wieder ihr Kapital anlegen und somit die DDR-Mark den DDR-Bürgern aus der Tasche ziehen. Die Vielfältigkeit ist schon unwahrscheinlich!

Doch persönlich habe ich mein Bild von der BRD nicht geändert. Ich gebe zu, manches sieht man heute locker – nicht so verbissen wie früher. Trotzdem bedeuten heutige Politik und Zeit für mich eine harte Umdenkungsphase.

Eine Vereinigung der beiden deutschen Staaten ist in meinen Augen unumgehbar. Trotzdem bin ich zu diesem Zeitpunkt gegen die Vereinigung. Mit diesem Wort Vereinigung verbinden sich zwei Themenkreise. Der erste wäre natürlich die positive Seite: Ich könnte mir kaufen was ich will (verschied. Preislagen). Das wäre eigentlich für mich das einzige Positive daran. (Mit dem Hintergedanken: Ohne Geld kann ich es auch nicht kaufen!) Das zweite wäre aber, daß ich ganz schnell umdenken muß. Mehr Leistungsprinzip, allseitige Bildung, Ellenbogengesellschaft – damit keine Rechte als Frau! An diesem letzteren liegt mir nämlich sehr viel. Ich möchte meine Rechte: Gleichberechtigung, Kinder-

geld, Babyjahr u. a. nicht vermissen. Dort sehe ich zur Zeit das größte
Problem. So auch mein Studienwunsch: Lehrerin. Ihn werde ich wohl
nicht ausüben können. Ich bin eine Frau, und Frauen bekommen Kinder, keinen Job, und ich bin die erste Arbeitslose! Solche Probleme beschäftigen mich derzeit sehr. Denn Zukunftspläne habe ich nun keine
mehr. Die Zeit rauscht an mir nur so vorbei! Na, es wird schon nicht so
schlimm – irgend etwas findet sich schon...!

Besonders fühle ich mich dadurch betroffen, da meine Mutter am
Ende dieses Jahres arbeitslos sein wird. Man hat es ihr schon angekündigt – ihr Betrieb ist pleite. – So herrscht zur Zeit eine unmögliche Streßsituation bei uns zu Hause. Obwohl ich schon mitten in 3. bin, möchte
ich trotzdem noch etwas dazu kurz schreiben:

Meine persönlichen Ängste sind:

– Arbeitslosigkeit

– Obdachlosigkeit

– Faschistische Propaganda in unserem Land (nach Vereinigung)

– Meine Rechte zu verlieren

Ich möchte natürlich nicht als totaler Pessimist erscheinen. Natürlich
habe ich auch Hoffnungen!!!

o. A., o. A., Oberschülerin

Ich habe mein Bild kaum korrigieren müssen, da ich auch schon vorher ein reales (positives) Bild von der BRD hatte. Es traten kaum Differenzen zwischen Wirklichkeit und vorhandenem Bild auf. Meine Vorstellungen wurden eher noch positiv übertroffen, da ich nicht die
Massen Arbeitsloser und Penner an jeder Ecke und die vielen Mörder in
jeder Seitenstraße getroffen habe. *Keine Zukunftsängste!*

o. A., 18 J., Oberschüler

Die wenigen Eindrücke, die ich bisher von Westberlin habe, sind natürlich die einer Konsumgesellschaft, volle Geschäfte und die große
Menge an Werbung und weitere typische Elemente einer kapitalistischen Gesellschaft. Als Tourist einer anderen Gesellschaft sieht man natürlich nur das äußere Image. Deshalb kann ich keine tiefgründigen Eindrücke wiedergeben. Mein Bild über WB habe ich teilweise korrigiert.
Viele Berichte, insbesondere durch die verfehlte Medienpolitik, verfälschten das Bild der kapitalistischen Gesellschaft. Wichtig ist, daß man
lernt, in einer solchen Gesellschaft zu leben. Ich denke, daß es möglich

ist, daß DDR/BRD einen einheitlichen Staat bilden. Allerdings braucht das meiner Meinung nach viel Zeit und kann auch nur durch Etappen erreicht werden. Mit der Art und Weise, mit der man z. Z. die Wiedervereinigung anstrebt, bin ich überhaupt nicht einverstanden. Wenn es wirtschaftlich möglich wäre, wäre ich für eine souveräne DDR. Konsequenzen hätte die Vereinigung insofern für mich, daß ich mich ebenfalls wie BRD-Bürger mit Ellenbogen durchs Leben kämpfen muß.

Natürlich habe ich Zukunftsängste, bei mir vor allem durch meinen Berufswunsch, denn ich habe keine Lust, Offizier einer NATO-Bundeswehr zu werden.

o. A., 18 J., Lehrling (Werkzeugmacher)

Seitdem im November 1989 die Grenzen zur BRD/Westberlin geöffnet wurden, war ein sehr großer Ansturm auf die Übergänge durch die DDR-Bürger. Jetzt sagten sich alle, nur so schnell wie möglich rübergehen und die 100,– DM Begrüßungsgeld abholen. Für unsere Familie war es heller Wahnsinn. Wir fragten uns auch, warum jetzt plötzlich alles nach dem Westen stürmte. Bevor die Grenzen geöffnet wurden, konnte man nicht fahren wie man wollte. Man mußte einen bestimmten Grund angeben, die Adresse und anderes mehr. Trotzdem sind vorher junge Leute plötzlich verschwunden gewesen. Warum? Haben sie es denn hier schlecht gehabt? Ich glaube nicht, denn sich im Westen erst einmal einzuleben ohne irgend etwas, das wäre für mich nichts gewesen. Schließlich hat man sich doch hier in der Heimatstadt bzw. -land auch etwas aufgebaut. Freunde und alles. Um dort ganz neu anzufangen, brauchte man eine Unterkunft.

o. A., 17 J., Lehrling (Köchin)

Der bedeutendste Eindruck von unseren deutschen Nachbarn ist ein Gefühl der Minderwertigkeit, welches mir durch das Auftreten von Bekannten aus der Bundesrepublik aufgedrängt wurde. Wobei es mir weniger um meine »Minderwertigkeit« geht, als um den Eindruck, daß mir willentlich bewußt gemacht werden soll, nur ein DDR-Bürger zu sein; mich irritierte anfangs eine gewisse aufdringliche Arroganz, mit welcher diese Leute mit mir sprachen. Allerdings braucht man nur zu lernen, sich diesem Verhalten anzupassen und zeigen, daß es durchaus etwas Großartiges darstellt, DDR-Bürger zu sein (oder bald »gewesen zu sein«); immerhin war es doch meine Heimat.

Ich habe mir nie die Vermessenheit herausgenommen, mir ein Bild
von der BRD zu machen, von dem mir schien, daß es ohnehin unvollständig und einseitig (schwarz-weiß) betrachtet entstanden sei. Allerdings war mir bis vor der »Wende« klar, daß unser »entwickelter Sozialismus« das einzig menschliche, menschenwürdige, kreative usw. System sei, das der Menschheit die Zukunft öffnen könnte.

Ich bin jedenfalls trotz des Scheiterns des »realen Sozialismus« weiterhin davon überzeugt, daß in der Geschichte der DDR der Sozialismus erst in seinen Anfängen zu bestehen begann und zu zerfallen begann, als sich ein Regierungsmonopol vom Volk dieses Landes absonderte. Die wirkliche Idee dieser Gesellschaftsform konnte wohl kaum jemand so richtig begreifen; bestimmt kein derzeitiges CDU-Mitglied...

Für mich persönlich sehe ich jedoch in einer Vereinigung der beiden deutschen Staaten die einzige Alternative zu dem Dreck, der sich im Laufe von vierzig Jahren in diesem Lande abgesondert hat. Ich denke hierbei an eine wirksame wirtschaftliche grundlegende Erneuerung auf der Basis von ökonomischen Hilfeleistungen seitens eines hochentwickelten Industrielandes wie der BRD. Und ich denke an eine soziale Erneuerung, in der die Erfahrungen von beiden deutschen Staaten mit einfließen sollten, um für die Bürger beider Seiten Absicherungen auf allen Ebenen der Sozialpolitik zu verschaffen, zu gewährleisten.

o. A., 17 J., Oberschüler

Ich persönlich wollte wissen, ob der Westen wirklich das Paradies auf Erden ist, oder die Hälfte Lügen, wie bei der ehemaligen SED. Die Leute, die drüben Geld haben, leben wirklich in einem Paradies, wer bei uns Geld hat, lebte bis jetzt in einem tiefen dunklen Loch, das belichtet werden mußte. Die Leute, die drüben kein großes Geld haben, sind im Westen nichts, bei uns im Gegensatz ein kleiner Jemand. Trotz alledem ist der Westen ein Wahnsinn für jeden DDR-Bürger. Der Westen bleibt bei mir der Westen (BRD) ohne eine Wiedervereinigung, und die DDR bleibt für mich wie die letzten sechzehn Jahre DDR.

Ich persönlich bin nicht für eine Wiedervereinigung, eher für ein Verhältnis wie BRD zur Schweiz oder Österreich. Bei einer Wiedervereinigung ändert sich bei uns nicht viel, solange ich meinen Beruf behalte, nur daß ich dann Geld bekomme, was Wert hat.

o. A., 16 J., Lehrling (Facharbeiter für Gleisbau)

Einer von vielen Eindrücken in der Bundesrepublik und Westberlin ist, daß es mir viel schwerer fällt, mich mit westdeutschen Jugendlichen über Themen, die mich interessieren, zu unterhalten. Bei vielen habe ich den Eindruck, daß sie ziemlich oberflächlich und schnellebig leben, aber auch sehr selbständig, und deshalb unabhängiger. Irgendwie kommt es mir vor, als wenn die Jugendlichen dort mehr für sich leben, denn schon allein durch das Freizeitangebot oder ihre persönlichen Sachen finden sie viel Abwechslung. Sie bilden auch Kreise oder Gruppen, dennoch sieht es für mich so aus, als wenn jeder zuerst um sich besorgt ist, und jeder für sich allein kämpft. So sind die häufigsten Gesprächsthemen, die mir begegneten, wenn man Jugendliche nur kurz kennenlernte, die Hi-Fi-Anlage o. ä. Ich denke, daß man unserer Jugend so etwas auch nachsagen kann, aber mir ist es nicht in solch starkem Maße aufgefallen. Vielleicht liegt es auch daran, daß bei uns der Kontakt untereinander schon dadurch gefördert wurde, daß man auch mal etwas borgen gehen mußte, oder gemeinsame Probleme löste. Ich kenne allerdings auch westdeutsche Jugendliche, mit denen ich mich sehr gut verstehe, nur sind es im Vergleich ziemlich wenige.

Oft kommt es mir auch so vor, als wenn die Bundesdeutschen jetzt die großzügigen Schenker sein wollen. So etwas finde ich auch sehr unangenehm und unnötig.

Bild über BRD und Westberlin: Es ist ein schönes Gefühl, plötzlich festzustellen, daß die Heimatstadt um vieles größer geworden ist, aber auch schwer, Westberlin als Heimat anzuerkennen...

Uta, 18 J., Oberschülerin

Mit Freunden aus Westberlin war ich auf einer Wahlveranstaltung des Neuen Forum (Bündnis 90). Sie waren relativ beeindruckt von der Realitätsverbundenheit und auch von der »revolutionären« Kraft.

Die Menschen drüben sind irgendwie bescheidener, sie sind ausgeglichener, zufriedener. Dafür hat man es geschafft, ihnen einen großen Teil ihres Bewußtseins zu rauben. (Das ist nicht das Bewußtsein, was die DDR-Bürger besitzen.)

Herbert Grönemeyer: »Wie eine träge Herde Kühe schauten wir kurz auf und grasen dann gemütlich weiter.« Wichtig ist, daß es hier wie dort sehr große Unterschiede zwischen den Menschen gibt. Zum Beispiel finde ich, daß das »Parteienmodell« der größte Schwindel ist, den es gibt. Ich glaube, es gilt sich zu trennen von dem ganzen Parteienscheiß.

Das Volk ist zu »Wählern« geworden, es hat kaum noch Identität. Besonders das deutsche Volk hat keine.

o. A., 17 J., Lehrling (Gebrauchsgrafiker)

Mich hat besonders beeindruckt, daß die Verkäufer z. B. bis abends ihre Ware verkaufen und trotzdem immer noch freundlich sind. Außerdem waren für mich die Läden übervoll. Es war für mich alles so überwältigend, daß ich mir vor so viel Auswahl gar nichts kaufen konnte. Man konnte sich nicht entscheiden, und deshalb war es das Beste, alles liegenzulassen.

Für mich war die BRD immer ein kapitalistisches Land, wo Ausbeutung und Arbeitslosigkeit herrschten, aber komischerweise alles gab. Und das konnte ich mir absolut nicht vorstellen. Aber als ich jetzt dort war, mußte ich es ja glauben. Der Markt ist eben vollkommen gesättigt, es gibt so gut wie keine Marktlücke. Alles, was das Herz begehrt, gibt es. Jetzt bekam man erst einmal mit, wie wir gelebt haben. Uns wurden die tollen Sachen nicht gegönnt. Waren wir denn minderwertiger als die Westler? Wir haben doch den gleichen Anspruch auf so ein Leben wie ein »kapitalistischer Staat«. Ich finde ja den Sozialismus nicht schlecht, aber wir haben, wenn man so will, unter dem Niveau gelebt. Ich muß deshalb zugeben, daß ich mein Bild über die BRD/WB grundlegend korrigiert habe.

o. A., 18 J., Lehrling (Wirtschaftskaufmann)

Eigentlich müßte ich mein persönliches Bild total umschreiben. Durch unsere sozialistische Schule wurde ich verblendet und bekam eigentlich ein falsches Bild von der BRD/WB. Selbst wenn mich Verwandte aus dem kapitalistischen Ausland besuchten, konnte ich dieses Bild nicht korrigieren. Als ich nun das erstemal in die Bundesrepublik fuhr, es war November, war ich erst mal total von den DDR-Leuten erschüttert. Jeder wollte unbedingt sein Begrüßungsgeld abholen, nahm noch die Uroma mit, weil es sich finanziell lohnte. Das war auch ein Grund, warum ich mir mein Begrüßungsgeld nicht abholte. Ich persönlich hätte es als sehr erniedrigend empfunden, hätte ich mich in die Reihe dieser Leute gestellt. Von der BRD war ich sehr beeindruckt. Nicht das Angebot (Konsum) war beeindruckend, sondern auch die Offenheit meiner Schülerkollegen in der BRD. Ich konnte im November einige Tage eine integrierte Gesamtschule in Wolfsburg besuchen. Ich konnte mich mit den Leuten wunderbar unterhalten. Ich fand viele Freunde. Im Februar 1990 konnte ich diesen Besuch in dieser Schule wiederholen, und es waren die gleichen Erlebnisse.

Meine Verwandten (ich habe sehr viele) gehören in der BRD der Oberschicht an, haben einen ungeheuren Besitz. Was mich an meinen Leuten freut, ist, daß sie wirklich bescheiden geblieben sind. Nun ist mir selber der Luxus nicht unbedingt fremd, da meine Eltern gut verdienen. Ich war einfach beeindruckt. Nur ist leider mein Problem, daß ich keine Leute der unteren Schicht kenne, so daß mein Bild einfach nur einseitig sein kann. Doch ich bin von den Menschen in der BRD wirklich beeindruckt. Es geht eigentlich schon damit los, daß ich alles anziehen kann, was ich möchte. Das kann ich in der DDR nicht. Auch kann man mit den Leuten dort reden, wie ich es hier kaum kenne. Ich sehe zwar auch Armut und Arbeitslosigkeit, doch diese Begriffe sind mir einfach fremd. Ich muß aber sagen, daß ich nicht nur mein Bild über die BRD ändern mußte, sondern auch mein Bild über meine DDR. Sie ist in meinen Augen leider sehr abgesunken; und ich war einmal so stolz auf sie!

o. A., 17 J., Oberschüler

Während meiner Aufenthalte in der BRD besuchte ich die 10. Klasse einer Realschule und die 11. Klasse eines Gymnasiums. Schon das Äußere dieser Schulen beeindruckte mich sehr. Trotz Plattenbauweise waren sie groß und weiträumig, hatten sie eine große Eingangshalle, breite Treppen und wirkten nicht beengend wie unsere Neubauschulen. Der Boden war mit Teppich ausgelegt, und in den unterschiedlichen Räumen standen verschiedene Tische und Stühle in unterschiedlichen Anordnungen. In Freistunden konnte man sich beispielsweise in einer Teestube aufhalten. In der Realschule hing eine Karte von Deutschland in den Grenzen von 1937, die Jahreszahl stand aber nicht mit dabei. Ich habe verschiedene Schüler gefragt, wie sie es finden, daß auf dieser Karte auch Teile von Polen zu »Deutschland« gehören. Sie hatten sich darüber keine Gedanken gemacht und fanden auch nichts dabei. Diese Gedankenlosigkeit hat mich schon ein bißchen schockiert. Beeindruckt hat mich auch die Herzlichkeit unserer Verwandten, das hohe Umweltbewußtsein der Menschen, die Kameradschaftlichkeit der Lehrer, die Wertschätzung einer hohen Allgemeinbildung (besonders in musischkünstl. Richtung), die vielen Möglichkeiten zum Ausgehen.

Abgestoßen haben mich vor allem die vielen Verpackungen, solche

Sätze wie »in meiner Stellung braucht man schon so ein Auto«, betont feines Benehmen.

o. A., 18 J., Oberschülerin

Bei Öffnung der Grenzen im November '89 wurden wir mit »offenen«! Armen in Westberlin und der Bundesrepublik empfangen. Diese Gastfreundschaft ließ mit der großen Ausreisewelle von Ost nach West im Laufe der Zeit immer mehr nach, da die BRD-Bürger selbst Existenzangst hegten. Ich bin der Meinung, daß auch der immer geäußerte Wunsch des Westens zur Öffnung der Grenzen teils gar nicht auf Wahrheit beruhte, sondern man wollte nach außen bloß dokumentieren: »Wir wollen ja!«, »Aber die anderen?« Diese Meinung bestätigte sich in einigen Interviews mit Bürgern aus der BRD und Berlin/West.

Auch die Familien untereinander, die jahrelang durch die Mauer getrennt waren, haben in den meisten Fällen auch kein Zugehörigkeitsgefühl zueinander.

Auch die Respektierung der Menschen untereinander ist bei uns nicht gewährleistet, da die Menschen für die Demokratie, die jetzt herrscht, nicht reif sind, und Leute, die sich offen zu einer Partei bekennen, die von den anderen nicht respektiert wird, mundtot gemacht werden sollen oder beschimpft werden.

Weiterhin finde ich es eine große Sauerei, daß Aussteller der Messe Obst und Gemüse sowie auch Bier zu DM anbieten, z. B. kg Bananen – 3 DM, Bier 0,33 l EKU – 3,50 DM. Genauso sieht es auch mit den Wucherpreisen bei Wegschmeißquarzuhren aus. Eine Uhr, die drüben 2 DM kostet, wird bei uns für 20,– M an den Mann gebracht, und es wird dann von den Verkäufern gesagt, es ist der reelle Umtauschkurs. Auch bei dem Verkauf von Ketten 2 Stck. 50,– M wird extra noch gesagt, wer CDU wählt, bekommt sie für 40,– M.

Zusammengefaßt möchte ich sagen, daß ich nicht für den Aufkauf der DDR und deren Vermarktung bin. Ich bin für ein langsames Herüberwachsen in ein einheitliches Deutschland, wie es die PDS vertritt.

o. A., 19 J., Lehrling (Stukkateur)

Der erste Eindruck ist immer, wenn man in die BRD bzw. Westberlin fährt, wie schön voll die Schaufenster sind, welche Waren es alles zu kaufen gibt und wie vielfältig und bunt das Angebot ist. Da kann man wirklich oft denken, man lebt fast wie im Schlaraffenland. Man sollte

aber auch die andere Seite des Systems sehen. In der zehnklassigen
Oberschule wurde uns im Geschichts- bzw. Stabüunterricht erzählt,
wieviel Arbeitslose es gibt, wieviel Wohnungssuchende, wieviel Bettel-
lanten. Man erzählte mir, daß es oft an jedem selbst liegt, wie weit er run-
ter kommt (kein Ehrgeiz). Aber andererseits kann ich mir nicht vorstellen, daß die knapp zwei Millionen Arbeitslosen in der BRD alle keine
Lust zum Arbeiten haben. Um all dies richtig einschätzen zu können,
muß man richtig, ich betone richtig, informiert sein. In Stabü wurde uns
gesagt, daß Kapitalismus hemmend für die Gesellschaft ist. Er ist parasi-
tär, faulend und zum Untergang verurteilt. Mag ja alles richtig sein, mir
wurde aber klar, daß man auch im Kapitalismus »leben« kann, und der
Untergang des Kapitalismus wird kommen, aber nicht von einem Jahrhundert ins andere. Dazu ist er viel zu gut angewandt und erweitert worden.

o. A., 18 J., Lehrling (Gebrauchswerber)

Ich muß sagen, ich wurde gut vorbereitet auf die BRD, so schien es
mir ganz normal zu sein, daß nach der Grenze plötzlich alles sauberer
aussah, die ganze Wohnumwelt freundlich gestaltet war, und daß dem
Kaufeifer eigentlich keine Grenzen gesetzt sind, da man zwischen Kunst
und Kitsch alles bekommen kann. So beeindruckten mich also keine mit
Negerküssen und Apfelsinen gefüllten Regale, schon weil ich weiß, daß
viele Superangebote auf Kosten von z. B. Dritte-Welt-Ländern gehen.
   Was für mich das Schönste war, daß es Menschen gab, die sich ganz
toll um mich kümmerten, und ich mir deshalb gar nicht fremd vorkam,
so wie ich das eben von hier gewohnt bin.
   Teilweise bin ich »ausgerastet« wegen der Spießigkeit der Leute, die
ja nicht mal auffallen wollen und sich auch bloß in ihren vier Wänden
»vergraben«. Durch die offenen Grenzen hat sich das Bild der BRD und
WB eigentlich nicht verändert, ich bekam eigentlich die meisten Vorstellungen durch »Bilder« bestätigt.
   Einen gemeinsamen deutschen Staat kann ich mir in unmittelbarer
Zeit nicht vorstellen, weil die Deutschen noch nicht reif genug sind für
diese große Verantwortung. Die Einheit, die jetzt zustande kommt, ist
wieder einmal aus einer Torschlußpanik heraus entsprungen, die Geschichte aber lehrt, daß dies für Deutschland eben zum Verhängnis
wurde. Deshalb – Zeitfrage – wir brauchen noch viel, viel, viel Zeit!
   Veränderungen nach der Vereinigung: z. B.

– Mehr Möglichkeiten bei der Auswahl meines Bildungsweges
– Einbuße von zahlreichen Vergünstigungen auf sozialem Gebiet
– Doch wieder Berufsverbote für Kommunisten oder Linke (abschreckend für mich!).
Ich habe keine Zukunftsängste!
o. A., 16 J., Lehrling (Galvaniseur mit Abitur)

Für mich war besonders wichtig, wie die BRD-Bürger auf »die Leute vom Osten« reagieren. Lang hielt ja die große Freude nicht an. Sie denken, wir belasten sie nur zusätzlich, zeigten mit der Zeit auch Abneigung. Für mich als Schülerin war auch das Schulsystem interessant. Ein Schüler meiner früheren Klasse ist ausgereist, konnte durch Öffnung der Grenzen erstmals wieder in die DDR. Also, was er da von den Schulen drüben erzählt hat, na ja, das hat mir nicht gerade gefallen. Bis um 6 Uhr Schule, jede Schule ist etwas anders aufgebaut. Also, unser einheitliches Schulsystem finde ich da schon besser. Besonders aber hat mich der Drogenkonsum erschreckt, auch diese ganzen Kleinbetrüger und so. Natürlich, die Klamotten und so, viel besser als bei uns, man kann so gut wie alles kaufen. Die Leute drüben leben eben ganz anders als wir.

Ja, ich habe mein Bild von der BRD seit dem Nov. '89 verändert. Durch familiäre Beziehungen wußte ich ja schon ein bißchen Bescheid. Aber uns wurde immer gesagt, daß es in der BRD so gut wie keine sozialen Absicherungen gibt. So kraß ist es ja auch wieder nicht. Auch von den ach so vielen Asozialen habe ich nur ein paar gesehen, aber ich will nicht bestreiten, daß es viele davon in der BRD gibt.

o. A., 15 J., Oberschülerin

Besonders wichtig war für mich die Erkenntnis, daß viele Bürger der BRD nur sehr einseitig über die DDR und ihre Bewohner informiert waren. Das heißt, viele dachten, wir wohnen »hinterm Mond« und in total verfallenen Städten.

Beeindruckt hat mich weiterhin, daß am Anfang (kurz nach Öffnung der Grenzen) eine riesige Freude von den Medien verbreitet wurde über unsere neuen Freiheiten (Reisemöglichkeiten). Bei einer großen Anzahl von BRD-Bürgern empfand ich diese Freude als wirklich vorhanden. Allerdings glaube ich, daß sie langsam nachläßt, daß der DDR-Bürger zum »kleinen, fast nervtötenden Bruder« für die BRD wird (nicht nur

wegen der Übersiedler). Mein Bild von der Bundesrepublik dachte ich
mir, bevor ich dort war, so, daß die Städte und Dörfer sowie die Menschen sich nicht groß von uns in der DDR unterscheiden.

Ich stellte aber bei Besuchen in Westberlin und auch in Bonn und Bayreuth fest, daß die Bevölkerung dort viel geschäftiger, regsamer und höflicher ist als bei uns. Ich denke, das liegt daran, daß jeder sein Geschäft (Firma, Arbeitsstelle) so gut wie möglich führen möchte. Dort will man Gewinn machen.

Das Chaos auf den Straßen, die mit Autos vollgestopften Städte schockierten mich. Allerdings empfinde ich Bewunderung für die Menschen in der BRD, weil sie bzgl. dieser Sache ganz ruhig und besonnen sowie höflich bleiben.

o. A., o. A., Oberschülerin

.

Für mich sind es immer noch die gleichen falschen Grenzen, falschen Gesichter. Sie tun großherzig, aber es sind und bleiben andere Menschen als wir. Sie leben anders, sie denken anders, ich denke anders.

Nun, sie sind so, wie ich es mir vorgestellt habe, alles nur Tarnung, alles nur falscher Glanz. Sie zeigen sich größer, als sie sind. Sie denken, sie sind 1. Klasse und wir 3. Klasse.

Die aus der DDR werden fast zugrunde gehen, aber haben sie Schwein die ersten Jahre, werden sie sich erholen und genauso sein wie die Westdeutschen.

Ich bin Lehrling, aber was ist, wenn ich ausgelernt habe. Ich muß auf eigenen Füßen stehen, und ich kenne mich mit dem Kapitalismus nicht aus, flieg ich raus oder komme ich durch, das ist meine Angst.

o. A., 17 J., Lehrling (Betriebsschlosser)

Eher traurig gemacht hat mich das Verhalten der meisten »unserer deutschen Nachbarn«, sie sind nicht so wie wir. Ich finde, sie sind sehr oberflächlich und gehen nicht tiefer. Man kann sie zwar verstehen, eine Gefühlskälte aufzutragen, um vorwärtszukommen, aber das kann doch nicht der Preis für das bei uns Erkämpfte sein.

Ich habe den Überfluß gesehen, davor konnte ich mir darunter nicht viel vorstellen, aber geschockt war ich nicht. Ich weiß nun, daß das Leben drüben doch nicht so schlimm sein muß, wie vorausgesagt, aber leben könnte ich dort nicht. Viel mehr Gedanken habe ich mir über das Leben der Menschen dort gemacht, die doch eigentlich ziemlich schlimm dran sind, daß sie von diesem ganzen Konsum fast erdrückt werden und sich nicht einmal wehren können bzw. überhaupt wollen.

o. A., 17 J., Oberschülerin

Grenzöffnung
– Leute kennenlernen und die Feststellung, daß die Westdeutschen meistens oberflächlicher, geldbezogener, karrierebewußter denken.
– Gesellschaft ist sehr auf Geld fixiert, menschliche Werte noch unwichtiger als hier (in jeder Kleinstadt: Einkaufszonen!), ständige Konfrontation mit immer neueren, besseren Dingen, und wenn nicht innerliche Abwehr dagegen, wird man schnell in den Konsumrauschstrudel hineingezogen.
– Ich hab' glücklicherweise sehr bewußt lebende Leute kennengelernt, die auch hinter Fassaden sehen.
– Gegensatz von arm und reich (Bettler und Obdachlose – Villen).
– Leute dort können sich besser ausdrücken und reden, egal wo und vor wem.
– Durch sozialistische Schule, Erziehung: schlechtes Bild vom »Westen« sollte vermittelt werden – kehrte sich in mir um zum Idealbild, ich wurde aber durch viele Gespräche mit Verwandten, tollen Freunden, weggegangenen Freunden kritisch und sah Bild über Westdeutsche/WB ziemlich real (so, wie es sich mir jetzt auch darstellt, jetzt, wo ich es mir ansehen kann).

o. A., 18 J., Oberschülerin

Sie gehen bzw. sie können mit ihrem Leben besser umgehen. Jeder will sich selbst verwirklichen, jeder hat ein Ziel und muß darum kämpfen. In meiner Jugend war es doch so, daß die FDJ im Mittelpunkt stand mit ihren außerunterrichtlichen Veranstaltungen wie Wehrerziehung usw. (Dieses gab mir fürs Leben überhaupt nichts). Ich wurde dadurch nicht gefordert, es lief und mußte alles glatt laufen auch in meinen Aussagen.
Ja. Ich muß sagen, wirtschaftlich ist die BRD einen großen Schritt voraus. Auch was die Umwelt betrifft. Ich sehe auch ein, wenn wir das aufholen wollen, daß wir dann mit Arbeitslosen rechnen müssen. Aber wollen bzw. sollen wir wirklich alles von der BRD übernehmen. Ich bekam den Unterschied zu spüren in Hamburg. Das Reichenviertel, welches mir gezeigt wurde, und dann die Pappkartons. Ich vertrete heute

noch die Ideen von Karl Marx und Friedrich Engels, sie müssen bloß
zeitbezogen angewendet werden, und ich glaube, das haben wir versäumt.

o. A., 17 J., Lehrling (Gärtnerin)

Bis vor kurzem hörte ich nur von Glanz und Prunk in der BRD und wie prima es den Menschen in dem anderen Teil Deutschlands geht, daß die Menschen alle so freundlich sind usw. Seit November kann sich ja jeder selbst über dies alles sein Urteil bilden. Ich war bis jetzt mehrere Male (dreimal) in der BRD. Anfangs war ich sehr überrascht über die Fülle des Angebots in den Geschäften und natürlich auch über die netten, höflichen Menschen, aber das änderte sich bei mir schnell. Als ich mit einigen Leuten aus der BRD zusammen ins Gespräch kam, merkte ich, wie man anfing, mich zu bedauern und mir Geld zustecken wollte (und es auch tat). Ich fühlte mich total unbehaglich in meiner Haut. Ich kam mir vor wie ein Bettler. Als man mir dann noch Arbeit und Wohnung in der BRD anbot, brauchte ich nicht lange zu überlegen, um nein zu sagen. Mir ist die Art und Weise, wie die Menschen dort leben, viel zu hektisch. Die Leute leben nur im Streß, gehen wortlos aneinander vorbei, haben schon das Schöne im Leben fast vergessen. Unsere Bekannten aus der BRD kommen fast jedes Wochenende zu Besuch zu uns. Sie erzählen uns, daß sie erst bei uns in der DDR begriffen haben, daß es nicht nur Arbeit, Streß und Einkaufen gibt, sondern auch Natur, Leute, mit denen man sich unterhält und mit denen man ausgeht.

o. A., 18 J., Lehrling (Facharbeiterin für Schreibtechnik)

Für mich ist es interessant zu sehen, mit welcher Aktivität, mit welchem Bewußtsein die Menschen ihrer Arbeit nachgehen. Das Selbstbewußtsein, die Wertung der eigenen Persönlichkeit und die Selbständigkeit der Menschen in der BRD, soweit ich mir ein Urteil erlauben kann, sind ausgeprägter. Auch beeindruckt mich das Umweltbewußtsein vieler Menschen, die nicht nur für saubere Natur plädieren, sondern ihre Standpunkte in Taten umsetzen.

Korrigiert ist vielleicht ein unglücklicher Begriff. Das Bild der BRD/WB ist im Prinzip nicht anders ausgefallen, als in meinen Vorstellungen. Doch habe ich jetzt durch die Zeit eingesehen, daß nicht nur diese materiellen Werte, nach denen wir uns Jahre gesehnt haben, entscheidend sind, sondern auch ideelle Werte. Diese sind, vielleicht irre ich mich

auch, in einer kapitalistischen Gesellschaft mit bedingten Konkurrenz-
kämpfen nicht in dem Maße realisierbar. Andererseits fasziniert mich
die Arbeitsproduktivität als Folge dieser Konkurrenzkämpfe, denn nur
durch Leistung kann die Gesellschaft auf ein höheres Niveau gehoben
werden, und nicht zuletzt vergleicht man die Werte, die Produkte.

o. A., 17 J., Oberschülerin

Meine Eindrücke waren sehr verschieden. Zum einen waren da unsere Verwandten, Bekannte und Freunde, die ich persönlich teilweise
noch niemals kennengelernt hatte, sondern mir nur aus den Erzählungen
meiner Eltern, die einmal im Jahr die BRD besuchten, ein Bild von ihnen machen konnte. Einzelne hatten uns auch schon in der DDR besucht. Damals wie auch jetzt in der BRD war unser Zusammenkommen
sehr fröhlich, heiter und nett. Wir waren alle sehr glücklich, endlich zu-
sammenzukommen. Es gab Tränen der Freude, aber auch des Leids,
denn meine Oma, die ich sehr mochte, verstarb eine halbe Stunde, bevor
ich sie zum allerersten Mal in der BRD besuchen sollte.

Ein anderes Gefühl empfand ich jedoch auch noch. Bei verschiedenen
Personen (Bekannte, aber auch Fremde) stellte ich Mißmut fest. Aber ich
glaube, daß dies eher damit zusammenhängt, daß so viele DDR-Bürger
sich derzeit auf alle ihre Bekannten in der BRD stürzen, sich von ihnen
vielleicht sogar Geschenke, Aufnahme bzw. Unterbringung und ähnli-
ches erhoffen. Und eigentlich ist es ja auch so. Die Ruhe der BRD-Bürger beim Einkauf z. B. ist durch den derzeitigen Massenansturm vorbei.
So gibt es auch vieles, das uns von den Menschen drüben unterscheidet,
wir sparen nicht so sehr mit Wasser und Licht, haben andere Gewohnheiten, was z. B. bei unseren Verwandten stark auffiel. Sie haben es
zwar nicht gezeigt, aber ich glaube, sie waren ein bißchen froh, als wir
nach wenigen Tagen wieder nach Hause fuhren. Aber im großen und
ganzen hat sich meine Einstellung zu ihnen nur noch verbessert.

o. A., 17 J., Oberschülerin

Seit dem 9. November bin ich mehrmals in Berlin und der BRD gewesen und habe u. a. auch eine Woche in einer westdeutschen Familie gelebt und somit deren »Alltag«, und vor allem auch den riesigen Unterschied zu unserem gesehen.

Die Grenzöffnung am 9. November hat mich sehr gerührt, ich habe
mich unheimlich gefreut – besonders auch darüber, wie sich die Men-

schen gegenseitig umarmt, aufgenommen und verstanden haben. Doch diesem Enthusiasmus ist viel Zurückhaltung und Abwarten entgegengetreten. Ich habe in der BRD niemanden kennengelernt, der eine sofortige (also schnellstmögliche) Vereinigung wünscht, und darüber bin ich froh. Enttäuscht bin ich von einigen BRD-Politikern. Die großen Versprechungen sind doch nur zu weiteren Forderungen geworden – »Wenn Ihr das und das macht, dann...«, aber es wird nicht zur totalen Vereinnahmung kommen!

Ich selbst habe über die BRD nur wenig gewußt, aber genausowenig wußte ich, welche Sauereien bei uns gelaufen sind!! Die gesamte Verleumdung und Vertuschung der wahren Zustände auf beiden Seiten von unserer Chefideologie ist derselbe Betrug, wie er auch von den Nazis gemacht wurde. Die Lehre vom völligen Grau-in-Grau hat sich wohl für jeden als schändliche Luftblase herausgestellt! Nach meiner Meinung unterscheiden sich die Menschen auch dort überhaupt nicht von unseren, sie haben nur das »Glück«, auf der anderen Seite geboren worden zu sein. Aber es läßt sich wirklich besser leben in der BRD als hier, trotz aller Profitsucher wird mehr für die Menschen getan – springt mehr für sie heraus – als bei uns. Und das ist nicht mal ein Widerspruch. Also, die BRD und Westberlin haben in mir sehr viele gute, wenn auch nicht uneingeschränkt, Eindrücke hinterlassen. Was mich persönlich aber sehr stört (aber wahrscheinlich dazugehören muß), ist, daß für alles Geld verlangt wird, und nur das Geld regiert. Trotz allem halte ich die BRD nicht für ein Paradies, das zu erlangen die einzigste Möglichkeit für uns ist, d. h., ich hoffe, daß beide Seiten bei der Vereinigung ihre Vorteile einbringen können, um so die für die Menschen beste Synthese zu finden. Der Begriff Zweidrittelgesellschaft ist, glaub' ich, zu tief gestapelt. Das Schulwesen finde ich sehr interessant (ich bin selbst in verschiedenen Schulen gewesen), aber auch hier würde durch gemeinsames Einbringen noch einiges anders werden können.

o. A., o. A., Oberschülerin

Persönliche Kontakte lassen sich in Westberlin, dort war ich bloß bisher, sehr schlecht knüpfen. Jeder tut so, als gäbe es keinen anderen als sich selbst bzw. engste Familienkreise bzw. befreundete Menschen. Was mich gestört hat, ist eine gewisse Gefühlskälte im Umgang miteinander.

Die Westis wirken auf mich, besonders wenn sie zu uns in die DDR kommen, sehr überheblich. Sie fahren wie die Chaoten auf unseren Straßen und besetzen unsere Gaststätten. Das schlimmste aber ist, obwohl es doch im Westen alles gibt, tätigen sie bei uns regelrechte Hamsterkäufe. Was man besonders schnell mitbekommt, ist das, daß in der BRD die verschiedensten Bevölkerungsschichten sehr ausgeprägt sind. Man sieht fast überall Bettler. Und besonders die Reichen (erkennbar an Klamotten und Autos) wirken auf mich höchst arrogant.

o. A., 18 J., Oberschüler

Es war ein unerwartetes Ereignis – die Öffnung der Grenzen. Wir wurden herzlich von unseren Nachbarn empfangen. Überall in den Läden, auf Bahnhöfen usw., war man freundlich und hilfsbereit zu uns. Doch über die Monate hat sich das bei einigen geändert. So meine Meinung. Oft hörte ich, wie mir Fremde und Verwandte erzählten, daß die Westler uns abweisen. Zum Beispiel: »... Die Ostler sollen bloß wieder nach Hause gehen«, und andere schiefe Bemerkungen, die auch dahin führten, daß wir als Bettler abgestempelt wurden.

Ich weiß nicht, was ich korrigieren soll. Ich fahre nicht sehr oft nach WB. Vielleicht mal zu meinen Verwandten. Bummeln kann ich nicht soviel, weil man sich schon überlegt, was man sich für die paar DM leisten will. Bin ich in WB, fühle ich mich aber auch nicht so richtig wohl. Ich habe immer das Gefühl, fehl am Platze zu sein. Also bleibe ich lieber in der DDR. Auch hier kann man sich schöne Sachen kaufen. Man bekommt sie vielleicht nicht so leicht wie drüben. Aber so, wie der »Goldene Westen« beschrieben wird, ist es gar nicht. Man bekommt zwar alles, aber dazu benötigt man auch erst mal das »nötige Kleingeld«, was auch drüben nicht jeder besitzt.

Michaela, 17 J., Oberschülerin

West-Berlin war für mich eine echte Ernüchterung. Ich hatte andere Vorstellungen von einer kapitalistischen Großstadt oder sogar Weltstadt. Daß krasse Gegensätze vorhanden sind, wußte ja jeder aus den zehn Schuljahren, Fernsehen, Radio und Zeitungen, aber, daß es eigentlich eine Stadt von Einzelpersonen ist, die einander nur soweit interessieren, daß man ihnen über den Weg läuft, hat mich verunsichert und betrübt.

Ich war froh über die Nachricht der Grenzöffnung. Endlich selbst sehen, wovon viele erzählen!

Auch das Warenangebot. Im ersten Moment toll. Dann die Ernüchterung – die Preise und die Vielfalt der Artikel. Irgendwie wird man un- sicher und wenn man kauft, kommt man sich doch etwas betrogen vor. In anderen Geschäften ist dies oder das billiger/teurer. Die Geschäftsstraßen sind einfach überwältigend, aber die kleinen Straßen in den Außenbezirken! Da kommt einen schon das Ekeln an. Wenn man, wie es mir passierte, auch noch angepöbelt wird: »Weiße und Ostdeutsche haben hier nichts zu suchen!«, dann vergeht einem der Spaß am Entdecken und Kennenlernen.

o. A., 17 J., Oberschülerin

Beginnen möchte ich mit der Anführung meiner Meinung zu dieser Umfrage. Ich finde es nicht gut, mit der Beantwortung dieser Fragen Statistiken zu füllen, da die Meinung vieler Menschen noch nicht ausgebildet ist. Meine persönliche Meinung hat sich in den letzten Monaten öfter geändert, da ich nicht genau weiß, was ich mit der entstandenen Situation anfangen soll. Ich kann mich nicht von heute auf morgen der Wende anpassen.

Am meisten beeindruckte mich in Berlin-West neben den vollen Läden die Kultur der Menschen, z. B. in den Verkaufsstellen.

Ich mußte mein Bild nicht korrigieren, welches ich mir schon vor längerer Zeit vom Westen gemacht habe. Nach wie vor finde ich Gefallen, wie schon gesagt, an der Kultur, nach wie vor befürworte ich das Leistungsprinzip, aber ich bin dagegen, als armer Ostdeutscher betrachtet zu werden. Das wird nach der Wiedervereinigung, vor allen Dingen, wenn die SPD die Wahl gewinnt, noch schlimmer werden. Die DDR wird später als das ärmste Bundesland gelten, wenn man sie mit Sack und Pack verkauft.

o. A., 18 J., Oberschülerin

Meine Feststellung nach längeren Kontakten mit Gleichaltrigen aus Berlin (West) war, daß sie auch nicht glücklicher sind als wir. Viele haben Zukunftsangst oder sind desinteressiert und können das Streben vieler DDR-Bürger nach der deutschen Einheit nicht verstehen. Sie waren auch schon bei uns, und sie fanden es auch nicht so schlecht.

Mein Bild über WB/BRD habe ich sehr stark korrigieren müssen. Vieles habe ich mir hart und kalt vorgestellt. Natürlich, so ein Klima wie bei uns ist es dort nicht, aber so schlimm, wie es uns immer eingetrichtert wurde, ist es nicht. Ich hatte ein verschwommenes Bild, aber die

Wahrheit ist ganz anders, nicht zu erklären, da mir die Vergleiche fehlen.

Ich werde mich wohl immer als Bürger der DDR fühlen und nicht als ein BRD-Bürger. Vermutlich deshalb, weil ich strikter Gegner der Einheit bin und auch für eine sozialistische Demokratie. Also als Fremder im eigenen Land.

o. A., 17 J., Oberschüler

Till Eulenspiegel von und zu Münchhausen.

Alter: sechsundsiebzig – Geschlecht: Zwitter – Berufswunsch: Präsident der Vereinigten Staaten von Amerika.

Die Mädchen sind hübscher, reifer. Die Jungen sind zahm, gesittet.

Meine Meinung: bin begeisterter denn je von den Schönheiten des Landes und von den netten Menschen. Berlin als Reichshauptstadt ist das Beste was es gibt. Mir ist die Einheit heute wesentlich lieber als morgen erst. Man sollte natürlich nicht die Interessen von deutschen Minderheiten vergessen, wie Sorben, Wolgadeutsche, Ostpreußen und Pommern, die auch ein Recht auf deutsches Land (im Osten) haben.

Zukunftsängste habe ich nur, wenn die SPD, PDS oder andere z. B. linke und grüne Parteien an die Macht kommen. Ich habe Angst davor, daß die Westgrenze Polens anerkannt wird. Man sieht ja an Rußland, daß jedes Volk wieder in seine Heimat will, die Tataren wieder zur Krim, die Esten und Litauer wollen wieder selbständig werden, und die Gebiete Ostpreußen, Pommern, Schlesien, Masuren und die Wallachei müssen auch wieder deutsch werden.

o. A., o. A., Lehrling (Kaufmann)

An den Rest der Stasi!!

Welche Eindrücke von unseren deutschen Nachbarn aus den letzten Wochen und Monaten waren für Sie besonders wichtig. Haben Sie Ihr Bild über die BRD/Westberlin seit der Grenzöffnung korrigiert/ welche Korrekturen?

Keine Aussage (Stasi)

Welche Konsequenzen/Veränderungen würde eine Vereinigung beider deutscher Staaten für Sie persönlich bringen?

Keine Aussage (Stasi)

Haben Sie Zukunftsangst?

Keine Aussage (Stasi)

Blödsinn – macht was ihr denkt. Ich sage nur, Abwarten und Tee trinken. Was soll das alles? Könnt Ihr nicht selber kommen? Feiglinge.
Leckt meine Meinungsumfrage solange, bis nichts mehr draufsteht und
dann lesen!

o. A., 17 J., Lehrling (Betriebsschlosser)

Jetzt vor den Wahlen kommt diese Akademie (diese Ärsche), um uns
Jugendlichen diese Fragen aufzutischen. Kurz vor den Wahlen kommen
diese Idioten an. Jetzt, wo es fünf vor zwölf ist. Wir Jugendlichen werden nicht gefragt, erst jetzt seit kurzem, wo es aber zum größten Teil
zu spät ist. Und der größte Teil der Jugendlichen ist sowieso gegen
die Wiedervereinigung und die sogenannte »soziale« Marktwirtschaft.
Jetzt reicht es mir vollkommen. Ich beantworte nicht diese Fragen.

PDS und KPD, Bündnis 90 sind die, zum Teil die Jugendvertreter,
die uns einigermaßen verstehen.

Und noch etwas – alle Wendehälse raus!!!

o. A., o. A., Lehrling (Baufacharbeiter)

Liebe Freunde (vom Verfassungsschutz)!

Aufgrund dessen, daß in unserem Land zur Zeit der »Mob« herrscht
und die ordnungsgemäße Auswertung nicht gewährleistet ist, kann ich
Ihre Fragen nicht beantworten.

Da unsere neue Regierung nach dem »Willen des Volkes« ja sowieso nur eine Übergangsregierung für den Tag X darstellen soll, die
DDR sich ja widerstandslos und ergeben wie ein Lamm opfern lassen
will, ist die Bedeutungslosigkeit dieser »soziologischen Befragung« er-
wiesen.

Aufgrund der »gewünschten Vereinigung« können Sie außerdem
keine Garantie für den eventuellen Mißbrauch dieser Aussagen geben.
Und ehe dieses Blatt in einem Karteikasten oder EDV-Anlage schlum-
mert, erleichtere ich Ihnen die Arbeit. Ich sehe die »Kollegen« in Pul-
lach schon erblassen!!!

Dies alles hat aber nichts mit einer »Verunsicherung der Bevölkerung
durch die allmächtige Stasi oder den Unterdrückungsapparat der SED«
zu tun (man kennt ja den Tenor der einschlägigen Medien), sondern
schlicht und einfach mit den ekelerregenden (man verzeihe dieses Wort)
Vorgängen in unserer (zum Verständnis: UNSERER) DDR. Damit
diese Aussage auch nicht verdreht werden kann: diese Vorgänge werden

von allen (ich betone: allen!) Seiten geschürt und provoziert. Ich hoffe, Sie verstehen mich! Ihr nicht ergebenes Opfer!!

PS: Ich gehe nicht in den Untergrund, sondern ins Ausland!

o. A., o. A., Oberschüler

Zur Fragestellung allgemein:

Ich finde es reichlich unverschämt, wenn man erst dogmatisch zum Haß und zur Ablehnung der BRD erzogen wurde (bzw. werden sollte...), und nun fragt man ganz nebenbei – vielleicht sogar die gleichen Leute tun das –, ob diese Methoden bei uns gewirkt haben oder nicht und ob wir sie weitervertreten oder unsere Einstellung ändern.

Beantwortung:

Meine Meinung über unsere Landsleute – denen wir ja wohl zu verdanken haben, daß es uns in unserer »Zone« nicht noch schlechter ging – mußte ich überhaupt nicht ändern. Meine Eindrücke waren weder enttäuschend noch überschwenglich, sie wurden einfach nur bestätigt.

Zukunftsängste habe ich nicht, etwas Respekt vor der neuen Welt und unserem neuen Horizont scheint mir jedoch angebracht, daß wir uns alle umstellen müssen, ist logisch. Dem einen wird es leichter fallen, dem anderen schwerer.

o. A., o. A., Lehrling

Ich finde es schade, daß ein großer Teil der BRD- und Westberliner Bevölkerung denkt, die DDR-Leute sind alles arme Schweine. Und sie sind jetzt die großzügigen Retter. Sie tauschen zu einem (für sie) günstigen Kurs, spekulieren mit dem Geld und sind dann natürlich bei uns reich und führen sich auch dementsprechend auf. Sehen es als eine ganz große Geste, »hundert Mark Begrüßungsgeld«. Schon allein der Name, als wenn es ein Geschenk wär. Aber meiner Meinung nach investieren sie nur in uns. Erstens geben wir das Geld ja wieder bei ihnen aus. Zweitens, die Deutschen haben doch sozusagen den Krieg verloren (und begonnen) und mußten jetzt an Länder Reparationen als Wiedergutmachung zahlen. Und da hat jeder Bundesbürger nur einen Bruchteil im Gegensatz zum DDR-Bürger gezahlt.

Ach, alles zum Kotzen. Ich war immer überzeugt, daß Sozialismus positiv ist und wir in ihm leben. Aber wir werden nie Sozialismus haben können, denn die Menschen sind nicht reif für diese Gesellschaftsord-

nung. Es wird immer wieder Menschen geben, die mehr haben wollen
als die anderen und sich an den anderen bereichern. So, wie wir Jahre
lang beschissen wurden. Ich hätte nie gedacht, daß es Stasi in solchem
Ausmaß und mit solcher Technik gibt.

Ich hab früher immer über bundesdeutsche Filme gelacht, in denen es
darum geht, daß ein DDR-Bürger etwas gegen den Staat sagt und gleich
darauf eine finstere Gestalt (Stasi) hinter einer Zeitung hervorkommt
und sagt: »Können Sie das noch einmal wiederholen«. Aber wahrscheinlich war es wirklich so. Wie könnten wir dastehen (ökonomisch), wenn
nicht so viel Geld für private Zwecke verschleudert worden wäre. Man
hätte das Leistungsprinzip durchsetzen müssen.

o. A., 17 J., Lehrling (Kauffrau)

Ich finde diese Umfrage mit den vier Fragen in einem Klassenzimmer
völlig fehl am Platze.

Wenn man schon so eine Umfrage macht, sollte man damit auf die
Straße gehen und sich die Standpunkte von verschiedenen Persönlichkeiten (Jugendliche, Rentner) anhören. Als ich die vier Fragen mir durch
den Kopf gehen ließ, fragte ich mich, wie man solche Fragen überhaupt
Jugendlichen anbieten kann, z. B. Zukunftsängste.

Mein persönliches Gefühl: Man will uns mit diesen Fragen nur provozieren und wie schon immer irgendwie beeinflussen.

o. A., o. A., Lehrling

Diese Umfrage beweist wieder einmal, daß immer noch die gleichen
»Leute« die gleichen provozierenden Fragen stellen. Frage vier über Zukunftsängste hätte ich gern an die Verfasser der Umfrage gestellt.

o. A., o. A., Lehrling (Klempner)

Stasi und Parteibonzen sollen keine Chance mehr haben. Aber was kommt nun? Noch wissen die wenigsten eine Antwort.

Foto: Ralf Günther

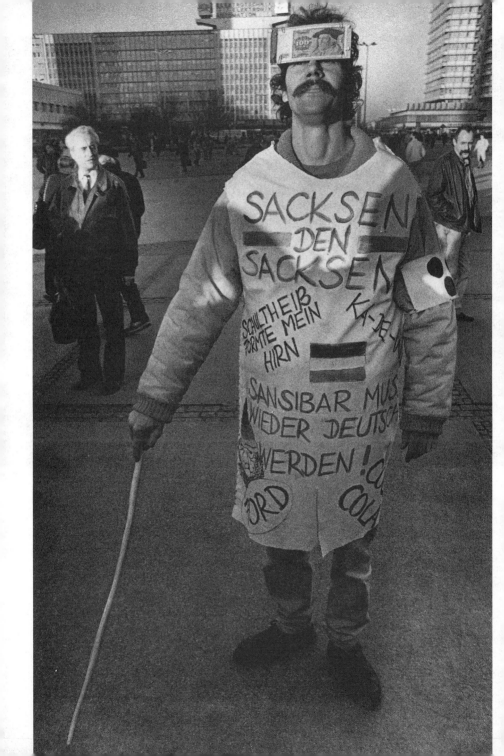

Teil II

Welche Konsequenzen/Veränderungen wird eine Vereinigung der deutschen Staaten vermutlich für Sie persönlich bringen?
So lautete unsere zweite Frage. Jugendliche, die in ungewohnten Freiräumen ihren Platz suchen, haben keine fertige Antwort darauf. Sie fragen zurück: Was bleibt von der DDR? Sind wir auf der Verliererseite? Warum soll gerade ich darunter leiden? Werde ich in einem geeinten Deutschland gebraucht? Oder: Was wird aus meinen Träumen? Die Meinungen sind vielfältig.

Nach dem Wahlsieg der Allianz, nehme ich doch stark an, wird es nun mit uns aufwärts gehen. Zwar nicht von heute auf morgen, aber in den nächsten Monaten. Das Leistungsprinzip wird sich durchsetzen, und wer ordentlich arbeitet, wird auch gut verdienen und demzufolge auch gut leben. Ich kann mich in meiner Arbeit nicht mehr auf den anderen verlassen, denn bis dato war es doch öfter so, sondern muß selbst Initiative ergreifen. Aber nun wird das auch Spaß machen, denn ich weiß, wofür.

o. A., o. A., Lehrling (Buchhändler)

Na ja, in manchen Beziehungen schon. Erst einmal war es wie ein Traum, als ich das erstemal rüber bin. Es war, als ob ich eine verbotene Stadt betrete (was sie ja auch war!). Ansonsten das Warenangebot hat mich eigentlich nicht so »geschockt«, daß ich in einen Kaufrausch gefallen wäre. Nee, es war die Architektur, das Gefühl, »jetzt darfst du«. Alles in natura sehen, was man bis jetzt nur auf Bildern/Fernseher hatte.

So, wie ich mir die Lebens-/Arbeitsbedingungen vorgestellt hab, bzw. so, wie sie mir gesagt worden sind, waren sie nicht. Denen da drüben geht es gar nicht so schlecht (wenn sie arbeitslos sind und Arbeitslosenunterstützung kriegen). Oder z. B. sind die sozialen Sicherheiten auch nicht so schlecht, wie immer dargestellt. Ich finde, da wurde damals zu sehr »Schwarz-Weiß-Malerei« betrieben. Uns wurde ein falsches Bild vermittelt, auch mit der »menschenfeindlichen Marktwirtschaft« – sie beruht nun mal auf der Konkurrenz, und sobald der Mensch keinen Zwang hat, schludert er – siehe unsere Planwirtschaft. Es gibt noch mehr Beispiele. (Keine Zeit.)

o. A., 17 J., Lehrling (Kauffrau)

Eine Vereinigung der beiden deutschen Staaten würde mir in erster Linie die Gewißheit bringen, endgültig den Sozialismus überstanden zu haben. Neben dieser befreienden inneren Gewißheit erhoffe und erwarte ich eine gerechtere Gesellschaft, die leistungsorientiert dem eine Chance gibt, der fähig ist, und trotzdem den unterstützt, der nicht kann.

Ich will im September in Westberlin ein Studium beginnen. Ein ungeteiltes Berlin würde das natürlich ungeheuer erleichtern; abgesehen davon, ist das als eigentliche Normalität zu betrachten. Zugleich habe ich wieder das Gefühl, etwas leisten zu können, ohne von meiner politischen Einstellung daran gehindert zu werden.

Nach der Vereinigung wird der rasche wirtschaftliche Aufschwung auch uns erreichen. Daß 40jährige SED-Politik und -Wirtschaft nicht ohne Folgen bleiben werden, ist mir klar, dennoch werden wir nicht so tief sinken, wie es jetzt schon wieder neue Panikmacher behaupten. Ohne die bisherigen Zwänge können wir doch was! Wir sind zu einer erfolgreichen Wirtschaft auf jeden Fall fähig.

o. A., 18 J., Oberschüler

Im Prinzip finde ich es nicht gut, sich zum jetzigen Zeitpunkt in Vermutungen zu üben. Dadurch kann leicht Panik entstehen, und ich glaube auch, daß die meisten von uns die Zukunft jetzt noch weniger als vorher real einschätzen können.

Durch die deutsche Einheit würde sich für mich wahrscheinlich mein Bildungs- und Betätigungsfeld erweitern. Für meine Familie würde es meiner Meinung nach keine Veränderungen geben. Die Familiensituation (Ost-West-Trennung) würde teilweise sogar bestehenbleiben.

o. A., o. A., Oberschülerin

Ich mußte mein Bild über die BRD im großen und ganzen nicht ändern. Nur in bezug auf die Arbeitslosigkeit. Ich glaube, die meisten Arbeitslosen wollen nicht arbeiten. Es gibt unter ihnen aber auch Menschen, die wirklich arbeiten wollen und die durch unglückliche Umstände arbeitslos geworden sind. Das ist aber ein kleinerer Teil. Wenn man Arbeit sucht, findet man auch eine. Vielleicht nicht die, die man sich wünscht.

o. A., o. A., Oberschülerin

Ich glaube, die Vereinigung würde mir neue Chancen in meiner persönlichen Entwicklung bringen. Mein Weg ist nicht mehr vorprogrammiert und vorbestimmt. Es werden sich weitere Aufstiegschancen bieten, und ich werde für gute Arbeit guten Lohn erhalten. Meines Erachtens sind die Veränderungen positiver Natur, obwohl man die Gefahr der Arbeitslosigkeit nicht vergessen darf. Aber diese Konsequenz spornt doch zu mehr Leistung an. Sie – die Angst – ist die treibende Kraft! Als weitere Veränderungen möchte ich noch das Entdecken anderer Länder und Kulturen nennen, was uns ja jahrelang vorenthalten wurde. Auch das ewige Anpassen hört auf. Man kann, ohne Angst zu haben, sagen, was man will und denkt!

o. A., 17 J., Oberschüler

Die deutsche Einheit bleibt abzuwarten, es lohnt nicht, sich schon vorher irgendwie verrückt zu machen – ich sehe keine großen Zukunftsängste, denn ich glaube auch (bes. im Hinblick auf mögliche Arbeitslosigkeit), die »Ellenbogengesellschaft« wirkt sich auch auf uns aus und daß das wahre Leistungsprinzip bisher nur im Kapitalismus herrschte, was für mich heißt, mir einen festen Punkt, ein Ziel zu suchen, auf welches ich mit aller Kraftanstrengung und Konsequenz hinarbeiten werde, wofür ich mein Bestes gebe – habe ich die entsprechende Leistung dabei, sehe ich Chancen für eine gute persönliche Zukunft.

Ich hüte mich vor Schwarz-Weiß-Malerei, also auch vor einem Standpunkt, der mir eine düstere Gesellschaft zeigen will, vor der ich mich »ängstigen« sollte (ein Bild, das meiner Meinung nach auch durch die Schulbildung geprägt wurde).

Veränderungen durch die Einheit sehe ich im Hinblick auf meinen Beruf – dieser wird sicherlich anstrengender, schwerer, aber auch (dadurch) reiz- und anspruchsvoller. Der soziale und materielle Wohlstand wird kommen – die Frage ist sicher, für wen und in welchem Maße. Welchen Teil vom »großen Kuchen« ich abbekomme, hängt im wesentlichen, meiner Meinung nach, von meinen Leistungen und meiner Leistungsbereitschaft ab, obwohl es sicherlich gewisse soziale Schwachstellen und Ungerechtigkeiten geben wird. Aber hatten wir es mit solchen nicht bis jetzt auch schon zu tun?

o. A., 17 J., Oberschüler

Also für mich war der Tag der Grenzöffnung sehr bedeutsam und einschneidend, denn jetzt konnte ich mir ein eigenes Bild über das Leben der Menschen im anderen Teil Deutschlands machen. Und ich konnte meine Brieffreundin im anderen Teil kennenlernen, mit der ich über zwei Jahre im Briefwechsel stand und wir uns auf ein Kennenlernen sehr freuten.

Ich mußte mein Bild über die BRD verändern. Sie ist kein Klassenfeind mehr für mich, denn ich bin der Meinung, wir wollen alle doch nur eins: Frieden. Denn das Bild, was uns der Staatsbürgerkundeunterricht gegeben hat, war für mich völlig falsch. Man mußte alles anders sehen. Eine Zukunft ohne Sozialismus. Nie wieder Sozialismus. Ja, Freiheit, Wohlstand für eine bessere Zukunft. Ich bin der Meinung, ich bin jung und kann mein Leben jetzt ganz anders gestalten.

Ich habe keine Angst!

o. A., 17 J., Lehrling

Ich bin der Meinung, daß es eine Wiedervereinigung überhaupt nicht geben kann, da die BRD kapitalistisch, wir sozialistisch sind. Aber der Sozialismus hat in der DDR ja sowieso nie richtig existiert und wurde jetzt völlig abgeschafft. Daher werden wir um eine Wiedervereinigung nicht herumkommen. Jeder muß jetzt abwarten, alles auf sich zukommen lassen, und da durch. Einen anderen Weg gibt es nicht. Aber die Wiedervereinigung muß langsam und wohlüberlegt (Schritt für Schritt) vonstatten gehen, sonst sitzen wir wieder im Dreck und sind die Angeschissenen. Es muß versucht werden, zu retten, was noch zu retten ist, um bei einer ziemlich schnellen Wiedervereinigung nicht von der BRD aufgekauft zu werden.

Sylvana, 17 J., Lehrling (Facharbeiterin für Backwaren)

Ich glaube, daß das von mir von der BRD und WB entworfene Bild sehr dem der Realität ähnelt: überfüllte Supermärkte, breites Angebot an Konsumgütern mit ebenso breiter Preispalette, schöne Autos, gut gekleidete »glückliche« Menschen in diesen Schlitten, »Kreuzberger Außenseiter« – Trinker, Ausländer, Arbeitslose, Grafitti an abrißreifen Altbauten, Werbeplakate, bunt, schillernd, also: viel Glitzer und auch viel Dreck ... Aber ich hatte es mir früher nicht vorstellen können, dort zu leben, wohl dadurch bedingt, daß das »Weltverstehen« ohne das »Weltbesehen« erfolgte, d. h., man lernt die gesellschaftlichen Bedingungen, lernt philosophische Dinge zu betrachten, verinnerlicht sie, kann sie herbeten, aber man kennt nicht die andere Seite, deren Standpunkte. Ich konnte mir nicht vorstellen, wie sie (BRD-Bürger usw.) zufrieden »im Kapitalismus mit all seinen schlechten Seiten – Ausbeutung

126   durch Monopole, Arbeitslosigkeit ... usw.« ohne Gewissensbisse leben
konnten, wo doch ihr System das »schlechte« und unseres das »mensch-
lichere« war, woran ich damals nur selten Zweifel hegte, die Bildung er-
laubte ja keinen Grund zum Zweifeln. Ich glaube auch, mein Toleranz-
bereich hat sich anderen Menschen gegenüber noch geweitet.
    o. A., 17 J., Oberschülerin

Ich finde, wenn man noch nicht im Kapitalismus gelebt hat, kann man
ihn auch nicht einschätzen. Ich habe den Kapitalismus zwar mal kurz gesehen (im Kaufhaus, Äußerlichkeiten von Häusern, Autos...), aber das
reicht meiner Meinung nicht aus, um sich ein vollständiges Bild vom Kapitalismus zu machen. Erst wenn ich selber ein paar Jahre dort gelebt
habe, kann ich das sagen. Diese Meinung hatte ich vor Nov. '89 auch.
Daß uns früher ständig nur die Nachteile des Kapitalismus wie Arbeitslosigkeit, Drogensucht, Wohnungsnot ... erzählt wurden, fand ich
nicht gut. Aber eigentlich wußte ich, daß das übertrieben ist. Natürlich
sind diese Probleme da, und ich finde sie auch sehr schlimm, aber im Sozialismus gibt es doch genauso Nachteile anderer Art, und so wie der Sozialismus war, war er viel schlimmer als der Kapitalismus (ich denke nur
an Rumänien). Nach einer Einigung wird es viele Veränderungen geben. Diesen versuche ich ohne Angst entgegenzutreten und nicht, wie
das einige Parteien machen, Panik zu machen.
    o. A., o. A., Oberschülerin

Die Einheit Deutschlands ist für mich der geschichtliche Beweis, daß
man ein Volk nicht trennen kann, bedeutet den Untergang des Sozialismus als alleiniges Gesellschaftssystem und zeigt die Torheit des Glau-
bens an den Kommunismus. Der Mensch denkt in erster Linie an sich
selbst (niemand ausgeschlossen). Was die Gedankenlosigkeit der Menschen im Tun mit der Umwelt als ein Beispiel beweist. Weiterhin kann
man sich, nach meinem derzeitigen Wissen, wenn man will, nach seinen
Fähigkeiten und Leistungen voll entfalten. Und nicht zu vergessen, daß
man »leben« kann.
    o. A., 17 J., Lehrling (Elektroinstallateur)

Ich hoffe, eine mögliche Vereinigung bringt völlig neue Perspektiven
und Betätigungsbereiche vor allem für junge Leute. Die Auswirkungen
überhaupt und konkret für mich vermag ich nicht zu überblicken.

Für die Zukunft bin ich zuversichtlich, in der Marktwirtschaft bestehen zu können und in den veränderten gesellschaftlichen Zuständen leben zu können. Angst und besser gesagt Sorgen mache ich mir nur über die Beziehungen zwischen den Menschen und auch z. B. darüber, daß es nicht alle schaffen werden und in soziale Schwierigkeiten geraten.

o. A., 17 J., Lehrling (Elektromonteur)

– Bessere Ausbildung/besseres Studium
– Ich kann aktiver werden und Menschen, die in ihrer Lebensweise eingeschränkt sind (z. B. Behinderte), besser unterstützen (mit lebensnotwendigen Geräten)
– Ich sehe eine bedrohende Konsumwelle auf uns zukommen, der ich standhalten muß und in die ich nicht zu sehr verfallen darf, obwohl die Verführung groß sein wird.
– Bessere Arbeits- und Lebensbedingungen und eine bessere medizinische Versorgung
– Man wird oft leider stärker dem Geld »hinterherlaufen« als zuvor.
– Durch die »Vermauerung« unseres Landes hielten die Menschen – ich komme aus einem Dorf – oft viel stärker zusammen.

Ich befürchte, daß diese Haltung durch das Geld und das Ringen um Konsum vernichtet werden könnte. (Die Reihenfolge soll keineswegs die Dominanz bestimmter Punkte hervorheben!)

Wer mit Resignation durch unsere Zeit geht, wird nichts erreichen können und seinen Mitmenschen mit dieser Haltung nicht unterstützen. Wir müssen mit Hoffnung und Zuversicht in die Zukunft blicken – dürfen aber keinesfalls die »Schwachen« der Gesellschaft aus dem Auge verlieren.

o. A., 17 J., Oberschüler

Viele Kumpels und Freunde, die jetzt in die BRD gegangen sind, die haben es schon zu etwas gebracht, was sie hier in vielen Jahren harter Arbeit nie erreicht hätten, die Wohnungseinrichtungen, Autos, vieles mehr, ist super. Aber sie mußten und müssen für ihr Geld was tun. Jeder muß für sich dort sorgen, denn jeder ist sich selbst der Nächste!

Wenn unsere beiden Länder sich vereinigen würden, müßten wir uns sehr auf die neue Gesellschaftsordnung einstellen, denn wir würden alle nach Leistung bezahlt, wenn wir nichts verkaufen, verdienen wir auch nichts. Viele neue Geräte und Maschinen würden wir bekommen, von denen wir aber wenig Ahnung haben, wir müssen uns alle nochmal auf die Schulbank setzen und viel dazulernen, um unsere Arbeit gut zu machen und damit den Kunden zu befriedigen.

o. A., 17 J., Lehrling (Fachverkäuferin)

Ich wäre absolut glücklich darüber, denn die BRD-Menschen leben zufrieden. Die Armut, die auch dort herrscht, ist den Menschen selbst zuzuschreiben. Außerdem gibt es dann keine Grenze mehr zu meiner Verwandtschaft. Arbeitslosigkeit zählt nicht, wer arbeiten will, bekommt auch Arbeit, das war doch nur eine jahrelange Lüge unsererseits!

o. A., 18 J., Lehrling (Facharbeiterin für Schreibtechnik)

– Ich ziehe weg aus Greifswald in eine Mittel- bzw. Großstadt in Mittel- bzw. Südwestdeutschland
– Ich versuche mich polit. im Westen zu engagieren (links)
– »Ellenbogen«-Gesellschaft: Ich kann mich auch dort durchsetzen, muß dann aber die mir hier anerzogenen humanen Vorstellungen zurückdrängen.

o. A., 16 J., Oberschüler

Ich würde nun endlich in alle Länder fahren – reisen können, ohne schief betrachtet zu werden. Die Menschen mit freikonvertierbarer Währung werden um einiges besser betrachtet als wir – dort ist mehr zu holen.

Weiterhin muß man sich noch engagierter um einen Studienplatz kümmern, möglichst auch das Studium gut abschließen. Auf der anderen Seite sind dadurch auch mehr Entfaltungsmöglichkeiten, auch mehr Möglichkeiten kontrovers zu gehen, höher, da wir das Management nie gelernt haben.

o. A., 17 J., Lehrling (Galvaniseurin mit Abitur)

Ich muß mir leider das Konsumdenken angewöhnen, da meiner Meinung nach ein Mensch ohne dieses in der neuen Gesellschaft nicht leben kann. Daher muß ich meine Ideale, was Familie, Kinder und Wohnung betrifft, zurückstecken. Mein Augenmerk ist also darauf gerichtet, soviel wie möglich zu erlernen, u. a. einen Beruf bzw. zu studieren, wenn es mir ermöglicht werden kann oder ich es mir ermöglichen kann. Erst

dann, wenn ich mir eine Lebensgrundlage geschaffen habe, darf ich an
Kinder bzw. Heirat denken. Schade!

o. A., 18 J., Oberschülerin

Bei der Vereinigung kommt es vor allem darauf an, wie sie gemacht wird. Bei einer überhasteten Hauruck-Aktion, wie sie nach dem gestrigen Wahlergebnis sehr wahrscheinlich ist, könnte es eine Menge Schwierigkeiten bei der Anpassung der beiden Systeme in allen Lebensbereichen geben. Vierzig Jahre Auseinanderentwicklung kann man nicht einfach so wegreden. Zu erwartende soziale Folgen würden auf alle Fälle auch zu Aggressionen zwischen den Menschen hüben und drüben führen.

Für mich persönlich wird es wahrscheinlich schwer werden, in einem CDU-Staat mit meinen Ansichten ungehindert journalistisch tätig zu sein. Ich will auch nicht in einem auf Sensationen orientierten Journalismus verkommen. Vor allem stört mich, daß der eigentliche Geist der so hochgelobten friedlichen »Revolution« so verschenkt wird, daß, statt auf neue Ziele einer besseren Gesellschaft zuzugehen, einfach nach dem schnellen Geld gegriffen wird. Die Hoffnungen vieler aufrechter Kämpfer des vergangenen Herbstes sind schmerzlich enttäuscht worden.

Zukunftsängste habe ich insofern, daß die gemachten Versprechungen nicht gehalten werden könnten. Der östliche Teil Deutschlands wird noch eine Weile der ärmere bleiben, und soziale Folgen der Einigung würden hier am härtesten zuschlagen. Es kann sein, daß ich in einer Ellenbogengesellschaft, die ja nicht nur ein »Greuelmärchen linker Propagandisten« ist, versagen könnte. Aber vorerst will ich die mir gebotene Chance nutzen und sehen, was sich machen läßt. Vorher schon resignieren hilft ja nicht. Auf jeden Fall ist die persönliche Entfaltung freier als früher, aber sie hätte noch freier sein können, wenn wir einen wirklich progressiven Weg eingeschlagen hätten.

o. A., 18 J., Oberschüler

Ich habe in den letzten Wochen viele persönliche Eindrücke gewonnen, die hier nicht genannt werden müssen. Ich will aber sagen, man spricht immer von Feindbild, und ich denke, wir haben ein Feindbild. Es braucht sicher lange, dieses ganz und gar abzubauen, aber durch den direkten Kontakt zur BRD und ihren Bürgern hat dieses Feindbild angefangen, sich aufzulösen. Mißtrauen wird lange bleiben. Durch den

Besuch im anderen Teil Deutschlands kann ich mir endlich ein einigermaßen vernünftiges, realistisches Bild von diesem Land machen, ohne Schwarz-Weißmalerei. Ich bin gekränkt und zornig darüber, daß man mir das so lange vorenthalten mußte und frage: Warum?

Ich weiß keine konkreten Veränderungen, die mir ein einiges Deutschland bringen würde. Ich weiß, daß ich sicher ein anderes Leben führen werde, als ich es geführt hätte, wenn dieses Land noch die alte DDR geblieben wäre. Ich denke, daß mein Leben komfortabler werden kann. Ich denke, daß ich mehr Möglichkeiten habe, mein Leben vielseitiger zu gestalten. Ich denke, daß sich eine besondere Art von Egoismus in meinem Leben breitmachen kann oder wird oder muß. Ich denke, daß Geld eine noch größere Rolle in unser aller Leben spielen wird bzw. es schon spielt.

o. A., 18 J., Oberschülerin

Eindrücke
– BRD-Bürger aufgeschlossener
– Schönere Städte, Straßenbahnen, Busse
– Freundlichere Bedienung in Kaufhäusern, Geschäften usw.
– Vielfältigeres Angebot
– Bessere Architektur
– Saubere Straßen, Plätze, Parks usw.
– Bessere materielle Basis

Korrektur
Liebe Auswert-Freunde (Stasi?)!
Nun hört mir mal gut zu! Welches Bild von der BRD/WB habt Ihr denn erwartet? Und welche Korrektur sollten wir machen? Falls Ihr da auf den Staatsbürgerkunde- oder Geschichtsunterricht anspielt, da braucht man keine Korrektur, sondern schon eine »Autowaschanlage« – denn die »rote Sülze« war doch schon beim Verhungern! Mit anderen Worten: Die Propaganda und Hetze über die so »böse BRD« hat keinen (oder nur sehr wenige) überzeugen können. Im großen und ganzen mußte ich keine Korrektur vornehmen, denn in Gesprächen mit Eltern, Freunden und Bekannten wurde mir der imperialistische Westen ausführlich geschildert.

o. A., o. A., Oberschüler

Durch das Verfolgen der Medien (insbesondere ARD, ZDF) hatte ich
schon einige ungefähre Vorstellungen vom Erscheinungsbild der »anderen« deutschen Orte und Städte. Von dem, was ich so sehen konnte, blieben mir besonders die gepflegten Häuser, Straßen, städtischen Anlagen (Parks etc.) in Erinnerung. Auch in öffentlichen Gebäuden (Kaufhäuser, Geschäfte, Rathäuser, öffentliche Toiletten!!) Sauberkeit und Ordnung. Zwar gab es auch Ecken, in denen Häuser verfielen oder große Schutthaufen lagen, aber im Vergleich zu dem Verhältnis: gepflegte – halb zerfallene Häuser bei uns, stehen wir echt erbärmlich da. Allerdings fielen mir neben dem Warenüberfluß und dem bunten Leben in den Einkaufszonen auch die Menschen auf, die an den Eingängen zu Kaufhäusern, Passagen oder U-Bahnhöfen saßen und dort mit Musik oder durch eine Botschaft auf einem Pappschild ein paar Mark erbettelten.

Ich kann mir nicht vorstellen, daß in einem Land, in dem jeder DDR-Besucher 100 DM geschenkt bekommt und in dem täglich nach Geschäftsschluß der Lebensmittelabteilungen kiloweise Obst, Gemüse, Brot, Fleisch, also alles Frische, weggeworfen werden, irgend jemand um ein paar Mark betteln muß und sich dafür bei −5 °C mit einem Kleinkind (ca. drei Monate alt) auf den Gehweg vor das Kaufhaus setzt!!

Korrekturen: Da nicht nur ich den anderen deutschen Staat besuchte, sondern auch Bundis bei mir zu Gast waren, hatte ich ziemlich oft Gelegenheit, über deutsche Fragen zu sprechen (diese betrafen sowohl das Spezifische jedes einzelnen Landes als auch das, was beide Staaten gleichermaßen betrifft). So habe ich z. B. gelernt, daß die Wohnungsnot nicht nur ein schwarzer Buhmann ist, mit dessen Hilfe man DDR-Bürger vom Übersiedeln abhalten will, sondern daß diese ganz real existiert und ein sehr großes Problem ist. Daß z. B. Spekulanten bezugsfertige Wohnhäuser leer stehen lassen, um dann einen möglichst hohen Mietpreis verlangen zu können, wenn das Wohnen in diesem Stadtbezirk sowieso teurer geworden ist.

Außerdem ist die Welle der Begeisterung über die Ankunft der »anderen Deutschen« abgeebbt. Manche Meinungen gehen sogar dahin, daß Aus- und Übersiedler aus der DDR alles (Arbeits- und Wohnungssuche) nur noch schlimmer machen würden und daß »wir Deutschen allein, also ohne diese Leute, schon genug Probleme haben« (Meinung zweier Kölner Mädchen).

o. A., 18 J., Oberschülerin

Ich bin dafür, daß Berlin Hauptstadt eines Gesamt-Deutschlands wird, ganz einfach, Berlin war vor der Trennung die Hauptstadt, also muß sie nach dem Verbündnis wieder Hauptstadt sein. Berlin ist eine sehr schöne Stadt und liegt mitten im Herzen von Deutschland.

Konsequenzen nach dem Bündnis: Die gesamte Arbeitseinstellung unserer Bevölkerung muß sich ändern, sonst ist sie sehr schnell arbeitslos. Westliche Experten sagen, unsere Arbeitsproduktivität liegt vierzig bis sechzig Prozent unter dem Durchschnitt des BRD-Bürgers.

o. A., 17 J., Lehrling (Zimmerer)

Ich glaube, daß ich mich nach der Vereinigung »nur« mit einem anderen System abfinden muß. Ich kann und muß mich um meine Angelegenheiten selber kümmern und habe keinen staatlich geglätteten Weg vor mir. Ich werde mir eine umfassende Übersicht über meine Rechte in allen möglichen Bereichen besorgen, damit ich mit der Bürokratie, die ich für die Zukunft verstärkt auf mich zukommen sehe, zurechtkomme und als rechtlich unterentwickelter DDR-Bürger nicht darin untergehe.

o. A., 18 J., Oberschülerin

Mit Hauptstadt Berlin würde sich ergeben, daß die Bodenpreise unheimlich in die Höhe treiben / damit auch die Mieten / und ich höchstwahrscheinlich nicht weiter in »meiner« Stadt leben kann.

– Keinen Armee-Dienst / Zivildienst für meine Kinder (vielleicht auch schon für mich) – dies hat aber nicht unbedingt etwas mit der Vereinigung zu tun

– Bessere finanzielle Lage, wenn Arbeit bzw. Beruf vorhanden

– Mögliche Arbeitslosigkeit (auf Jahre gesehen für mich unwahrscheinlich)

In meinen Äußerungen gehe ich davon aus, daß die Vereinigung im Rahmen des Europäischen Hauses erfolgt (die Währungsunion davon unabhängig ist), daß in den Einigungsprozeß beide deutsche Staaten gleichberechtigt etwas einbringen und etwas abbauen (z. B. den BND der BRD, Stasi der DDR). Weiterhin gehe ich davon aus, daß keine nationalistischen Kräfte überhaupt zugelassen bleiben bzw. noch welche dazu zugelassen werden. Die »Deutsche Republik« sollte nicht paktgebunden sein und waffenfrei.

– Starke Orientierung des Deutschen Staates auf die Ökologie, ohne Lebensstandard zu suchen

– Persönliche Entfaltung in Form von »Weltbesichtigung«, kollegiale
Zusammenarbeit
– »Bessere« Vergangenheitsbewältigung (Faschismus; Stalinismus)
– Vielleicht einen späteren Wohnsitz in der BRD oder W-Berlin.
o. A., 18 J., Oberschüler

Ein wenig Trauer würde sie mir bringen, weil der »Dritte Weg« somit
ausgeschlossen wäre. Ich müßte mich damit abfinden, ein nicht so hohes
Bildungsniveau (in einigen Fächern) wie Gleichaltrige in der BRD besitzen, zu haben, und somit würde der Kampf um Arbeits- bzw. Studien-
plätze schwerer werden. Außerdem könnte (wenn es bei uns so wie drüben wird) das Aufbauen zwischenmenschlicher Beziehungen (Freundschaften) sehr schwer werden. Ich müßte lernen, mich (oft unmoralisch)
durchzusetzen.
Richtig starke Zukunftsängste hab' ich nicht. Schließlich haben in der
BRD auch viele studiert, und so blöd bin ich ja nun auch wieder nicht,
daß ich nicht irgendwo Arbeit, die mir Spaß macht, finden könnte. Ich
hab' auch schon überlegt, später weit weg auszuwandern (ernsthaft!),
z. B. hab' ich in Australien Verwandte. Und da ist der Sprung ins Leben
sicher nicht ganz so schwierig. Es wird (muß) ja irgendwie weitergehen!
o. A., 15 J., Oberschüler

Sollen wir denn »weiterwurschteln« wie bisher? Ich bin für eine
schnelle Vereinigung, damit Währungsreform und alle Verbesserungen
und Neuanfänge nicht noch weiter hinausgezogen werden. Das würde
für mich ein Leben, wo wir endlich frei und zufrieden sein können. Ich
kann hinfahren, wohin ich möchte, verdiene ja dann auch endlich richti-
ges Geld, kann es besser ausgeben (wählen und nicht das kaufen, was es
gibt), man kann Freizeitbeschäftigungen endlich auch einmal machen,
die bei uns tabu waren oder nur besondere Leute durften (wie Tennis,
Karate, Horoskope und Astrologie u. a. Freizeitbeschäftigungen, die wir
noch gar nicht kennen). Denn dieser Spruch: »Jetzt wächst zusammen,
was zusammen gehört«, ist mehr als wahr. Ich frage mich nur, konnte
dies nicht schon viel eher geschehen?
o. A., o. A., Lehrling (Wirtschaftskauffrau)

Es würde eine große Veränderung für mich persönlich geben. Denn
noch bin ich siebzehn Jahre, aber ich werde irgendwann mal älter, ich

werde irgendwann mal heiraten und dann fangen die Probleme an. Es wird keinen Ehekredit mehr geben, wenn ich Kinder bekomme, würde das Kindergeld wegfallen. Es würde die erste Zeit ganz schön schlimm für uns aussehen. Die Kinder werden größer und kein Krippenplatz oder Kindergarten, alles würde wegfallen.

o. A., 17 J., Lehrling (Fachverkäuferin)

Ich glaube nicht, daß sich bei mir viel verändern wird. Allerdings werde ich jede mir sich bietende Gelegenheit nutzen, meine bisherigen »Traumwünsche« Realität werden zu lassen, z. B. Besuch der Hotelfachschule, und außerdem will ich viel Zeit mit meinen westdeutschen Freundinnen verbringen in Zukunft. Das Zusammengehörigkeitsgefühl wäre dann kein Gefühl mehr, sondern eine schöne Tatsache, die mir imponiert.

o. A., 17 J., Lehrling (Wirtschaftskauffrau)

Eine Vereinigung mit der BRD zu einem Deutschland brächte für mich die Möglichkeit, meinen geistigen Horizont zu erweitern (Bildungsreisen). Außerdem glaube ich, würde ich hektischer werden, da ja dann das Leistungsprinzip gilt. Bestimmt würde ich dann auch mehr verreisen. Sicherlich (und ich bedaure das) werde ich viele von meinen Freunden, den Zusammenhalt des Klassenkollektivs und da die ganze Geselligkeit (einschließlich der Beziehungen zu den Lehrern) verlieren.

o. A., o. A., Oberschülerin

Jeder Mensch, ob hier oder drüben, ist verschieden, drüben sind sie nur konservativer. Und das gesamte System drüben ist beschissen (bei uns übrigens auch). Dazu Demokratie zu sagen, ist ja wohl für beide Staaten übertrieben.

Deutschland verrecke!

Daß dieses Deutschland sich wirklich vereinigt und im nationalen Taumel in Größenwahn verfällt. Und das dumme deutsche Herdentier sich einen neuen Führer sucht!

o. A., 17 J., Lehrling (Elektronikfacharbeiter)

Mein Heimatland – die DDR – wird ersatzlos aus der Weltkarte ausgelöscht. Das stört mich moralisch. Das soziale Netz der BRD würde dann auch für mich gelten, davon bin ich nicht begeistert.

Fotos: Rolf Walter

Ja! Ich hätte gerne einen sicheren Arbeitsplatz. Ich möchte Kinder, diese wiederum behindern meine Frau bei der Arbeitsuche. Kriminalität und Drogensucht könnten meine Frau und Kinder heimsuchen.

o. A., 19 J., Lehrling (Schienenfahrzeugschlosser)

Ich kann hier zwar nur Vermutungen anstellen, aber durch Gespräche mit meiner Cousine aus der BRD habe ich erfahren, daß ich wahrscheinlich bzw. meine Eltern mein Studium voll finanzieren müßten, da beide ziemlich gut verdienen (über 1000,00 M netto monatlich). Ebenso mein Berufswunsch, da ich nicht gerade erpicht bin, in der Bundeswehr zu dienen, würde sich nicht erfüllen lassen, was natürlich auch mit einer radikalen Abrüstung in Gesamtdeutschland einhergeht (Modrow – neutrales Deutschland).

Eine Vereinigung hätte aber vermutlich auch positive Konsequenzen, da beide Eltern ihren Beruf behielten und sich dadurch unser Lebensstandard erhöhen würde.

o. A., 18 J., Oberschüler

Vermutlich würde meine Mutter arbeitslos werden, weil sie in einem alten, unrentablen Betrieb arbeitet (als Betriebsleiter). Bei meinem Vater bin ich mir nicht ganz sicher. Er ist Geo- und Deutsch-Lehrer und schon dreißig Jahre im Dienst. Aber er war in der SED. Weiter denke ich, daß das Internat, in dem ich wohne, viel teurer wird. Na, hoffentlich behält wenigstens einer von meinen Eltern die Arbeit. Mein Bruder ist auch nicht besonders gut dran. Aber das liegt mehr oder weniger an ihm. Er glaubt, daß der alte Trott noch weitergeht. Deswegen erscheint er zu spät zur Arbeit oder geht früher. Außerdem habe ich Angst, daß er mit Drogen in Kontakt kommt.

o. A., o. A., Oberschülerin

Im großen und ganzen glaube ich, daß es hier keine einschneidenden Veränderungen für mich geben wird. Ich hoffe nämlich darauf, daß diese Vereinigung langsam und sorgfältig vor sich geht und daß dadurch alle – aber auch alle Probleme genau durchdacht und geregelt werden.

Meine Fächer (die ich unterrichten möchte) gibt es in jedem Land, so auch in einem einheitlichen Deutschland, und ich hoffe auch, daß immer Lehrer gebraucht werden (wenn nicht, muß ich eben umlernen – leider!!).

Gut würde ich finden, wenn ich mir mal einen Joghurt kaufen kann, wenn ich darauf Hunger habe. Bloß, von meinem Vorhaben, in eine Großstadt zu ziehen, werde ich Abstand nehmen müssen.

o. A., 18 J., Oberschüler

Vielleicht kann ich mich nicht richtig verständlich machen, denn ich persönlich habe es zwar schon öfters gehört, aber die Lösung dieses Problems immer wieder hinausgeschoben, deshalb kann ich nur das schreiben, was mir jetzt dazu spontan einfällt. Meiner Meinung nach müßte ich anfangen, meinen Nächsten zu hassen oder anders gesagt, ihn immer unter Kontrolle zu haben, damit ich genau weiß, daß er mir nicht den Arbeitsplatz wegnehmen kann. Ich müßte auch hart werden, dies ist in Bezug zu nehmen zu dem obengenannten Punkt über die menschliche Unterstützung, weil andere dies als Schwäche von mir auslegen würden und mich somit auch eiskalt ausnutzen würden. Ich müßte lernen, damit zu leben, daß ich jeden Augenblick meinen Arbeitsplatz verlieren kann, und somit zu dem letzten Drittel der Gesellschaft gehöre. Wobei von dort aus kaum wieder ein Aufstieg möglich ist.

o. A., 18 J., Lehrling (Elektronikfacharbeiter)

Ein Gesamtdeutschland ist nach vierzig Jahren »realen Sozialismus'« schon wegen unserer riesigen Wirtschaftsprobleme begrüßenswert. Der bedingungslose Anschluß ist dagegen zu überhastet, so daß die DDR ihre wenigen guten Seiten dadurch verlieren würde. Für mich ist es auch unausweichlich, daß die Vereinigung und die Hauptstadtbestimmung (Berlin) mit den anliegenden Ländern und den Siegermächten verhandelt werden muß. Es ist verständlich, daß viele Länder Europas gegen ein Gesamtdeutschland sind, da sie schlechte Erfahrungen machen mußten.

Ich denke, daß ich das als junger Mensch aus der Zukunft machen kann, daß sie für mich eine gute Zukunft wird, in der jeder Mensch nach seinen Vorstellungen sein Leben gestalten kann. Voraussetzungen dazu sind sichere Wohnung, Arbeit und Lebensgrundlagen.

o. A., 18 J., Lehrling (Zimmerer)

Für mich ganz persönlich würde es viele Veränderungen bringen. Das hängt aber auch von der jeweiligen Verfassung ab, die es geben wird. Beispielsweise müßte ich vielleicht Schulgeld bezahlen, aber auch medizinische Betreuung und andere Sozialleistungen. Doch für mich überwiegt mehr der Gedanke daran, endlich alle Verwandten, die ich habe, besuchen zu können, nicht nur in der BRD.

Die Wiedervereinigung verbinde ich auch mit einem angehobenen Lebensstandard, wobei ich besonders an meine Oma hier in der DDR denke, die ich sehr mag, und die unter Bedingungen lebt, die ich auf keinen Fall akzeptiere. Das einzige, was mich beeinflußt, ist ihr eigener Wille, so wohnen zu bleiben, ohne Innentoilette (nicht mal Wassertoilette), kein warmes Wasser, Ofenheizung, Ofenherd! ... Sie ist so aufgewachsen, hat ihr Leben lang so gelebt und meint, nun sei sie glücklich, wie es ist. Sie könnte sich sicher auch gar nicht umgewöhnen. Das klingt alles ziemlich komisch und primitiv, aber so lebt sie wirklich. Und so fährt unsere Familie eben wöchentlich die dreißig km zu ihr, um ihr im Winter die Kohlen zu holen, ihr ein bißchen Gesellschaft und Freude zu bringen, denn sie lebt seit drei Jahren allein.

Es ist sicher verständlich, daß ich in dieser Beziehung große Wut habe auf unsere alte Regierung und nur hoffen kann, daß sich schnellstens etwas ändert. Trotzdem hoffe ich aber, daß es nicht gar so schnell gehen möge, damit es nicht zu einer vollkommenen Vereinnahmung der DDR durch die BRD kommt.

o. A., 17 J., Oberschülerin

Zunächst einmal das Aussehen der Deutschen/West. Sie wirken moderner, selbstsicherer, wie Geschäftsleute. Aber dabei handelt es sich um das Äußere. Politisch gesehen komme ich mir vor wie das Letzte, und ich denke, man wird wohl von denen auch so angesehen (man muß dabei berücksichtigen, daß ich nicht für einen so schnellen Lauf der Ereignisse und Geschehnisse im Zuge der Wiedervereinigung war und bin). Ich denke, über diese Frage hier könnte man ein Riesenreferat schreiben, aber kurz gesagt: Es gefällt mir, daß die Menschen drüben um das tägliche Brot kämpfen, wirklich etwas leisten müssen, daß sie bestrebt sind, sich weiterzubilden, um intelligenter und wendiger zu werden, eben gute Geschäftsleute.

Ich habe nicht vor, meine Identität zu verlieren, ich komme zwar aus der DDR, aber ich bin deswegen nicht irgendwie blöd und rechtlos. Aber es kommt mir so vor, als ob man uns von der anderen Seite ein wenig so sieht.

Sicher, in vielerlei Hinsicht, das ist doch normal, wenn man plötzlich Eindrücke und Auskünfte über eine Sache erhält, von der man bisher

nur eine Ansicht kannte. Dieselbe Sache wandelt sich grundlegend und
erscheint in vielen Farben.

o. A., 18 J., Lehrling (Facharbeiterin für Schreibtechnik)

Ich kann jetzt in der kurzen Zeit nicht alles schreiben, was mich in dieser Zeit bewegt hat, aber es ist schmerzlich zu sehen, wie man die Menschen in unserem Land bestohlen hat. Vor allem um das Schönste – ihre Jugend. Unsere Menschen hatten und haben genauso ein Recht auf ein schönes Leben wie die Bundesbürger. Jetzt sogar noch mehr, weil man alles an ihnen gut machen muß, was man ihnen angetan hat. Sie mußten hart arbeiten, und andere haben für das Geld in Saus und Braus gelebt und werden jetzt nicht mal dafür bestraft! In meinen Augen sind es Verbrecher und müssen dafür bluten!

Mein Bild über die BRD und Westberlin habe ich nicht korrigiert, und ich glaube auch, daß ich es nicht brauche. Daß mir keine gebratenen Tauben in den Mund fliegen, ist mir vollkommen klar. Ich will und muß arbeiten, um zu etwas zu kommen.

o. A., 18 J., Lehrling (Wirtschaftskauffrau)

Meine Meinung hat sich natürlich geändert. Zuerst wollte ich alles nicht glauben, daß wir so betrogen worden sind und unsere Wirtschaft und so, und daß die BRD gar nicht so schlimm ist, wie sie doch alle immer sagten. Jetzt sehe ich das alles mit anderen Augen. Ich sehe darin Vor- und Nachteile. Es ist alles so neu, daß ich zu vielen Dingen gar keine (keine richtige) Meinung habe, weil es mir schwerfällt, durchzusehen in der Politik. Ich müßte also Augen und Ohren aufsperren, um die Wahrheit zu hören, zu sehen und bei mir in meinem Kopf festzusetzen.

o. A., 15 J., Oberschülerin

Man muß erst einmal damit klarkommen, daß man jetzt nicht mehr sagen kann: »Hoch den Sozialismus« und »Nieder mit dem Imperialismus«, wie wir es gelernt hatten, wie es uns eingebleut wurde. Denn es wird doch im Endeffekt so sein, daß sich die DDR den BRD-Verhältnissen angleichen wird und nicht umgekehrt. Man bekommt auch für seine Arbeit (wenn man eine hat) gutes Geld, so daß man sich kaufen kann, was man will. Sicher werden auch die Mieten steigen, und auch die Arbeitslosigkeit (bei uns) wird sich erheblich erhöhen. Ich kann aber im Moment noch nicht sagen, ob ich davon betroffen sein werde oder nicht.

Ich muß mich selbst den veränderten Bedingungen anpassen. Dann wird
mir keiner mehr helfen, einen Job zu finden o. ä. Man muß sich eben selber durchboxen.

o. A., o. A., Oberschüler

Ich denke, daß die Vereinigung Deutschlands für sehr viele DDR-
Bürger ähnliche Auswirkungen haben wird, wie für mich. In unserer
Familie haben wir keinen Groß- oder Mittelverdiener, die Währungsunion würde uns ganz schön ins Schleudern bringen (nach dieser Union
werden viele merken, bis wann das Geld reicht). Da unsere Wirtschaft
nicht so effektiv ist, wie jene auf der anderen Seite (wo die Sonne untergeht), kann, meiner Meinung nach, das Geldverdienen im östlichen Gebiet nicht so groß sein, ohne Auswirkungen für die D-Mark zu hinterlassen, da die BRD ja auch Brennstoffe, Erdöl und Nahrungsgüter impor-
tieren muß, wofür die Inflation schädlich wäre.

o. A., 18 J., Oberschüler

Sehr wahrscheinlich werde ich auch Schwierigkeiten haben bei dem
Umgang mit Geld. Man ist es einfach nicht gewohnt, sich für wenig viel
zu leisten.

Mein größtes Problem sehe ich aber auf der politischen Seite. Von
klein an auf bin ich marxistisch erzogen und kann meine Einstellung zum
linken Lager nicht einfach über den Haufen werfen. Sicher wurde in der
»Vergangenheit« einiges falsch gemacht, aber es gab doch auch Vorteile.

Wenn ich so an unseren Wahlkampf 1990 denke, der ja nur einen Teil
der bundesdeutschen Realität enthält, und sehe, was ich zu tun habe,
mich für eine Partei zu entscheiden, gerade weil es zukunftsweisend ist
und ich mich später nicht schämen möchte für meine WAHL, so frage
ich mich, wie ich mich nach einer Vereinigung zurechtfinden werde.

Ob ich Zukunftsangst habe? Etwas schon. Vor allem im Hinblick auf
die Beendigung meines Abiturs. Nachdem ich mich schon beworben
hatte und abgelehnt wurde, obwohl mein Berufswunsch gesucht wird
und in dieser Zeit schon wieder Nachteile für mich durch Veränderungen aufgetreten sind, sehe ich mit Bangen auf meine zukünftige berufliche Laufbahn. Das weiter zu erläutern wäre müßig.

Ich müßte lernen, in einem neuen Vaterland zu leben, meine jetzige Heimat (sprich: mein Heimatland) aufzugeben. Außerdem bin ich nicht auf

das Gesellschaftssystem der BRD eingestellt, so daß ich Schwierigkeiten
haben werde, meine Ellenbogen zu gebrauchen.

Ich habe nichts gegen ein einiges Deutschland, aber ich sträube mich dagegen, »Einig Vaterland« zu sagen.

Außerdem habe ich keine Lust, im Kapitalismus zu leben. Aber wahrscheinlich werde ich das wohl müssen. Kapitalismus besteht bei mir aus zwei Teilen: Wirtschaft und Politik. Gegen die westliche Wirtschaft hätte ich nichts einzuwenden, aber die Politik der BRD paßt mir ganz und gar nicht. Da würde ich einen neutralen Staat vorziehen, wie Schweden, das später wahrscheinlich mal meine Wahlheimat wird.

o. A., o. A., Lehrling (Buchhändlerin)

Die Vereinigung würde nichts Positives für mich bringen. Ich fühle mich in erster Linie als DDR-Bürger und nicht als Deutscher. Ich habe auch keine Lust, für ein braun angehauchtes Großdeutsches Reich in Polen einzumarschieren und die Grenzen von 1937 wiederherzustellen.

o. A., o. A., Oberschüler

Ich bin gegen die Vereinigung und besonders gegen die Vereinigung nach Artikel 23. Ich denke, daß Sozialismus eigentlich gut ist, wie ihn Marx, Engels, Lenin usw. wollten, aber das wurde bei uns nicht gemacht, es war noch kein Sozialismus. Ich bin gegen den Anschluß an den Kapitalismus.

o. A., o. A., Lehrling (Buchhändler)

Für mich persönlich? Wenn ich hätte wählen können, dann nie die CDU oder andere Rechtsorientierte. Es ist schade um unser Land. Aber vielleicht ist es wirklich die egoistische Veranlagung vieler Menschen, die Irre ins Parlament wählen, nur der DM zuliebe. Es wird sich wahnsinnig viel ändern, und wenn ich dann noch an den Artikel 23 denke ... übelst ...!

Daß wir in die totale Abhängigkeit rennen, höchstwahrscheinlich mit Arbeitslosigkeit zu kämpfen haben (meine Mutter weiß heute schon, daß sie es bald ist – sie arbeitet in der DEFA-Investgruppe), mein Freund (obwohl er laut unserer Verfassung ab 23 Jahre nicht mehr zur Armee einberufen wird) doch noch zur Armee muß, daß überhaupt die ganze Arbeitseinstellung, etliche Theorien und Ideale auf den Kopf gestellt werden müssen und daß man sich mit siebzehn fragt: Wofür das alles? Das

war's doch nicht! REPS – SKINS haben doch jetzt ihre totalen Vermehrungschancen! Drogen – noch sagt man »Nein Danke«...
Ich habe Angst – verdammt große Angst. Und ich werde sobald wie möglich meine Sachen schnappen – und raus hier – vielleicht nach Holland.
Deutsch zu sein ist, glaube ich, bald der größte Geburtsfehler, den es gibt.

o. A., o. A., Lehrling (Buchhändlerin)

Das deutsche Volk blickt nach vorne, auf seine Parteien, auf die guten großen Männer (auf die Führer?!). Brüllen, Schießen und Steine werfen, das kann das deutsche Volk, aber eine Revolution überlegt und gesund zu Ende führen kann es nicht. Nur bei den Deutschen haben die Dummen so große Chancen.
Die Enttäuschung ist sehr groß bei mir. Am liebsten würde ich fortgehen in ein Drittland. Das sind auch meine Zukunftspläne. Ich glaube nicht an die Deutschen. Sie können nicht ruhig vor sich hinleben ohne irgendwie auf sich aufmerksam zu machen, die Deutschen haben keinen »gesunden« Nationalstolz. Darum würde ich gehen. Aber ich bin auch ein Deutscher, aber ich bin nicht stolz darauf.
PS: Es gibt noch so viel, was ich aufschreiben würde, aber es erscheint alles so zwecklos.

o. A., 17 J., Oberschüler

Ja, ich finde es möglich, daß die BRD und DDR zu einem späteren Zeitpunkt (vielleicht ist später sogar sehr bald) ein gemeinsamer deutscher Staat sind. Konsequenzen: Ich würde endlich zu einem Entschluß kommen müssen, ob das, was wir hatten, Sozialismus war oder nicht. Denn wenn nicht, dann würde ich mich für einen neuen Staat mit wirklichem Sozialismus einsetzen. Ich möchte wissen, ob Menschen wirklich zu schlecht für den Sozialismus sind, und ob es nur ein Idealismus war!!!

o. A., 18 J., Oberschülerin

Eigentlich nicht. Die BRD war für mich immer ein fremdes Land, auch wenn wir eine gemeinsame Vergangenheit hatten. Für mich waren die Bürger der BRD und Westberlins immer Menschen, mit denen mich nicht mehr verbindet, als mit anderen Ausländern auch.

o. A., o. A., Lehrling (Buchhändlerin)

Berlin als Hauptstadt wäre für mich in einem künftigen deutschen Staat absolut kein Problem, dazu ist Berlin viel geschichtsträchtiger als Bonn.

Für einen neuen gesamtdeutschen Staat wünsche ich mir, daß nicht alles Gute von unserer Seite einfach im Müll landet. Sondern, daß die soziale Sicherheit, vor allem Recht auf Arbeit (nicht, daß man wegen Parteizugehörigkeit überall rausgeschmissen wird!) und die kostenlose medizinische Betreuung auf der Basis der Sozialversicherung beibehalten wird, auf diese beiden Fakten würde ich besonderen Wert legen. Das Prinzip der medizinischen Versorgung hätte nicht so stiefmütterlich behandelt werden dürfen von staatlicher Seite. Das kann eine Aufgabe für die Zukunft sein, es zu ändern.

Ich plädiere auch dafür, daß die volkseigenen Betriebe nicht schlagartig in private Hand gehen, sondern durch Partnerschaft produziert wird, denn eins ist klar, ohne westliches Kapital kommt unsere Wirtschaft nicht hoch. Es muß also für starke Gewerkschaften gesorgt werden und für gesetzliche Rechte, die die Arbeiter absichern und nicht zum Spielball einzelner werden lassen.

Wegen Zukunftsängsten mache ich mir keinen Kopf (könnte ich mich ja gleich in Watte packen, persönlich gesehen), aber ich will die Zukunft nicht einfach für mich bestimmen lassen. Ich werde Mitglied der PDS, was möglicherweise später für Berufs-, Studienbewerbungen ungünstig sein wird. Ich hoffe bloß, daß sich die SPD weder mit dem DA noch mit der CDU einläßt, dies würde ich als Verrat an den Arbeitern, an den linken Kräften und an der von der SPD weitgehenden Tradition ansehen.

o. A., 18 J., Lehrling (Elektronikfacharbeiterin mit Abitur)

In der gegenwärtigen Situation ist es sehr leicht möglich, daß es ein Deutschland gibt. Ich kann mich jedoch mit dem Gedanken nicht anfreunden. Bei dieser Haltung spielt natürlich Ihre 3. Frage mit, die ich hier gleich mitbeantworten möchte. Ja, ich habe Zukunftsängste!

Da bei uns die Wirtschaft nicht so gut ist, wird es in diesem Fall bei uns keine Zweidrittelgesellschaft geben, sondern eine Eindrittelgesellschaft. Meine Mutter ist alleinstehend und hat zur Zeit noch mich und meine Schwester zu versorgen. Werden die Mieten erhöht (und das kommt bestimmt) und die Preise der Lebensmittel auf West-Niveau angehoben (Beispiele an Westprodukten haben wir in unserer Kaufhalle), kommen wir mit unserem Geld nicht mehr aus. Außerdem kommt noch dazu, daß es für meine Mutter bestimmt nicht einfach wird, ihren Arbeitsplatz (in der Verwaltung eines Betriebes) zu behalten, da sie Mitglied der SED war und jetzt in der PDS ist. Dieser wird zwar nicht der offizielle Grund sein für ihren Rausschmiß, aber bestimmt eine Ursache.

Ob ich eine Stelle in meinem Lehrbetrieb (nach Abschluß der Lehre) bekomme, ist auch nicht klar. Im Falle einer Beteiligung eines BRD-Konzerns (davon wird schon gesprochen) gibt es sowieso Entlassungen. Man könnte mich jetzt auf ein »soziales Netz« vertrösten, jedoch: In der BRD soll es ja angeblich so gut und dicht geknüpft sein – trotzdem sind zu viele durchgerutscht. Warum soll gerade ich einer sein, den es auffängt. Selbst wenn ich persönlich nicht betroffen bin – es erwischt auf jeden Fall welche! Hoffentlich sind es diejenigen, die am lautesten nach der Einheit schrein, die sich unbedingt an das deutsche Finanzkapital verscheuern wollen, die nach Freiheit schrein und nicht merken, daß sie in die Unfreiheit rennen, die sich freuen, daß sie das MfS los sind und sich mit Freuden dem BND unterwerfen, dessen Methoden noch schärfer sind, wie in Veröffentlichungen der letzten Zeit ersichtlich war, die eine neue Moral wollen und die Moral des Geldes meinen! Es sollte die treffen, die denjenigen helfen, die uns täglich am Aufbau unserer Wirtschaft gehindert haben (besonders vor '61)! Die Zeit vor '61 ist ja jetzt nachfühlbar – illegaler Geldumtausch, Gaststättenversorgung usw.

Das Schlimme ist, daß ich bei uns schon auf der Straße angesprochen wurde, ob ich nicht ein »Plättchen« hätte (gemeint war ein Rauschmittel). Auch das kommt unweigerlich – oder es hat uns schon, und es wird bei der Vereinigung noch eskalieren!

Die Vereinigung bringt für mich auch noch eine Entfernung von meinen Idealen – endlich eine Gesellschaft vernunftbegabter, mündiger, denkender und bewußt handelnder Menschen, ohne Ausbeutung und Lügen – zur Zeit wirklich nur eine Illusion angesichts des reinen Konsumdenkens der Mehrheit unserer »mündigen« DDR-Bürger!

o. A., o. A., Lehrling (Elektronikfacharbeiter mit Abitur)

Angst nicht um mich oder um meine Kinder, mehr Angst um die Geschichte. Was mich echt mal interessieren wird, ob es irgendwann, irgendwo in einem Land ein Geschichtsbuch gibt, das die ganze Wahrheit verbreitet, und ob es je ein Land, ein System gibt, das die Geschichte

nicht zu seinem Vorteil schreibt. Ich kann nur hoffen, daß unseren
Kindern und deren Kindern nur die Wahrheit gelehrt und erzählt
wird.

o. A., 18. J., Lehrling (Gebrauchswerber)

Für mich ist wichtig, daß ich mich nicht wohl fühle, wenn ich die
Grenze überschreite. Die BRD und Westberlin sind für mich Ausland.
Vielleicht kommt es daher, daß ich so erzogen wurde. Wenn ich in die
SU fahre, macht mir das Rumlaufen in der Stadt mehr Spaß als in West-
berlin. Ich habe meine Meinung über die BRD und Westberlin nicht ge-
ändert. Es bleibt für mich kapitalistisches Ausland.

Wenn es zu einer Vereinigung kommen sollte, müßte ich mein Leben
gewaltig umstellen. Meine Eltern waren Angehörige des MfS. Nach
einer Vereinigung werden sie zuerst gegen diese Angehörigen und deren
Familien schießen, obwohl meine Eltern und ich uns nichts vorzuwerfen
haben. Ich stehe einer Vereinigung nicht vollends entgegen, aber ich
möchte meine Rechte und Pflichten als Staatsbürger der DDR erhalten.
Ich möchte keine Vereinigung, wo die BRD den reichen »Onkel« spielt.
Ich habe nichts davon und ich denke, die anderen Menschen in der DDR
auch nicht, deshalb wähle ich die PDS.

o. A., 17 J., Lehrling (Elektronikfacharbeiter mit Abitur)

– Wiedervereinigung, nein danke! Nicht nach den Bestimmungen
und Bedingungen von Kanzler Kohl
– Mehr und diesmal gesetzliche Demos für Umwelt
– Größeren, vielleicht auch negativen Einfluß auf Europa und die
Welt
– Höherer, aber teurer Lebensstandard
– Faschos, Rep's, Nazis an die Wand stellen

o. A., 18 J., Oberschüler

In einem einigen Deutschland würde es sicher viele Konsequenzen für
mich geben (wie auch für andere). Ich wuchs in keiner Ellenbogengesellschaft auf. Mir wurde mein Weg immer vorgegeben. Das wird jetzt sicher anders werden. Soziale Angst muß man in der BRD sicher nicht in
dem Maße haben, wenn man einen guten Job hat. Doch die Vorstellung,
ohne Arbeit zu sein, rückt immer mehr in mein Bewußtsein.

Ich bin mir noch nicht im klaren, ob für mich der Dienst als Berufsoffizier in der Bundeswehr in Frage käme, da dieses sich mit meinen Idealen und Vorstellungen nicht decken würde.

Zukunftsängste. Sicher sind sie da! Die Angst vor Arbeitslosigkeit, Obdachlosigkeit usw. Im Kapitalismus ist ein Land durch Krisen sehr schnell zu erschüttern. Des weiteren gibt es dann auch keine DDR mehr im vereinigten Deutschland, die z. B. als Maßstab für Soziales genommen werden könnte. (Die beiden deutschen Staaten waren ja immer bestrebt, die Überlegenheit gegenüber dem anderen darzustellen.)

o. A., 18 J., Oberschüler

Die Konsequenzen für mich sind vielschichtig:
– Habe erkannt, daß unser Volk in der DDR sich von schillernden Schaufenstern leiten läßt, das Ansehen der Deutschen ist bei mir stark geschädigt
– Für mich wird in einem Deutschland kein voller Platz dasein, ob ich hier (in Dt.) bleibe oder nicht, muß ich noch überlegen (wahrscheinlich werde ich ausreisen)
– Ich will auf keinen Fall ein Koloniebewohner sein
– Man wird sich immer mehr auf sich selbst verlassen müssen

o. A., 17 J., Oberschüler

Bevor ich konkret auf Ihre Frage eingehe, möchte ich bemerken, daß es sehr wahrscheinlich ist, daß BRD und DDR sich vereinigen.

Es geht jetzt nur noch darum, wie und wie lange sie sich vollziehen wird. Welche konkreten Konsequenzen diese Vereinigung für mich bringen würde, weiß ich nicht, kann ich nicht sagen. Auf alle Fälle werde ich nicht mehr diese fast hundertprozentige soziale Sicherheit genießen können, die in der DDR auch teilweise übertrieben gehandhabt wurde! Dies macht sich ja jetzt schon bemerkbar. Beispiel: Den Abiturienten geht es im Moment so, daß sie, wenn sie keinen Studienplatz bekommen, keine Lehre aufnehmen können, keine Erwachsenenqualifizierung machen können, demnach auch keinen qualifizierten Job kriegen (was logisch ist, da sie außer dem Abitur nichts in der Tasche haben) und keine Arbeitslosenunterstützung. Wenn es hoch kommt, bekommen sie 7,– Mark Sozialfürsorge pro Tag, und dies ist ein bißchen happig.

Aber im Zuge der Vereinigung werden sich vielleicht auch mehr Möglichkeiten in puncto Berufsausbildung, Beruf etc., ergeben, d. h., daß man sich nicht schon in der 7./8. Klasse festlegen muß, was man später mal konkret machen will, sondern daß man auch die Möglichkeit hat, sich auszuprobieren, die ja in der DDR kaum gegeben war.

Zukunftsängste direkt habe ich eigentlich nicht. Ich sehe mit Skepsis in die Zukunft, da ich nicht weiß, was mich erwartet. Meine Gründe hierfür habe ich eigentlich versucht darzulegen. Ich habe die Hoffnung, daß ich es schaffen werde, zu studieren, meinen »Wunsch«beruf erlernen zu können und ihn auch ausüben zu können. Ich denke, es wird auch interessanter werden.

P. S. Wenn Sie dies lesen, bitte ich Sie zu beachten, daß ich mir über manches, was ich hier geschrieben habe, selbst noch nicht so klar bin. Ich bin ständig bemüht, mir meine Meinung zu bilden. Aber der Grundtenor dessen, was ich hier geschrieben habe, stimmt, glaube ich.

o. A., 17 J., Oberschülerin

Die Konsequenzen liegen klar auf der Hand:
– Arbeitslosigkeit
– Inflation
– Armut
– Unzufriedenheit
– Steigende Mieten

Ich muß sagen, daß ich eine Vereinigung zwischen DDR und BRD ablehne. Ich empfinde keinen Nationalstolz für Deutschland. Es ist mir zuwider, nur daran zu denken. Ich hatte mal einen Nationalstolz für die DDR, doch der ist ja nun verflogen. Ich bedaure es sehr, habe es auch versucht zu ändern, wurde als »rote Sau«, »Wandlitzhund« und »Stasi-Beamter« beschimpft. Leute riefen mir das zu, als ich mit einer DDR-Fahne durch Leipzig zog: »Geh doch erst mal arbeiten!« (Nach dem Motto: »Arbeit macht frei«???) Es ist schon sehr bedrückend. Schade um meine DDR. Für mich persönlich heißt das, daß ich auf jeden Fall die DDR oder Deutschland verlassen werde. Ich werde dann nach Australien oder Kanada gehen. Wahrscheinlich muß ich mich dort für Deutschland schämen, doch hier würde ich sicherlich innerlich zugrunde gehen.

Zukunftsängste habe ich in Deutschland nicht, werde auf jeden Fall versuchen, in anderen Ländern Wurzeln zu schlagen. Bitte werfen Sie mir keine Naivität vor, doch es ist wirklich so, und ich habe lange darüber nachgedacht! Zukunftsängste in Deutschland – wirklich nicht!

o. A., 17 J., Oberschüler

Die Leute sind ganz anders als bei uns, sie sind offener, nicht so egoistisch, sehr nett und vor allem sehen sie uns als Deutsche! »Was könnt ihr denn dafür, daß ihr so weit weg wohnt und die Grenze genau zwischen uns entstand?« Diese oder ähnliche Ansichten kannte ich nie, schon aus dem Grunde nicht, weil uns in der Schule ein »böser, faulender und absterbender Kapitalismus« eingetrichtert wurde, und man ja selbst mit eingeschlossen war.

Die Leute im anderen Teil Deutschlands wissen, was sie wollen, sind zielstrebig im Gegensatz zu unseren, für die ja von oben her schon mitgedacht und gelenkt wurde. Drüben, das ist eine andere Freiheit, denn soviel Lügen, wie man z. B. heute noch von unserem Stabü-Lehrer hört, so viel kann man einfach auf einmal gar nicht verkraften.

Ich bin der Ansicht, daß man solche Lehrer erst mal zum Lehrgang schicken sollte, und sie sollten erst dann wieder vor eine Klasse treten, wenn sie ihr »Bild« auch korrigiert haben.

Ich frage mich, wozu diese Umfrage gut sein soll? Man sollte doch die kostbare Zeit nicht mit solchen sinnlosen Fragen wie den ersten beiden vergeuden, denn wer sich ausführlich mit den Leuten drüben unterhalten hat, weiß doch, was los ist.

Veränderungen muß und wird es überall geben. Für die Mitarbeiter der Akademie der Wissenschaften der DDR werden auf jeden Fall andere Aufgaben anstehen, als solche dummen Zettel zu entwerfen und zu drucken.

Diese Leute sollten endlich was leisten für das ganze Geld, das sie verdienen. Schließlich mache ich solche Leute auch mit dafür verantwortlich, uns diesen Unsinn über das »Rad der Geschichte« erzählt zu haben.

Zukunftsängste kann nur der haben, der bisher auf den Lorbeeren ausgeruht hat und das Arbeiten nicht gewohnt ist. Ich habe es von zu Hause her gelernt, und ich bin auch gewillt, viel dazuzulernen. Für uns fängt die »Zukunft« doch erst an!

o. A., 18 J., Lehrling (Gebrauchswerberin)

Der Überfluß dort ist so extrem groß, daß damit sicherlich Millionen Menschen in der dritten Welt ein »lebenswertes Leben« führen könnten. Den Medien in der BRD glaube ich zu neunzig Prozent nichts. Ich würde nichts darum geben, ständig in der BRD zu leben, da ich dort mit keiner sozialen Sicherheit rechnen kann. Nein.

Ich weiß nicht, ob die Möglichkeit besteht, aber wenn ja, dann würde

ich es vorziehen, nach Australien oder Kanada »auszuwandern«. Ich bin
strikt gegen eine Wiedervereinigung beider deutscher Staaten.

o. A., 17 J., Oberschüler

Ich weiß noch nicht, wie diese Vereinigung aussieht, aber eines weiß ich, wenn sie nach Artikel 23 des Grundgesetzes kommt, hat das ziemliche Auswirkungen für mich.

Die meisten Menschen versprechen sich von dieser Vereinigung sofortigen Wohlstand. Ich glaube eher, durch die Vereinigung in das untere Drittel der Bevölkerung abzurutschen. Meine Eltern würden wohl alle beide große Schwierigkeiten haben, ihren Job zu behalten, das Schulgeld aufzubringen wäre schwer, und studieren und meinen Traum zu verwirklichen, dürfte dann wohl unmöglich sein. Unsere Wohnung ist sehr groß, die würden wir sicherlich nicht bezahlen können, auch das wäre eine mögliche Konsequenz.

o. A., 16 J., Oberschülerin

Ja, ich habe mein Bild über die BRD/Westberlin geändert. Vielleicht habe ich mir naiverweise wirklich eingebildet, die Dame aus der Werbung würde auch mich anlächeln. Aber die zwischenmenschliche Kälte und der berechnende Materialismus hat mich erschreckt. Vielleicht läßt sich das aber auch auf die Mentalität der Deutschen zurückführen. Ich hoffe es sehr.

Veränderungen sehe ich vor allen Dingen im sozialen Bereich. Es ist dann nicht mehr selbstverständlich, daß man irgendwo wohnt, daß der Arztbesuch kostenlos ist (obwohl man ja hier auch 60,– Mark je Monat zahlt, ähnlich westlichen Krankenkassen).

Natürlich wird es auch Positives geben. Aber in dieser Hinsicht fallen mir eigentlich nur materielle Werte ein, wie volle Läden, saubere Straßen, schöne Reise usw. Natürlich ist es angenehmer, dies alles zu besitzen. Aber zwischenmenschlich können wir nur abbauen (ausnehmen würde ich hier progressive kirchliche Vereinigungen wie »Junge Gemeinde«; »Junge Christen« usw., vielleicht auch noch links stehende Gruppen »Junge Linke«; »Nelken«; »PDS«).

Eine schöne Vision der Vereinigung wäre natürlich die materielle Basis und eine humane Beziehung untereinander. Damit das jetzt nicht falsch verstanden wird und diese Antwort als typisch pessimistisch zählt, will ich hier noch einige (meine) positive Aspekte einbringen. Ich freue mich natürlich bei einer Einheit, daß mir meine Verwandten näher rücken, daß ich vielleicht ohne materiellen Aspekt (denn der sitzt ja derzeit bei fast jedem im Unterbewußtsein) mal 'nen Jungen oder ein Mädchen aus der BRD kennenlernen kann.

o. A., 17 J., Lehrling (Facharbeiter für Pflanzenproduktion mit Abitur)

Ein richtig klares Bild von der BRD hatte ich nicht, d. h. ich erarbeite es mir noch. Für mich ist dieser Staat kein idealer mehr. Man sieht eben doch auch Schattenseiten von diesem, Schattenseiten jedoch, die unvermeidbar sind. Ich glaube, sie existieren in jedem Land, es kommt bloß drauf an, wie gut man sie versteckt. Den Status der BRD zu erreichen, das Niveau, das wäre meine Hoffnung.

In den letzten Wochen bin ich unserem Nachbarland gegenüber kritischer geworden. Vieles beurteile ich anders, sehe es mit anderen Augen.

Ich habe ein negatives Gefühl, falls die DDR nur angehängt wird. Ich glaube auch, daß das ein Fehler wäre, denn nicht alles, was wir hier hatten, war schlecht. Dafür muß man kämpfen.

Mir fällt jetzt z. B. nur der § 218 ein, es ist vielleicht kein gutes Beispiel, aber es paßt. Es wird viele solcher § geben, deswegen wird es noch viel Arbeit mit der Verfassung geben. Ich glaube, man muß mehr Leistung bringen. Man muß jetzt seine ganze Kraft aufbringen, um sich einen festen, sicheren Platz in der Gesellschaft zu erarbeiten. Obwohl »sicher« auch schon so etwas ist, was es dann vielleicht nicht mehr gibt.

In meinem beruflichen Leben wird sich bestimmt gerade etwas ändern (siehe auch etwa Bankreform). Ich akzeptiere das alles, wollte es ja auch so. Aber ein bißchen Angst ist trotzdem da. Die Angst – in soziale Unsicherheit zu fallen, die Angst, auf der Straße zu stehen, die Angst, einsam zu werden.

Das hört sich jetzt ziemlich pessimistisch an, ich bin es aber nicht. Natürlich werden wir es in der nächsten Zeit schwer haben, aber es muß gehen. Gerade wir, die Jugendlichen, haben doch alle Chancen. Dieser ganze Prozeß der Umgestaltung braucht uns doch! Ich glaube auch, daß jetzt Selbständigkeit gefragt ist. Man bekommt jetzt nichts mehr vorgesetzt, man muß sich eben selber um die eigene Zukunft kümmern. Bloß eins ist schade, der Gemeinschaftssinn wird auf der Strecke bleiben. Jeder muß eben an sich denken, jeder wird es auch tun, tun müssen.

Zum Argument gegen Vereinigung, daß die Geschichte lehrt, gegen ein vereintes Deutschland zu sein, ist Quatsch. So simpel kann sich Geschichte nicht wiederholen.

Ich glaube, z. Z. besteht in der DDR das Abdriften nach rechts. Auf einmal kommt der angestaute Ärger (oder schon Haß) gegen die Vietnamesen usw. heraus. Davor hab' ich auch Angst. Ich will einfach kein Rechts mehr – und kein Links (neige aber eher zu bißchen Links). Ich habe genug davon! Ich fände einen bürgerlich-demokratischen Staat als das Anzustrebende.

o. A., 17 J., Oberschülerin

Für mich ganz persönlich bringt die Vereinigung nur gute Veränderungen. Zum Beispiel würde ich dann endlich eine harte Mark verdienen, mir für dieses Geld eine gute Ware kaufen können, reisen können und meinen Lebensstandard auf ein gutes Niveau heben können. Darum möchte ich die Vereinigung so schnell wie möglich. Deshalb ist für mich die Deutsche Allianz eine Alternative.

o. A., 17 J., Lehrling (Ofenbauer)

Ich wäre eigentlich für keine Vereinigung von BRD und DDR. Für mich als jetzt noch junger Bürger in der DDR ist es da bestimmt sehr schwer, Halt zu finden in einem, so würde es dann bestimmt werden, kapitalistischen Staat. Um was mußten wir uns denn bis jetzt kümmern? Bis jetzt gab es eine fast immer gute vorgeschriebene Linie, auf der wir uns keine Sorgen zu machen brauchten. Ein wenig hat es mich zwar auch gestört, daß alle das gleiche machten, aber ich habe es ja nicht anders kennengelernt. Deshalb habe ich auch ein wenig Angst vor einer Vereinigung.

Für mich persönlich würde es viele Veränderungen geben. Ich glaube, ich müßte dann mein ganzes Leben, was ich mir ein wenig vorgeplant hatte, total ändern. Bis jetzt waren wir ja gewohnt, daß Vater Staat alles stützt. Und das wäre ja dann alles vorbei – ich will aber nicht behaupten, daß ich abhängig bin bzw. war vom Staat.

Es gibt zwar einige gute Dinge in der BRD, die man ja auch übernehmen könnte bzw. sollte, nur eine Vereinigung... Andererseits muß man bei einer Vereinigung der beiden deutschen Staaten seinen Lebensinhalt, der ja nun schon seit Nov. 1989 nicht mehr von der früheren SED bestimmt ist und jetzt total im Wasser schwimmt, ändern, und das würde ich gern tun. – Genaue Konsequenzen und Veränderungen lassen sich bei mir noch nicht richtig einschätzen.

o. A., 16 J., Oberschülerin

Ich ganz persönlich kann mich mit dem Gedanken der Vereinigung nicht so ganz anfreunden (gegen das Wort Wiedervereinigung sträube ich mich). Wir haben doch seit der Wende bedeutende Fortschritte auf dem Gebiet der Demokratisierung gemacht. Soll das alles umsonst gewesen sein?

Was eine Vereinigung für mich ganz persönlich bringen würde, weiß ich nicht. Die Leistung wird ja weiterhin und noch mehr zählen.

o. A., 17 J., Oberschülerin

Viele sehnen sich jetzt schon wieder nach der Zeit Honeckers. Eins steht fest. Nach einer Vereinigung, da wird jeder gefordert. Das ist das Wesen des Kapitalismus. Die Schwächeren bleiben zurück. Die Zeiten des Ausruhens sind dann vorbei, und jeder muß wieder arbeiten. Dieses Wort, so glaube ich, haben einige schon vergessen gehabt, und einige wußten überhaupt nicht mehr, was arbeiten bedeutet.

Ich könnte endlich wieder sagen, daß ich ein Deutscher bin, und nicht ein DDR-Bürger. Im Stadion müßte ich nicht »DDR, DDR, DDR« rufen, was früher sowieso keiner gerufen hat, weil es sich zum Kotzen anhört, sondern ich könnte endlich wieder »Deutschland, Deutschland...« rufen und stolz auf die Sportler Deutschlands sein.

Nein! Ich habe nur Angst vorm Krieg!

o. A., 18 J., Oberschüler

Als am 9. November die Grenzen geöffnet wurden, fanden das alle toll, ich auch.

Man kann nun endlich auch reisen, wie man will, und man kann auch Verwandte besuchen. Ich war zwar erst 2–3mal drüben, mir ist gleich die Sauberkeit in den Städten aufgefallen. Wenn man die Sauberkeit bei uns in der DDR und in der BRD vergleicht, dann kommt man echt ins Staunen.

Auch, als ich das erstemal einen Fuß in ein Geschäft gesetzt habe, ich konnte es nicht fassen, dieses Angebot, die Farben, die Auswahl, die Vielfalt. Dieses ist alles schön und gut, aber ich glaube auch, daß sich das nicht jeder leisten kann. Für mich waren die Preise eigentlich billig, z. B.

1 Schokolade –,69 DM. Mein erster Eindruck war erstaunend, aber mit der Zeit legt sich das. Denn man dachte immer, daß dort alles sehr schön, billig usw. ist, aber so ist es ja gar nicht. Es gibt auch unschöne Dinge, z. B. Penner, Bettler, Säufer und die vielen Arbeitslosen.

Ich habe jetzt auch Angst, wenn ich daran denke, daß dies auch bald bei uns so ist.

Die Bürger aus der BRD, jedenfalls die, die ich von der Disko her kenne, sagen auch immer, daß sie den Pfennig dreimal umdrehen, bevor sie ihn ausgeben. Die Menschen sind sehr verschieden, vom Denken her finde ich, daß die Bundis mehr auf dem Kasten haben als wir. Mir kommen die so intelligent und schlau vor. Wir dagegen sind richtig dumm. Auch von der Sprache her, die reden viel feiner, nicht so ordinär.

Feststellung – es gibt überall gute und schlechte Seiten. Wie schon gesagt, hat sich mein Bild über die BRD zur negativen Seite gewendet. Ich finde auch, für die Jugend ist es dort alles ziemlich teuer und auch so, ich ärgere mich darüber, es gibt zwar alles, was man sich denken kann, aber wenn man kein Geld hat, kann man sich auch nichts kaufen, man kann sich dann eben nur ein Bild machen.

Möglich ist heutzutage alles, selbst kann ich es mir eigentlich nicht vorstellen, aber dieses hängt ja nicht von einem alleine ab. Ich selber möchte es auch gar nicht, denn wir wären dann nicht viel besser dran. Wir bleiben dann auch die Dummen. Wenn es wirklich dazu käme, dann würde es ja noch mehr Arbeitslose geben. Ich schätze auch, daß es dann auch keine sozialen Voraussetzungen mehr gibt. Denn bis heute konnten die Mütter arbeiten gehen, und die Kinder gehen in Krippen und Gärten, aber wie soll es dann weitergehen, wenn es so was nicht mehr gibt. Genauso, wenn man dann jeden Arztbesuch bezahlen muß, dann überlegt man sich, ob man zum Arzt geht.

Aber, wenn es so weit käme, müssen die sich aber auch was einfallen lassen mit dem Geld. Veränderungen persönlich für mich, ich weiß es nicht, ich kann es mir einfach nicht vorstellen.

o. A., 17 J., Lehrling (Finanzkauffrau)

Daß endlich die Republikaner zugelassen werden. Es ist nämlich keine Demokratie hier in der DDR, weil sich hier linke Parteien wie die Parteien der Mitte stellen dürfen. Wo sind die Rechten? Jeder sollte das Recht haben, sich der Bevölkerung zu stellen, ob nun Rechts, Links oder Mitte. Und außerdem hasse ich unsere Medien, wenn sie schreiben, daß die Republikaner »Neonazis« seien. Diese Typen sollten sich mal lieber intensiver damit befassen, was überhaupt diese Partei will. Kein Wunder, wenn hier solche Gewalt aufkommt.

o. A., o. A., Lehrling (Baufacharbeiter)

Warum soll die Jugend jetzt die Schnauze aufmachen? Wir werden doch sowieso nicht gefragt, wenn ein einiges deutsches Vaterland existiert. Wen interessieren die Zukunftsängste eines Lehrlings! Das ist doch – für einen Lehrling, der jeden Moment rausgeschmissen werden kann – die blanke Verarschung. Lecken Sie mich am Arsch. Für eine unbekannte Regierung gebe ich nicht meine Stimme ab.

Tschüß, bis zum nächsten Mal!

o. A., o. A., Lehrling (Baufacharbeiter)

Deutschland den Deutschen! Ich finde es sehr gut, daß sich die Deutschen wieder vereinigen, denn es ist Scheiße gewesen – achtundzwanzig Jahre lang Mauer. Ich fand die Begrüßung in Berlin (West) ganz toll, und dieses Erlebnis werde ich wohl nie vergessen. Es war berauschend, was es dort alles gibt. Und wie freundlich die Deutschen auf der anderen Seite sind.

Ich habe schon viel von Berlin (West) gehört, aber als ich das erstemal drüben war, das war doch viel schöner als alle Berichte von drüben. Aber die ersten Eindrücke waren die besten, die Menschen sind zwar noch freundlich, aber man kann ja leider nichts mehr kaufen.

Arbeitslosigkeit, Schließung der Schule und Angst, auf der Straße zu sitzen.

Ausländer zuviel vertreten, Deutschland sollte den Deutschen gehören, denn die ganzen Ausländer nehmen ja die ganzen Arbeitsplätze weg. Man müßte den Ausländern in ihrem Land helfen und sie aus Deutschland entfernen, wenn's sein muß mit Gewalt. Man müßte sie wieder in ihr Land abschieben.

Ja!!! Ausländerhaß wird steigen, von mir aus könnte man alle einbuddeln. Arbeitslos, Lehre nicht beenden zu können. Keine Wohnung zu kriegen und alles das mehr. Also einfach Existenzangst.

o. A., 17 J., Lehrling (Baumaschinist)

Naja, alles fand ich auch nicht so rosig, wie ich drüben war, z. B. da liegen die Knarren im Schaufenster rum, da kann jeder Idiot hingehen,

sich so ein Ding holen und dann Rambo II spielen. Aber sonst kann man
dort wenigstens in die Kneipe gehen, sein Bier trinken und braucht keine
Angst haben, daß irgendwelche Stasi ... einen blöd anquatschen. Auch
in Kaufhäusern wird man nett und freundlich und gut bedient, nicht
so wie bei uns. Kommst rein, sagst guten Tag, Verkäuferin guckt dich
blöd an, weil du gerade ihr Gespräch mit der Kollegin unterbrochen hast.
(Sie erzählte nämlich gerade, wie sie ihren Hausfreund doch schön
findet.)

Also, das ist ja auch wieder Quatsch, daß Sie sehen, es ist möglich ...
ist nicht mehr aufzuhalten (Wiedervereinigung). Dann kann ich endlich
mal miterleben, wie die ganzen Bürohocker ihren schleimigen Arsch erheben und mal richtig arbeiten müssen. Veränderung, ich habe dann die
Möglichkeit, die Welt mal kennenzulernen. Und es liegt in meiner eigenen Hand, etwas aus meinem Leben zu machen. Das war hier in diesem
Scheißstaat ja nicht möglich, unter den Roten mußte man ja sein Maul
halten.

Ja. Die Republikaner sind für mich eine große Gefahr. Ich habe
Angst, daß solche Idioten wie Schönhuber und Konsorten jemals etwas
zu sagen haben. Und daß nie wieder solche Verbrecher wie Honecker
und Tisch die Macht haben! Also, im großen und ganzen, für mich müßten Honecker und Co. auf die Werft arbeiten gehen und Rost klopfen,
bis die Jungs die Krätze am Hals kriegen!

o. A., o. A., Lehrling

Für mich war Wiedervereinigung immer so etwas wie ein Fremdwort,
und auch jetzt kann ich mich immer noch nicht mit dem Gedanken vertraut machen, mal in Deutschland gesamt zu wohnen. Mir kommt es zur
Zeit so vor, als ob die BRD uns aufkaufen will.

Ich glaube, für mich würde es erstmal heißen, das Internat wird teurer, das Schulessen wird teurer, keine Fahrpreisermäßigung mehr. Die
Frage, ob meine Eltern arbeitslos werden, macht mir Angst. Ich weiß
nicht, wie es dann werden soll, ob meine Eltern überhaupt noch die finanziellen Mittel haben, mir den Aufenthalt an der Spezialschule zu ermöglichen.

o. A., 15 J., Oberschülerin

Ich könnte mich vielleicht später mal frei entfalten, d. h. selbständig
werden und so eine Zukunft aufbauen.

Wenn die CDU nicht gewählt wird, habe ich Zukunftsängste. Es könnte so wieder kommen, wie es hier der Fall war.
o. A., 17 J., Lehrling (Ofenbauer)

Durch meinen Opa lernte ich viele Menschen kennen. Ich nutzte natürlich oft die Gelegenheit, mit diesen Menschen zu reden. In diesen Gesprächen merkte ich, daß viele sehr unerfahren waren. Einmal sagte sogar eine Frau: »Na, wenn ihr hierher kommt (da meinte sie die DDR-Bürger mit) und bei uns bleiben wollt, müßtet ihr euren Facharbeiter noch einmal wiederholen, denn ihr habt doch überhaupt keine Ahnung, ihr habt doch nur »Rot« gelernt.« Das hat mich sehr erschreckt, denn so leicht ist es uns ja auch nicht gemacht worden. Ich habe immer sehr um meine Zensuren gekämpft. Das versuchte ich ihr auch klarzumachen, aber ich glaube, daß ich keinen Erfolg hatte.

Mein Haß nahm immer mehr ab, ich begann wieder meine Heimat zu lieben. Mir wurde endlich klar, daß ich hierbleiben möchte, schon der vielen Freunde wegen, die ich hier habe. Eines möchte ich nur hoffen, daß wir bald ein einheitliches Deutschland werden, denn ohne die BRD würden wir es nie schaffen, unsere Wirtschaft einmal so zu bekommen, wie sie in der BRD ist.

Viele Menschen haben jetzt auch um ihr Geld Angst, man muß ja nur einmal in unserer eigenen Familie stehenbleiben. Wir z. B. sind nicht gerade eine der ärmsten Familien, das kommt aber auch dadurch, daß wir 1989 eine Erbschaft gemacht haben. Meine Mutter wollte jetzt aufhören zu arbeiten, aber das geht ja wohl vorläufig noch nicht.

Ein Beispiel möchte ich noch nennen, was mich gerade sehr beeindruckt hat. Ich wollte mit meinem Freund in »Stadt Prag« (Gaststätte) essen gehen. Wir stellten uns an und freuten uns, daß wir endlich eine Gaststätte gefunden haben, wo vor uns nur zwei Personen waren. Hinter uns kamen fünf BRD-Bürger, sie wurden natürlich vor uns drangenommen. Ich konnte meinen Mund nicht halten und fing an, dort nicht gerade leise mit der Kellnerin rumzustreiten. Daraufhin wurde ich von einer Wut gepackt und schrie: »Naja, man müßte BRD-Bürger sein!« Die Frau wurde sehr rot im Gesicht, und ich ging aus diesem Lokal, da mir das Essen vergangen war.

Ich selbst bin noch sehr jung und ich glaube, mir würde es besser gehen, als wenn wir jetzt noch hundert Jahre im Sozialismus (im alten Sozialismus) leben müßten.

Ich habe ein Hobby. Und zwar entwickle ich sehr oft Bilder selber.
Dieses Hobby möchte ich später einmal zu meinem Beruf machen, das
wäre ein sehr großer Wunsch von mir. Ach ja, in meiner Freizeit
schreibe ich auch ein Buch. Vielleicht habe ich ja mal mit einer dieser
beiden Sachen Erfolg!

o. A., 17 J., Lehrling (Wirtschaftskauffrau)

Wir sind *ein* Volk.
Diese Losung – mit Zwischentönen – leitet
eine neue Etappe der Revolution ein.
Auch Rechts formiert sich.

Rechte Seite:
Leipzig, 13. Dezember 1989 und 15. Januar 1990
Fotos: Zentralbild

Folgende Seiten:
Leipzig, 8. Januar und 14. März 1990
Fotos: Jens Frank

Teil III

Haben Sie Zukunftsängste?

Viele Jungen und Mädchen, die heute in quälender Selbstbefragung mit sich allein sind, werden eigene Empfindungen und Gedanken in diesen Zuschriften wiederfinden. Zu Wort kommen auch jene, die sich mit Tabus davonmogeln und die Auseinandersetzung noch scheuen. Und all die anderen . . .

Ich halte vor allem die beschriebenen Ängste und Zweifel für sehr erklärlich. Schließlich sind alle Bewohner hierzulande – die jungen und die älteren – vom autoritären DDR-Regime in ihren Persönlichkeiten geprägt worden. Man hatte sich daran gewöhnt, gesellschaftliche Erwartungshaltungen zu erfüllen, d. h. auch vorgegebene Normen und Maßstäbe zu akzeptieren. Zuneigung, Fürsorglichkeit, Geborgenheit, Sicherheiten . . . waren nur so zu erlangen.

Wenn nun dieser äußere Rahmen wie ein Kartenhaus zusammenrutscht, sind Verunsicherungen des einzelnen eine natürliche Folge. Schließlich will die Fähigkeit, sich mit eigenem Wertgefüge im pluralistischen Staat zu positionieren und die individuelle Souveränität einzubringen, erst einmal erworben sein.

Wir sollten uns in diesem Prozeß des Werdens und Wachsens unserer Gefühle bewußt werden und darüber miteinander sprechen. Das scheint mir wichtig, um mit Ängsten leben zu lernen und sie zu bewältigen.

Mir sind die Antworten vieler Jungen und Mädchen auf die Frage nach den Zukunftsängsten daher besonders belangvoll.

Oben:
200 Jugendliche demonstrieren auf dem Alex,
20. April 1990
Foto: Zentralbild

Unten:
Leipzig, Februar 1990
Foto: Jens Frank

Ich kann mir eine Vereinigung dieser beiden Länder nicht vorstellen. Für mich sind es zwei ganz verschiedene Welten, die da aufeinanderprallen. Ich glaube, daß die DDR von der BRD verschluckt wird. Die BRD ist eine Ellenbogengesellschaft, die wir nicht gewöhnt sind.

Ich wurde siebzehn Jahre lang sozialistisch erzogen. Damit bildeten sich Eigenschaften heraus, die ich wahrscheinlich nicht so einfach von heute auf morgen ablegen kann. Irgendwie bin ich auch enttäuscht, wie die meisten die DDR so schnell aufgeben. Dieses Land ist meine Heimat, und ich würde für sie auch nochmal von vorn beginnen. Ich glaube, daß der größte Teil von uns nur die materiellen Vorteile in der BRD sieht. Es ist doch schade darum, daß alles, was wir z. B. an sozialen Errungenschaften aufgebaut haben, so einfach verschwindet. Ich glaube auch, daß der Sozialismus als Sache, wie er uns theoretisch beigebracht wurde, nicht schlecht ist. Leider sind wir falsch daran gegangen. Nach einer Vereinigung gebe ich dem Sozialismus absolut keine Chance mehr. Wahrscheinlich ist es dafür auch zu früh. Doch der Kapitalismus kann einfach nicht die ideale Gesellschaftsordnung der Zukunft sein. Ich sehe aber ein, daß es wohl kaum eine andere Möglichkeit als die Wiedervereinigung gibt, da unsere Wirtschaft am Boden liegt.

o. A., 17 J., Lehrling (Fernmeldeverkehr)

Ich habe im Prinzip keine Zukunftsängste und schaue optimistisch in die Zukunft. Schlechter als jetzt kann es uns nicht gehen. Daß wir vielleicht noch einige Jahre brauchen, um auf demselben Niveau wie die BRD zu stehen, ist mir klar, aber dann wird es uns gut gehen.

o. A., o. A., Lehrling (Buchhändlerin)

Nein, ich habe keine Angst (nun nicht mehr! Vor ein paar Monaten fand ich noch alles sinnlos). Außerdem kann es hier gar nicht schlimmer werden!

o. A., o. A., Lehrling (Buchhändlerin)

Ich weiß es noch nicht. Ich hoffe, daß diese Vereinigung erst nach Be- endigung meiner Lehre stattfindet, so daß ich einen Beruf habe und dann vielleicht auswandere. Aber bei dem Gedanken fragt man sich dann, auswandern wohin? Wenn ich daran denke, daß ich jetzt in einem von der CDU regierten Land lebe, möchte ich gleich meine Sachen packen und verschwinden.

Zukunftsängste habe ich schon lange. Man sagte mir, daß ich im Juli '91 keinen Arbeitsplatz bekomme. Ich bin jetzt im ersten Lehrjahr. Fragt man sich dann nicht, warum mache ich überhaupt meine Lehre dennoch zu Ende? Hat es überhaupt noch einen Sinn? Ich wollte immer in der DDR leben. Nie in der BRD oder gar in Deutschland. Und nun? Was wird nun aus meinem Lebenswunsch? Wäre es nicht einfacher, Selbstmord zu begehen und alles andere hinter sich lassen?

Ich konnte nicht wählen. Wenn ich daran denke, daß Leute, die gerne noch mehr besitzen wollen als bisher, mir meine Zukunft verbauen, wird mir schlecht. Meine Stimme hätte nicht viel geändert. Aber der Gedanke, daß andere Leute über mich bestimmt haben und ich konnte nichts dagegen tun, ist furchtbar. Also habe ich doch einen guten Grund Angst zu haben, oder?

o. A., o. A., Lehrling (Buchhändlerin)

Ich muß sagen, daß ich keine großen Zukunftsängste habe: ich bin jung, gesund und ehrgeizig. Ich sage mir auch, wenn es Schwierigkeiten gibt – das schaffe ich! Ich bin nicht der Typ, der sich gehen läßt. Meistens schaffe ich das, was ich mir vorgenommen habe.

Ich bin froh, daß es so gekommen ist. Aber wenn ich daran denke, daß jetzt alles teurer wird und wir erst mal einstecken müssen, wird mir ganz schlecht. Ich glaube, langzeitlich gesehen werde ich nicht in meinem Job bleiben. Der erfüllt mich sowieso nicht, irgendwie strebe ich nach etwas anderem. Ich laß' alles auf mich zukommen, mach' das Beste draus und nutze meine Chancen!

o. A., 18 J., Lehrling (Kauffrau)

Zukunftsängste – wie das immer klingt – so dramatisch. Man muß jetzt in Zukunft um das kämpfen, was man will – nicht wie früher –, kaum war man in der Partei, klappte alles, Beruf, Wohnung usw.

Jetzt muß man richtig ran an die Arbeit, um nicht gefeuert zu werden

– so hören dann erst einmal die Schlampereien auf. Angst habe ich eigentlich nicht.

o. A., 17 J., Lehrling (Kauffrau)

Ich bin bisher in einer schwierigen Gesellschaft aufgewachsen und damit fertig geworden und werde in Zukunft damit fertig werden. Es wird zwar schwierig, und es wird eine Weile dauern, bis man sich daran gewöhnt hat.

Zukunftsängste habe ich keine. Denn, ob ich nun Ängste habe oder keine, die Gesellschaft nimmt ihren Lauf, und die Zeit geht weiter. Alles kommt auf uns zu, mit oder ohne Ängste, deshalb ist es unlogisch, Ängste zu haben. Man kann im Moment doch nichts daran ändern.

»Der Stein ist ins Rollen gekommen und zieht viele mit sich, bis es eine Lawine ist.«

o. A., 17 J., Lehrling (Wirtschaftskaufmann)

Ich denke da zuerst an meine Familie. An die Arbeitsplätze meiner Eltern, die zwei erwachsene Töchter versorgen müssen und auf die Fünfzig zugehen. Ihre Berufe hätten bei der Vereinigung keine Zukunft. Meine Schwester studiert gerade, ein Arbeitsplatz danach ist nicht sicher.

Also, auf unsere Bevölkerung bezogen denke ich, daß sie erst mal umlernen muß in Sachen soziale Sicherheit. Einige werden durchkommen und sehr gut leben können. Ich glaube, daß unsere Parteien nicht mehr viel zu sagen hätten. Ich möchte gern eine Wohnung haben, die ich bezahlen kann, und Kinder möchte ich auch mal haben. Vorteil wäre für mich die »Reisefreiheit«, wenn ich das bezahlen kann.

Ängste habe ich, keinen Studienplatz zu bekommen, da ich ja außerdem noch Mädchen bin, oder eben keine Arbeit und eben die meiner Eltern, die mich ja noch unterstützen müssen. Hoffentlich geben wir nicht alles auf, was wir erreicht und erkämpft haben.

o. A., 17 J., Oberschülerin

Ich bin froh, daß es so gekommen ist, da ich glaube, daß mir nun viel mehr Chancen gegeben sind, und Risiko muß man eingehen. Ich hoffe, daß nicht nur wir in der DDR diejenigen sind, die nun alles wiedergutmachen müssen, sondern daß auch die BRD-ler dazu beitragen, indem sie höhere Steuern zahlen o. ä. Natürlich werden diejenigen, die hier bleiben, immer ein bißchen im Nachteil sein, und viele, die das ungerecht finden, gehen ja deshalb rüber, weil sie Besseres für sich erhoffen. Mein Wunsch ist, daß es völlig egal sein wird, ob man ursprünglich DDR-ler oder BRD-ler war. Aber das wird sicher nie sein.

Ich bin eher ein optimistischer Mensch und versuche, ohne Ängste in die Zukunft zu gehen. Sie bringen nichts. Die Menschen dürfen sich nicht unterbuttern lassen und müssen gegen jede Ungerechtigkeit kämpfen. Sie müssen immer tun, was sie wollen und nicht, weil es sonst Schwierigkeiten bringen könnte, das tun, was die meisten machen.

o. A., o. A., Oberschülerin

Um die Zukunft mache ich mir wenig Gedanken, ich werde es schon überstehen, diese Zeit, und wenn es nötig sein wird, werde ich immer bereit sein, mich zu qualifizieren.

o. A., 17 J., Lehrling (Fachverkäuferin)

Eigentlich bin ich nicht für die Vereinigung. Sie wird nur Zwistigkeiten unter die Menschen bringen. Schon jetzt sind viele Partnerschaften kaputt gegangen. Schlimm genug! Und die ganze Frage der Sozialpolitik. Ich habe jetzt schon Angst, mal krank zu werden und dann eines Tages ohne Arbeit dazustehen. Aber ich will arbeiten. Ich bin jung und auch bereit, mich Forderungen zu stellen. In Ordnung finde ich's nicht, daß man alle Frauen über einen Kamm schert. Man gehört doch nicht nur an'n Herd oder ist nur als Hausfrau was wert...

Unsere Gesellschaft ist gut gewesen, nur hätten sich die hohen Staatsmänner, wie z. B. Honecker, nicht so unrechtmäßig Geld aneignen dürfen. Immerhin hat er ja auch das Dahinleben in einem KZ miterlebt.

Zum anderen muß man jetzt genau planen, wann man ein Kind kriegt. Das gab's bei uns auch, aber man wurde ja vom Staat unterstützt, aber zukünftig ist man mit Kindern verurteilt. Entweder Karriere und Arbeit oder Kind und arbeitslos!

Oft hat man den Eindruck, daß wir vom Westen gekauft werden und daß wir in dem vereinigten Deutschland als Länder nichts zu melden haben. Der Westen ist uns voraus, obwohl auch wir Gutes produziert haben! – Nur haben wir Sämtliches ausgeführt, und wir eigenen Landsleute der DDR kamen zu kurz. Wir haben eingesperrt gelebt, aber für uns junge Leute war das eben so, und ich hätte mich dagegen nicht aufgelehnt. Man hatte ja alles, was grundlegend war (Kinderkrippenplatz,

Kindergartenplatz, Schulausbildung, Lehrstelle und später einen gesicherten Arbeitsplatz).
Was jetzt kommt, ist einfach Risiko und Kompromiß!

o. A., 18 J., Lehrling (Gärtnerin)

Ich muß ehrlich sagen, ich habe davor große Angst. Denn in der Geschichte gab es noch nie ein kapitalistisches und sozialistisches System in einem Ganzen. Ich würde mir wirklich wünschen, uns nicht so von der BRD abhängig zu machen, deshalb spielte ich schon mit dem Gedanken, nach Beendigung meiner Lehre in ein anderes Land zu gehen (Norwegen – da Verwandte vorhanden sind). Um ehrlich zu sein, ist die BRD nicht das Land meiner Wünsche und Träume.

Ich bin eigentlich doch sehr froh, noch über meinen Wohnsitz entscheiden zu können. Meinen Eltern würde ich das auch wünschen. Aber wieso ist für uns die BRD unsere Alternative? Es ist doch ein Land von vielen auf dieser Erde.

Ich wünsche mir ein Leben mit Arbeit, das ruhig verläuft und ein Leben in der Natur, die wir doch versuchen sollten, noch mehr zu schützen.

o. A., 17 J., Lehrling (Gärtnerin)

Diese Vereinigung würde für mich eine Leistungsbeanspruchung bedeuten, der ich ohne Vorbereitung bestimmt nicht gewachsen wäre. In der Zukunft ist Leistung gefragt. Früher war es so, wer in der SED bzw. in der FDJ war, wurde etwas bzw. hat sehr große Vorteile genossen. Und heute muß man sich um alles kümmern, was einem vor einem Jahr noch vorgeschrieben wurde. Insofern muß ein radikales Umdenken in unserer Gesellschaft erfolgen, wenn die DDR nicht ein Zuliefer- bzw. Billiglohnland der BRD werden will.

Ja, ich habe ein ungutes Gefühl. Arbeitslosigkeit, damit verbunden Leistungsdruck (manchmal sogar zu hoch), Rauschgift, Drogensucht. Was weiß ich, was uns noch alles erwarten kann?

o. A., 18 J., Lehrling (Gärtner)

Hierzu möchte ich sagen, daß es ganz bestimmt zur Vereinigung kommen wird. Es muß so schnell wie möglich gehen, sonst ist der letzte Rest auch noch im Begriff, zu verschwinden. Von meinem Bekanntenkreis sind nur noch drei (früher Clique mit zwölf) übriggeblieben, die anderen

sind bereits in der BRD, und nur einer von ihnen hat noch keine Arbeit.
Selbst die, die nochmal eine Ausbildung begannen, verdienen fünfmal
mehr Lehrlingsgeld als ich. Und was das Niveau angeht, na hallo...
Eine Vereinigung würde ich persönlich für sehr gut halten. Veränderungen werden sich für mich wohl kaum ergeben. Und wenn, wäre ich
z. B. mit Schulgeld usw. einverstanden, wenn ich dann auch mehr Geld
bekomme.
Nein, sonst wäre ich ja nicht mehr hier. Ich hoffe auf einen Abi-Ab-
schluß mit eins und glaube, damit auch einen Studienplatz zu bekommen (Stip. und Unterkunft brauche ich nicht). Außerdem besitzen
meine Eltern priv. Grundstück und Mehrfamilienhaus und könnten mir
sicherlich bei finanziellen Schwierigkeiten helfen.

o. A., 18 J., Lehrling (Baufacharbeiterin mit Abitur)

Gewisse Zukunftsängste habe ich schon. Nicht für mich persönlich,
denn ich bin jung und werde schon irgendwie klarkommen. Doch was
wird z. B. aus meinen Eltern, die beide über vierzig sind, wenn sie ihre
Arbeit verlieren? Auch Einflüsse wie Drogen, AIDS und anderes machen mir etwas Angst. Doch das ist wohl der Preis der Freiheit.

o. A., 17 J., Lehrling (Facharbeiterin für Fernmeldeverkehr)

Ehrlich gesagt, wenn die Wiedervereinigung kommt, habe ich Angst
über meine Zukunft und über die meines Freundes. Wir wollen zusam-
menbleiben, aber ich möchte nicht, daß wir zugrunde gehen. Ich möchte
sehr gerne eine Familie gründen, doch wenn die Krippen und Kindergärten sterben, lohnt es sich nicht, sich Kinder anzuschaffen. Wenn man
wirklich nicht arbeiten geht als Frau, dann kann der Mann doch nicht
ganz allein die Familie versorgen. Schließlich muß man sich und auch die
Kinder einkleiden. Denn sie werden ja auch größer. Und wenn die Kinder heranwachsen, dann läuft mir doch auch der Gedanke durch den
Kopf: Was werden sie wohl für eine Zukunft haben? Ob sie genauso gut
leben können, wie wir es früher noch konnten? Und ob sie auch gesund
heimkommen werden? Also, ich habe richtige Angst um mich und
darum, später einmal eine Familie zu gründen. Ich wünsche meinen
Kindern eine schöne, harmonische Kindheit und daß sie leben können
wie wir und wie unsere Eltern es auch konnten.

o. A., 17 J., Lehrling (Köchin)

Ich besuchte eine Versammlung der Zeugen Jehovas in einem Königreichssaal. Mich beeindruckten die Selbstlosigkeit und die Einheit, die
dort herrschten im Gegensatz zu den zwischenmenschlichen Beziehungen in der ganzen Welt, die immer mehr verfallen. Freundlichkeit und
echte Liebe und Frieden herrschten im Königreichssaal – dies stand im
Gegensatz zu einem ehemaligen DDR-Bürger, der sich seit einiger Zeit
in der BRD befand, und den ich im Zug kennenlernte. Stolz und Erhö-
hung der eigenen Person waren kennzeichnend.

Ich habe keinerlei Zukunftsängste. Das beruht allerdings nicht nur
auf grundlosem Optimismus, sondern meine freudige Erwartung grün-
det sich auf unseren Schöpfer und seinen Vorsatz bezüglich der Erde.
Unsere Generation lebt in einer Zeit, die die Bibel als »Zeit des Endes
des gegenwärtigen Systems« bezeichnet. Die Bibel sagt uns die Weltent-
wicklung (einschließlich der Friedensbestrebungen) voraus: d. h. Gott
wird eingreifen, um die Dinge auf der Erde richtigzustellen. Diese bibli-
schen Verheißungen eines in unmittelbarer Zukunft errichteten irdi-
schen Paradieses sind prüfenswert, und diese werden sich erfüllen. Allen Menschen, die Gottes Willen tun (und diesen kennenlernen), steht
eine herrliche Zukunft offen. Menschliche Bemühungen schlagen fehl,
aber Gottes ewiger Vorsatz nicht.

o. A., 18 J., Lehrling (Friseur)

Zukunftsängste habe ich in Aussicht wegen Arbeit. Es ist nicht gesagt, daß ich den FA schaffe, was dann? Auch mit FA-Abschluß ist eine
Entlassung möglich. Angst habe ich aber vor den Drogen, die schon im
Umlauf sind. Auch zielbewußt kann man in so'ne miesen Sachen rein-
rutschen. Und dann die herannahende Gewalttätigkeit der DDR-Bürger untereinander. Die Menschen machen sich doch selbst kaputt.

o. A., 16 J., Lehrling (Friseuse)

Zukunftsängste habe ich insofern, wenn ich wie viele in diesem Augenblick an meine spätere Arbeitsstelle denke. In unserem Betrieb die
Berufsausbildung deutete schon des öfteren mehreren Lehrlingen an,
daß sie nicht wissen, was sie mit den Lehrlingen des zweiten Lehrjahres,
die dieses Jahr am 15. 7. '90 ausgelernt haben, tun sollen. Sie können uns
keine Arbeitsstellen mehr anbieten in dem Sortiment, in welchem wir
gelernt haben, ob wir überhaupt ab 15. 7. '90 noch bei diesem Betrieb arbeiten können, ist fraglich, und es ist ja im Moment überall Einstellungs-

stopp, so daß wir dann wohl schon einige von den ersten ausgelernten Facharbeitern sind, die ihre Arbeitslosenunterstützung beantragen müssen. Aber auch insofern, wenn ich jetzt in dieser VKE bleiben kann als FV dann, daß unser Laden aufgekauft wird, bzw. sich vielleicht mal ein früherer Besitzer dieses Hauses meldet und den Laden dicht macht, eventuell sich ein Café oder sonstwas für eine Bude daraus macht. Insofern landen wir auch auf der Straße. Auf eine Art bin ich jetzt froh, daß wir ein Eigenheim haben und unser Haus nicht aufgekauft werden kann, also 'ne Möglichkeit zum Wohnen wird meine Familie schon haben. Gut gesichert, würde ich dazu sagen. Aber das hätten wohl mehrere getan, wenn es genügend Platz, Freigaben für Kredite usw. wie früher gegeben hätte.

o. A., 17 J., Lehrling (Fachverkäuferin)

Ich bin noch zu jung, um dazu irgendwelche Prognosen aufstellen zu können. Für mich persönlich bringt diese Vereinigung sicher einen Haufen Arbeit, unbekannte Probleme, Sorgen, aber auch mehr Entscheidungsfreiheiten auf einem weiten Feld.

Ich denke, damit muß jeder Mensch selbst fertig werden, mit achtzehn ist da gerade noch ein gutes Alter gegeben, man ist eigentlich noch nicht wirklich im Prozeß, natürlich stürmt jetzt vieles auf uns zu, aber wir sind jung, und das ist eine gute Basis. Aufzugeben hat keinen Zweck.

Siehe 2.; Natürlich habe ich Zukunftsängste (Arbeitslosigkeit, Einsamkeit, Drogen...), aber ich gehe jeden Tag neu an, uns jetzt Sorgen um morgen zu machen hat keinen Zweck, da ich ohnehin nicht weiß, was morgen sein wird. Der sichere Boden, die Grundlage, fehlt. Ich versuche eben, jeden Tag soviel wie möglich aufzunehmen, aus Fehlern zu lernen (auch aus Fehlern anderer). Das kann nie schaden und außerdem: Wissen ist immer ein sicherer Rückhalt!

o. A., 18 J., Lehrling (Facharbeiterin für Schreibtechnik)

Erst Ruf nach Wiedervereinigung und Familienzusammenführung bzw. Ruf: »Wir sind ein Volk« und dann Gedanken, wie z. B. »Bleibt wo ihr seid!« o. ä.
– Erst freundlich, freigiebig (100 DM Begrüßungsgeld)
– Jetzt ängstlich (z. B. um Arbeitsplatz, den DDR-Bürger erhalten könnten o. ä. – abweisend)

Wenn wir vierzig Jahre auch nicht viel hatten, eines hatten wir immer: Ruhe/Geborgenheit – eine Heimat, ob wir diese behaupten (behalten) können/werden, bezweifle ich. Ich glaube, die Gleichbewertung von Bundes- und DDR-Bürgern kommt entweder gar nicht, oder irgendwann einmal. Erst einmal sind wir für die da drüben allgemein ein »Ausländer« wie jeder Türke, Exilrusse o. ä. und damit unerwünscht.

o. A., 16 J., Oberschüler

Auf mich persönlich bezogen habe ich wenig Zukunftsängste. Ich bin noch jung und variabel und kann mir mein Leben aus eigener Kraft noch aufbauen. Aber wenn ich an die negativen Auswirkungen der Marktwirtschaft denke, habe ich doch manchmal Angst. Arbeitslosigkeit kann jede Familie treffen. Auch die dann steigende Kriminalität, Drogen usw. machen mir Angst. Und wer weiß überhaupt, welchen Weg ein geeintes starkes Deutschland in politischer Sicht einschlagen wird? Auf keinen Fall glaube ich »den goldenen Bergen«, die uns Herr Kohl verspricht.

o. A., 17 J., Lehrling (Wirtschaftskauffrau)

Ich habe eigentlich keine Angst vor der Zukunft, weil ich in einem Handwerksberuf der Baubranche tätig bin. Auch in der BRD gibt es zu wenig Handwerker, darum denke ich, daß da nicht so viele Leute hierher kommen.

o. A., 17 J., Lehrling (Klempner)

Ich glaube, Zukunftsängste wird jeder in meinem Alter haben, vor allem habe ich davor Angst, Mensch zweiter oder dritter Klasse zu werden und somit für Firmen Billig-Arbeiter.

Daß es noch mehr mit der Wirtschaft bergab geht und daß wir noch ein schlechteres Lebensniveau haben. Angst um die Arbeitsstelle habe ich natürlich auch. Angst aber nicht nur, man sollte doch auch ein wenig optimistisch in die Zukunft sehen.

o. A., 16 J., Lehrling (Klempner)

Zukunftsängste habe ich keine, denn wie man so schön sagt, »Handwerk hat einen goldenen Boden«.

o. A., 17 J., Lehrling (Tischler)

Nein, sehr große Zukunftsängste habe ich nicht. Ich weiß, daß mein Betrieb, in dem ich lerne, keine Zukunft hat. Ich nehme das Leben, wie es kommt. Wahrscheinlich werde ich später in ein anderes Land gehen, ich bin ja jetzt frei. Ich glaube, daß die DDR-Bürger noch gar nicht so recht wissen, was sie mit ihrer errungenen Freiheit anstellen sollen, und daß die Welt nicht nur aus BRD und DDR besteht. Mein Traumland ist Österreich. Dort könnte ich mir eine Zukunft vorstellen. Unser Käfig ist offen! Doch statt hinauszufliegen, gehen die Menschen nur in die andere Ecke! Ich will damit die Menschen natürlich nicht zum Weggehen animieren, aber ich denke halt so! Außerdem würde ich auch gerne anderen helfen (z. B. AIDS-Hilfe, Umweltforschung, Krebskrankenbetreuung o. ä.).

o. A., 18 J., Lehrling (Wirtschaftskauffrau)

Nicht so große! Ich glaube, wenn man jung ist, arbeiten kann und nicht so auf den Kopf gefallen ist, schafft man das schon irgendwie. Man muß sich eben umstellen auf das neue Leben. Es ist höchstens schwer für ältere Leute.

o. A., 18 J., Lehrling (Kellnerin)

Ich habe mein Bild über die BRD/WB gefestigt. Ich würde nie, für keinen Preis, in die BRD übersiedeln oder mit jemandem tauschen. Es gibt dort zwar alle materiellen Werte, aber die wichtigeren, persönlichen Werte finde ich nur für mich in der DDR.

o. A., 17 J., Lehrling (Facharbeiterin für Schreibtechnik)

Zukunftsängste hab ich nicht. Wenn man seine eigenen Fähigkeiten nutzt und besonders auch kennt, mit offenen Augen und Ohren durch die Welt »tappt« und Chancen wahrnimmt, kann nix passieren. Man muß halt flexibel reagieren und sich den neuen Bedingungen anpassen, dann ist es okay.

o. A., 17 J., Lehrling (Wirtschaftskauffrau)

Die Konsequenzen haben eine Menge mit meinen Zukunftsängsten zu tun. Ich stehe z. Z. in der Ausbildung: Beruf m. Abi. Derzeit wissen die Direktoren bzw. Lehrer oft keine Antworten auf Fragen, die uns bewegen. Fächer in der Abitur- und Berufsausbildung wie z. B. Stabü, soz. Recht, Betriebsökonomie werden inhaltsmäßig wenig verändert.

Alles wartet auf die Wahlergebnisse. Solche Fragen wie: »Was wird aus der Ausbildung, wenn wir vereinigt werden?«, werden übergangen, wir werden vertröstet. Gerade bei Beruf m. Abi. ist das ein großes Problem. »Wie sind die Studienmöglichkeiten?« Aber auch: »Was wird aus unserem Betrieb?« Wird er von westlichen Betrieben übernommen?

Doch auch um Dinge wie Miete, Lohn, Gesundheitswesen mache ich mir Sorgen. Jetzt ist es schon schwer, die Unterschiede zwischen Lohn und den Lebenshaltungskosten auszugleichen. Besonders dann, wenn die Eltern oder wie bei mir Elternteile, nicht jeden Wunsch erfüllen können. Aber auch wenn ich das jetzt aufschreibe, glaube ich nicht, daß sich dadurch irgend etwas ändert. Bis jetzt ist gerade die Jugend ziemlich allein gelassen worden.

o. A., 17 J., Lehrling (Galvaniseurin mit Abitur)

Keiner weiß so richtig, was da auf uns zukommt, schon das alleine verunsichert. Was aber noch schlimmer ist: Die Ungewißheit, wie soll unsere Wirtschaft mit dieser hochentwickelten Industrie der BRD mithalten können – für mich fast ausgeschlossen. Wir werden Arbeitslosigkeit in einem noch nicht gekannten Ausmaß kennenlernen, ich bin es noch gar nicht gewöhnt, daß mein Nachbar mein absoluter Konkurrent sein könnte. Bestimmt können wir (bzw. ich) nur hoffen, eingreifen können wir sowieso nicht.

o. A., 18 J., Oberschüler

Mir tun nur meine Eltern leid! Und viele andere Werktätige! Sie, die jahrelang wirklich gearbeitet und sich gekümmert haben, mehr als die Menschen, die die Prämien kassierten und befördert worden sind, weil sie vielleicht SED-Mitglieder waren, was haben sie denn jetzt? Ich sehe es: Angst vor dem, was noch kommt. Und Angst, das Leben zu beenden, ohne zufrieden zu sein. Nicht zufrieden mit sich selbst, sondern mit der Welt, »mit ihrer schönen Heimat DDR«.

Was ist mit all den Kindern, die hier zurückgelassen wurden? Warum sagt Honecker nichts, warum verkauft Krenz plötzlich Stories an BRD-Medien, von denen er doch – durch Honeckers Schule gegangen – bisher behauptete, sie stellten alle ein verzerrtes oder gar erfundenes Bild von der Realität dar? Und warum wird rücksichtsvoll auf Erklärungen solcher Leute verzichtet? So oft sitze ich da, lese Zeitung, höre Radio oder

sehe fern, bis mir plötzlich klar wird, was hier in meiner Heimat eigentlich vorgeht, ... Tränen

Ja, ich habe Zukunftsängste! Angst vor dem, was nach einer Währungsreform passiert, Angst davor, wie die Leipziger Montagsdemos enden, die doch anfangs so friedlich und sinnvoll waren. Und was wird mit
dem Sport, vor allem mit dem Massensport, dem ich meine Zukunft
widmen möchte? ... Wir dürfen uns vor keiner Bemühung scheuen!

Ehrlich, ich würde mich riesig freuen, wenn sich »deutsch und
deutsch« gesellt, wenn sich Familien und Freunde wieder zusammenfinden, aber so, wie meine Eindrücke momentan sind, sind meine Ängste
über die sich damit verbindenden Folgen weitaus größer. Aber Hoffnung habe ich dennoch. Doch ob sich unsere Träume und Wünsche erfüllen, wird erst die Realität zeigen. Wir müssen es schaffen, denn wir
sind immer noch das Volk. (Schade, daß dieser Ausspruch so verzerrt
und mißbraucht wird!)

Man kann leider nicht alles vorhersagen, es wäre auch nicht gut. Das
ganze Leben ist ein Kampf, und ich hoffe, wir alle werden trotz allem sie-
gen! Aller Anfang ist schwer! Ein gutes Ende aber noch schwieriger!

o. A., 17 J., Oberschülerin

Zukunftsängste habe ich und zwar, daß wir vielleicht mal in unserem
Dreck ersticken, kein Grundwasser und so weiter, weil alles durch che-
mische Mittel und durch den Menschen verdreckt wird. Man braucht
sich doch nur mal die Gewässer angucken (Ostsee, Achterwasser,
Flüsse, Seen). Und die Waldrastplätze, verdreckt, alles verdreckt!

Ich habe mal vor, aus Deutschland auszuwandern, mir tut's nur leid.

o. A., 18 J., Lehrling

Zukunftsängste habe ich sehr große, denn bei einer Wiedervereinigung glaube ich, wird die ehemalige DDR-Bevölkerung völlig entmün-
digt, oder zumindestens benachteiligt. Auch glaube ich, wird das deutsche Volk dann sehr arrogant werden und andere Völker unterdrücken.

o. A., o. A., Lehrling (Baufacharbeiter)

Ich habe eigentlich keine Zukunftsängste, weil ich glaube, daß ich
noch jung genug bin, um mich an ein anderes System zu gewöhnen und
um Wissenslücken auf allen Gebieten aufzufüllen. Ich würde mir da
bloß um die ältere Generation Sorgen machen, wie z. B. meine Eltern,

und das ist auch wieder von der Verfahrensweise bei einer Währungsreform abhängig, deshalb müßte ein Kurs von 1:1 sein, damit ältere
Leute auch keine Zukunftsängste zu haben brauchen.

o. A., 18 J., Oberschülerin

Ich habe Angst, daß, wenn die Vereinigung jetzt schon käme, die
Schüler von unseren Schulen dann nicht so viel wissen wie die drüben.
Ich glaube, wir sind überhaupt nicht an Leistung gewöhnt, weil jeder
immer gesagt hat: »Ja, du bekommst schon deinen Arbeitsplatz.« Man
hat sich ja nicht so viel Mühe gemacht, um Leistung zu erreichen. Deshalb habe ich Angst, daß ich es nicht schaffe, auch wenn ich mich jetzt
ins Lernen reinknien werde.

o. A., o. A., Oberschülerin

Ich glaube nicht, daß ein vereintes Deutschland für mich viele Veränderungen bringt. Ich bin der Meinung, ich habe es in der DDR gut geschafft – es kann also nur noch besser werden!

Zukunftsängste hat wohl im Moment jeder, obwohl ich mich persönlich
nicht so sehr davon betroffen fühle – im Gegenteil. Ich war schon immer
Optimist, vor was sollte ich Angst haben? Ich lasse jeden Tag auf mich
neu zukommen, geplant habe ich eigentlich noch nie. Meiner Zukunft
sehe ich eher gelassen entgegen. Es ändert sich ja eh jeden Tag alles…

o. A., o. A., Oberschülerin

Über diese Frage mache ich mir oft Gedanken. Sicherlich werden sich
meine Pläne für die Zukunft ändern. Ich möchte gern Lehrerin werden,
aber ich weiß, daß es in der BRD Tausende arbeitslose Lehrer gibt.
Auch mache ich mir Gedanken, wie wir uns als DDR-Bürger in das soziale Netz des Westens eingliedern können. Ich glaube, das wird auch
mir nicht leicht fallen, denn ich komme aus einer sozial abgesicherten
Welt in eine Welt, in der man um sein Überleben in der Gesellschaft
kämpfen muß und etwas dafür tun muß. Auch denke ich mir, daß ich es
in der westlichen Welt nicht so leicht haben werde und alles auf die
leichte Schulter nehmen kann. Ich glaube, daß ich meine gesamte Le-
benseinstellung total verändern müßte und mit mehr Ernst den Dingen
ins Auge schauen muß.

Ja, manchmal habe ich Zukunftsängste. Ich habe Angst, daß ich mich
in der »Ellenbogengesellschaft« nicht durchsetzen kann, obwohl ich

ziemlich selbstbewußt und willensstark bin. Ich habe Angst, daß mein Wissen und meine Leistungen nicht ausreichen, um mich in der westlichen Welt hocharbeiten zu können und etwas werden zu können. Ich habe Angst, daß in all dem Streß und dem Leistungsdruck die Nächstenliebe und das Gefühl des Zusammengehörens verloren gehen. Ich habe Angst, daß alte und hilfsbedürftige Menschen, denen es bei uns in der DDR schon nicht besonders geht, an den Rand der Gesellschaft gedrängt und vergessen werden.

o. A., o. A., Oberschülerin

Ich glaube, daß viele Menschen durch das Leistungsprinzip gezwungen werden, mehr und vor allem an sich zu denken, und so vereinsamen (in einem gewissen Grade). Mit Sicherheit kommt auch die ständige Befürchtung hinzu, beim Studium nicht bestehen zu können, keinen Job zu finden und daß meine Eltern arbeitslos wären. Auch die Angst vor Drogen bleibt in mir.

Ich möchte allerdings hinzufügen, daß diese Zukunftsängste für mich auch ohne den Blick auf die Vereinigung Deutschlands bestehen würden. Dazu gehört für mich auch die Sorge um unsere Umwelt. Was geschieht, wenn es zu einem Reaktorunglück kommt? Was tun wir ohne die Kernenergie? Wie können wir die Jagd nach den vom Aussterben bedrohten Tieren verhindern?

o. A., o. A., Oberschülerin

Ich habe Angst davor, daß:
– die sozialen Errungenschaften abgebaut werden und daß das meine Familie betreffen könnte
– ich mein Studium selbst bezahlen muß und es mir wahrscheinlich somit nicht möglich wäre, ein Studium zu machen
– Gewalt, Drogenhandel u. ä. sich ausbreitet
– keiner mehr auf den anderen Rücksicht nimmt, d. h. also »Ellenbogengesellschaft«
– mich die Obdach-/Arbeitslosigkeit einmal selber betreffen könnte.

Ich kann jetzt natürlich noch nicht sagen, wie der vereinte Staat Deutschland werden wird, aber ich hoffe, daß in diesem Staat alle Menschen gut leben können, die Kriminalität eingeschränkt wird und keine Zukunftsängste geschürt werden.

o. A., o. A., Oberschülerin

Ja, ich habe Zukunftsängste. Und zwar davor, daß ich viel Geld für einen Studienplatz bezahlen muß und daß ich dann vielleicht umsonst studiert habe, wenn keine Lehrer gebraucht werden. Das ist meine größte Angst, daß ich dann so runterkomme und die Wohnung verliere – daß ich dann einfach nur vegetiere. Auch habe ich um meine Eltern Angst, wenn sie alte Leutchen werden und ich ihnen nicht helfen könnte, weil ich eben so vegetieren müßte. Ich habe vor der BRD – dem »sozialen« (bzw. nichtsozialen) Staat – Angst. Ich möchte unbedingt unsere sozial doch schon sehr guten Seiten erhalten und ausbauen helfen – auch durch meine Berufstätigkeit.

Ich wußte zwar, daß viele Ausländer in der BRD und Berlin/West sind, aber daß ganze Stadtteile wie aus einer anderen Welt sind, hätte ich nicht gedacht. Man kommt sich in Teilen von Westberlin vor wie in einem anderen Land. Das konnte ich nicht mal erahnen.

o. A., 18 J., Oberschüler

Ja, ich habe Zukunftsängste. Weiß ich denn, ob ich, wenn ich ausgelernt habe, überhaupt einen Arbeitsplatz bekomme? Ich möchte später gerne heiraten und zwei Kinder haben. Gibt es dann noch den Ehekredit, Kinderkrippen, Babyjahr, Kindergärten, Schulen mit Schülerspeisung?

Ich möchte, daß meine Kinder später in einer gesicherten Zukunft aufwachsen können. Ich möchte so gerne, daß ich keine Angst um einen Arbeitsplatz zu haben brauche. Kann man sich in ein paar Jahren überhaupt noch »Krankwerden« leisten, oder muß ich befürchten, daß meinen Arbeitsplatz ein anderer eingenommen hat?

o. A., o. A., Lehrling (Köchin)

Ja, ich habe eine ganze Menge Zukunftsängste. Wie soll es mit den Studienbedingungen weitergehen. Wird es auch bei uns so, daß nur der Weg übers Geld zum Studium führt. Wie sieht die Lage mit den Arbeitsplätzen aus? Man hat ja gar keine Vorstellungen, was weiterhin gebraucht wird. Wie kommen unsere Schüler und ich selbst mit den Drogenproblemen und mit AIDS zurecht? Was wird aus den mühsam erarbeiteten Sparguthaben der Eltern, die fast siebzehn Jahre auf ihr Auto warten?

Wie geht es mit der medizinischen Betreuung weiter? Muß man, bevor man zum Arzt geht, erst den Kontostand überprüfen, oder zu Großmutters Rezepten zurückgreifen? Wie wird auf die neonazistischen

Gruppen reagiert – Angst vor einem neuen »Deutschen Reich«. Warum
soll ein vereinigtes Deutschland in die NATO?
   Auf solche Fragen suche ich Antworten, und die Überlegungen und
Resultate lassen mich oft ganz schön erschrecken. Vor allem die Angst
vor der Vereinnahmung der DDR durch die BRD sitzt mir im Nacken.
   o. A., 17 J., Oberschülerin

Für mich persönlich würde ein einiges (vereinigtes) Deutschland in
allererster Linie Ängste mit sich bringen, die ich vorher nie zu haben
brauchte.
   Wir (meine Mutter, mein Bruder und ich) leben in einem Haus, das
nach der Bodenreform einem VEG gehört. Das heißt ja, wenn die Bodenreform nicht anerkannt wird, daß wir ausziehen müssen, vielleicht
keine Wohnung mehr bekommen.
   Es wäre auch etwas Freudiges. Na klar, wer hat es nicht gern, Verwandte und Freunde aus der BRD dann immer besuchen zu können, in
einem Land mit ihnen zu leben, dieselben Probleme zu haben wie sie
und mit ihnen darüber zu reden. Und sie können mich verstehen, sie
kennen diese Situationen.
   Trotzdem, es überwiegt die Angst! Ich mache mir Sorgen, was aus
mir nach dem Abitur wird. Ich hatte den Studienwunsch Ökonomie.
Jetzt stehe ich vor dem Nichts. Wenn ich jetzt so nachdenke, kommt
nach der zwölften Klasse ein Vakuum aus Angst. Beruf? Ja, vielleicht
kann ich nicht einmal Teilfacharbeiter werden. Und wenn ich noch
einen guten Studienplatz erwische, wie stehen dann die Finanzen, wie
geht es dann nach dem Studium weiter? Ich bekomme vielleicht keinen
Arbeitsplatz. Was wird dann? Ich habe wirklich riesige Angst um meine
Zukunft und überhaupt um die Zukunft der jetzigen DDR-Bürger. Wer
hat denn schon gelernt, nur mit den Ellenbogen durchs Leben zu gehen?
Wenn auch beruflich noch alles laufen sollte, habe ich doch Angst, eine
Familie aufzubauen, Kinder in diese dann so harte Welt zu setzen. Kinder, die dann vielleicht keine ordentliche Ausbildung haben, oder aber,
die dann meine »Karriere stören«. Diese Kinder müßte ich dann vernachlässigen, um nicht die Existenz der ganzen Familie zu gefährden.
Und das schlimmste ist: Keiner kann mir helfen, diese Ängste abzubauen. Ich habe regelrechte Depressionen. Lernen jeden Tag – wozu
denn noch? Es kann alles klappen, oder auch nicht!
   o. A., 17 J., Oberschülerin

Ja, ich habe Angst vor der Zukunft. Eigentlich keine so große Angst für mein Leben, doch mache ich mir Gedanken, ob meine Eltern alles so packen. Unsere Familie hat bisher nie großen Wert auf Sparen gelegt, vielmehr haben wir vom verdienten Geld gelebt (Essen, Textilien). Dadurch haben meine Eltern ein Konto unter 10.000,–M. Wenn es zur Währungsunion mit Wiedervereinigung kommt, wäre diese Summe allein nur für den Kauf der Wohnung und Gartengrundstück weg. Haben sie jahrelang gearbeitet, um irgendwann ihr erspartes Geld dafür auszugeben, um leben zu können? Ich glaube, eher dazu, um sich mehr als andere leisten zu können.

Auch wünsche ich mir im nächsten Jahr ein Baby. Ich will noch in diesem Jahr heiraten. Ich habe Angst davor, meinem Kind aus finanzieller Not keine entsprechende Kindheit bieten zu können (Kinderzimmer, Sachen...).

Die kapitalistische Gesellschaft öffnet sich in meinen Augen als kalte, halt gefühllose Gesellschaft. Die Menschen strahlen eine traurige Arroganz aus, welche ich mir für die Zukunft in einem Staat nicht wünschen würde.

o. A., 19 J., Lehrling

Angst vor dem »Fallen in den Abgrund«. Ich erhalte hier eine kaufmännische Ausbildung. Drüben sieht die anders aus. Man muß z. B. reden können als Kaufmann, den Umgang mit Kunden erlernen, eingehend Fremdsprachen und Computer studieren. Das ist das, was wir NICHT lernen!!! Es fehlt in dieser Ausbildung, und ich habe Angst, daß dies in meiner beruflichen Laufbahn fehlen könnte. Gefragt sind die Besten, was bin ich? Werde ich ein gutbürgerliches Leben führen? So gut »behütet« werden wie jetzt noch? Nur wenn ich mich durchsetze, was ich noch lernen muß. Freiheit bedeutet Leistung – kann ich das bringen?

o. A., 17 J., Lehrling (Kauffrau)

Da ich Anfang 1988 so dußlig war, mich für »unser Land« (ein Witz) und meine Studienzukunft (da ja mehr oder weniger Zwang) drei Jahre zur Armee zu verpflichten, könnte ich jetzt erst 1993/94 anfangen zu studieren, was nichts weiter heißt, als daß ich zum Studienabschluß 1998 keine Stelle als Lehrer bekommen würde. Daher muß ich mich jetzt um eine Lehrstelle oder Anlernstelle kümmern bzw. mein Studium vorziehen, was nicht so angenehm ist. Daher bin ich gegen eine superschnelle Vereinigung beider deutscher Staaten und folglich gegen alle DSU-, CDU- und DA-Geschwätze. Vielmehr bin ich für ein langsames Zusammenwachsen.

Ja, ich habe Zukunftsängste. Ich habe Angst, arbeitslos zu werden, mein Geld zu verlieren (mein erspartes Geld), aber ich hab' auch Angst um die Zukunft meiner Eltern (beide Verwaltungsapparat). Auch habe ich Sorge, mich nie verlieben zu können.

o. A., 18 J., Oberschüler

Ja, ich habe Zukunftsängste. Ich bin jetzt Schülerin der zwölften Klasse. Im Jahre 1991 wollte ich mich für die Studienrichtung Kulturwissenschaften/Sorabistik bewerben. Da sich jetzt aber vieles ändert, bin ich mir nicht sicher, ob ich nach diesem fünfjährigen Studium in dieser Richtung überhaupt einen Arbeitsplatz in diesem Bereich bekommen würde.

Deshalb habe ich mich jetzt entschlossen, erst einmal eine Lehre abzulegen, um einen Facharbeiter vorweisen zu können. Deshalb war ich beim BBZ (Berufsberatungszentrum) und beim Arbeitsamt, doch die Auskünfte dort stimmen mich nicht zuversichtlich. Im Angebot für Mädchen waren eigentlich nur noch Verkäuferin, Bäcker, Koch und Krankenpfleger. Doch wozu mache ich dann eigentlich mein Abi?

o. A., 18 J., Oberschülerin

Es ist möglich, daß BRD und DDR einen Staat bilden, aber das braucht Zeit. Findet die Wiedervereinigung zu schnell statt, wird die ehemalige DDR, meiner Meinung nach, immer der arme Osten sein. Die Vereinigung wird für jeden Veränderungen bringen. Hauptsächlich denke ich an den Konsumüberschuß, den man aber hart, viel härter als gewohnt, erarbeiten muß.

Ich muß ganz ehrlich sagen, daß ich noch nicht genaue Vorstellungen von meiner Zukunft habe. Wer weiß, was noch alles passiert? Angenommen, man ist fertig mit dem Studium und arbeitslos, muß man dort arbeiten, wo man gebraucht wird. Natürlich als ungelernte Kraft! So schlimm stelle ich mir das nicht vor, denn in Krankenhäusern, Heimen oder auch anderswo braucht man jede Hand, auch in der Bundesrepublik! Ich wäre mir nicht zu fein für solche Arbeiten. Meine Meinung ist, daß ein Großteil der Arbeitslosen in der BRD nur ihren Beruf ausüben wollen. Schließlich hat man nicht für die Dreckarbeit studiert!

Angst, direkt Angst habe ich vor dem Überschwappen der Drogenwelle, vor dem Ansteigen der Kriminalität, wo ja schon Anfänge, durch fehlende Toleranz, zu sehen sind. Mit der fehlenden Toleranz meine ich die Auswirkungen der Wahlkämpfe. Ich bin voll und ganz gegen die SPD und die CDU/DSU, aber deswegen kann ich nicht mit Brutalität gegen diese Anhänger vorgehen. Am meisten aber fehlt die Toleranz gegenüber der PDS, und das ist die Partei, der ich meine Stimme am 18. März gebe! (Das darf ich natürlich keinem, auch nicht einigen meiner Klassenkameraden, auf die Nase binden!)

Wo Toleranz fehlt, Kriminalität zunimmt, kann man einfach nicht ohne Angst in die Zukunft schauen!

Übrigens: Berlin als Hauptstadt finde ich gut!

o. A., 18 J., Oberschülerin

Bei mir wird es viele Veränderungen geben in meinem späteren Leben. Ich weiß nicht, ob ich Chancen habe, meinen Beruf zu studieren, da ich Rehabilitant bin. Auch meine gesamte Lebensplanung hat sich geändert und ändert sich noch. Ich möchte in meinem Jugendverband mitmachen können und später mit achtzehn Jahren in die LDP eintreten, ohne Angst zu haben, zur Seite gestellt zu werden, nur weil diese Partei nicht so viele Anhänger hat. Aber das wird sich noch ändern. Ich werde nach einer ganz bestimmten Losung leben. Sie heißt:»Links hatten sie, rechts wollen sie nicht, deshalb wählt die Mitte«. Diese Losung wird mich durch mein Leben begleiten.

Im großen und ganzen habe ich keine Zukunftsängste. Nur eins beschäftigt mich. Was mache ich, wenn ich nicht studieren kann/darf?

Ich wünsche die Vereinigung, aber ich möchte sie sozial und mit der starken Mitte!!!

o. A., 15 J., Oberschülerin

In einem gewissen Sinne habe ich schon Zukunftsängste. Jeder weiß genau, daß im Kapitalismus nicht jeder mitgezogen wird. Und aus dieser Sicht denke ich schon, daß man Angst haben muß, später keine Arbeit zu finden. Woher weiß ich, daß ich nicht für umsonst studiere, und auch die Studienzeit wird sicher schwerer werden.

Auch im privaten Bereich habe ich Angst vor der Zukunft. Ich bin seit über einem Jahr mit einem Jungen befreundet. Wir verstehen uns sehr gut, so daß wir beide glauben und wünschen, auch später zusammenzubleiben. Auch haben wir schon ein bißchen »geträumt« und mehr oder weniger Zukunftspläne gemacht. Bloß im Augenblick glaube ich, daß es z. B. gegen mehrere Kinder und ein ordentliches Familienleben viele Einwände gibt.

Auch ich bin für eine Einigung, denke aber, daß man diese nicht überstürzen sollte. Denn auch die DDR hat sich Werte erarbeitet, die man nicht einfach aufgeben sollte. Für mich persönlich denke ich, daß sich sicher vieles ändern wird. Denn als ich mich für meinen Beruf und meine Zukunft entschied, hat man noch nicht voraussehen können, wie sich die Verhältnisse später ändern, so daß man jetzt keinen so geraden Weg mehr hat, den uns der frühere Staat garantierte. Obwohl ich denke, daß das Neue sicherlich Opfer verlangt, daß aber auch nur der was erreicht, der sich wirklich engagiert.

Ich denke, für mich wird sich sicher auch im familiären Bereich etwas verändern. Es wird ein Abhängigkeitsverhältnis zwischen mir und meinen Eltern entstehen, da für meinen späteren Berufswunsch ein Studium nötig ist, in dem ich dann sicher auf finanzielle Hilfe angewiesen bin.

Ich glaube, gerade jetzt muß man gut überlegen, bevor man eine Entscheidung treffen kann.

o. A., 16 J., Oberschülerin

Ich sehe meine Zukunft so aussichtsreich wie nie zuvor. Zum erstenmal habe ich das Gefühl, etwas aus eigener Kraft schaffen zu können, ohne von Bürokraten und Parteibonzen daran gehindert zu werden. Wer jetzt in's große Weh-Geschrei verfällt, hat meiner Meinung nach nicht auf Leistung, sondern auf Ergebenheit und »moralischen Verkauf an eine bestimmte Partei« gebaut und fürchtet sich nun zu Recht vor der Freiheit. Soziale Randgruppen wird es immer geben, die gab es im Faschismus, im Stalinismus ebenso wie im Möchte-gern-Sozialismus. Ich bin aber der Überzeugung, daß jeder gesunde Mensch sich davon abhalten kann, er ist dazu in der Lage.

Ich blicke also recht optimistisch in die Zukunft, bin aber deswegen nicht blauäugig, denn die Realitäten kann im Moment ja wohl niemand vorhersagen.

o. A., 18 J., Oberschüler

Ja, ich habe Zukunftsängste. Zum Beispiel, daß das alte Regime, die PDSED, wieder an die Macht kommt. Es gab zu viele Leute, die Vorteile hatten und die diese nicht einbüßen wollen. Damit muß Schluß sein. Weiterhin habe ich Angst, daß der Stasi weiter arbeitet, weiter Menschen beobachtet und schikaniert.

Das muß aufhören!
Ein christlich-demokratisch geführtes einiges Deutschland muß her.

o. A., 17 J., Oberschüler

Ja, ich sehe an der Stelle, wo die Zukunft steht, ein Loch, leer. Ich weiß nicht mehr, wohin ich soll. Man hat früher immer für uns gedacht: erst Pionier, dann FDJler, dann EOS, dann Studium, Arbeit usw. Alles vorprogrammiert. Ich weiß nicht, welche Studienrichtung ich wählen soll, ob man vielleicht bald selber alles finanzieren muß, was ich nicht vermag. Ich habe Angst vor der geballten Kraft der Deutschen, vor den aufgerissenen Mäulern auf den Demos, vielleicht vor einem neuen starken Mann...

Konsequenzen für mich: Ich werde vielleicht einen Beruf lernen, und wenn ich nur könnte, würde ich, so schnell wie nur möglich, verschwinden aus »Deutschland«. Ich bin keine Deutsche.

o. A., 17 J., Oberschülerin

Ja, ich habe Zukunftsängste, denn in der jetzigen Situation weiß ich nicht, wo mir der Kopf steht und wie es für mich mal weitergehen soll. Mir ist das zur Zeit alles viel zu turbulent (indem es fast jeden Tag was Neues gibt), und irgendwie kann ich das alles, wie z. B. jetzt die Wahlen, wo die CDU gewonnen hat, nicht so schnell verdauen. Ich denke mir, daß jetzt zwar viel Stuß gemacht wird z. B. mit der Währungsunion, aber daß wir doch ganz schön lange noch zappeln dürfen und abwarten müssen, was die Zeit uns bringt. Aber lange kann ich nicht auf Ungewisses warten.

o. A., 18 J., Lehrling (Baufacharbeiterin mit Abitur)

Angst habe ich vor allem vor der Gefahr von Rechts. Das ist nicht nur eine Panikmache oder eine Losung, die ich irgendwo aufgeschnappt habe, es ist die Realität, die ich montags auf der Leipziger Demonstration erlebe.

o. A., 18 J., Oberschüler

Verantwortung formuliert sich
Foto: Rolf Zöllner

Natürlich habe ich Zukunftsängste! Ich bin ein Abiturient und habe demzufolge noch keinen Beruf erlernt. Käme es jetzt zu einer Wiedervereinigung, würde ich vom Staat keine finanzielle Unterstützung bekommen. Ich müßte dann mit vom Geld meiner Mutter leben.

Eine andere Bedrohung stellt für mich der schon erstarkte Neofaschismus in beiden deutschen Staaten dar. Skinheads oder Faschos ziehen mit erhobenem Arm durch die Straßen, aber nur wenig Leute bekämpfen sie. Schönhuber und Kühnen wollen hier ein Viertes Reich aufbauen. Was das bedeutet, ist uns ja wohl allen klar. Sie wollen die Ausländer und alle Andersdenkenden und Aussehenden aus Deutschland haben. Es müssen daher breitere Aktionsfronten gegen Rechts geschaffen werden, und es müßten sich viel mehr Leute am Kampf gegen Nazis beteiligen. *Gegen Nazis!* Autonome Antifaschisten

> *o. A., 18 J., Oberschüler*

Eine Befürchtung habe ich in Hinsicht auf die UdSSR. Ich meine, wenn in der DDR der Sozialismus sofort vollständig liquidiert wird. Ich liebe dieses Land sehr und bin durch viele persönliche Kontakte fest mit ihm verbunden. Wie schwer es M. S. Gorbatschow bereits jetzt hat, zeigen die Ereignisse in Litauen. Ich glaube, ein baldiges kapitalistisches Deutschland wäre auch das Aus für »Gorbi«. Ich hoffe nur, daß sich die sowjetischen Völker ihre Herzlichkeit und Gastfreundschaft bewahren mögen.

> *o. A., 17 J., Oberschüler*

Ja, wenn es eine Wiedervereinigung gibt. Mich würden viele Probleme belasten. Republikaner, keine soziale Sicherheit, Persönlichkeitsveränderungen im Bekanntenkreis, Macht- und Profitgier, daß man an allen Ecken und Buden aufpassen muß, ob nicht jede Geste mit einem Hintergedanken negativer Art in Verbindung steht.

Nein, wenn die DDR so bleibt, wie sie ist und sich wirtschaftlich stärkt. Ich kann auf Luxus, wie Telefon oder Videorecorder, gut und gerne verzichten, wenn ich nur einen gesicherten, guten Arbeits-, Wohn- und Lebensraum habe. Meine einzige Zukunftsangst besteht in der Einverleibung der DDR durch die BRD!

PS: Ich halte solche Umfragen für unangebracht und finde es schäbig, daß wir dazu verpflichtet wurden.

> *o. A., 17 J., Oberschüler*

Von Zukunftsängsten kann man nicht sprechen, es ist eher das Ungewisse, was auf mich zukommt.
– Vor der Wende war das Leben/Beruf für viele schon programmiert.
– Jetzt muß man etwas dafür tun, es reicht nicht mehr, sich irgendwie
durchzuschlängeln.
– Ich sehe zur Zeit nur, daß uns die BRD für einen 0-Tarif »kaufen
will«, und ich denke, daß wir für sie immer zweite Klasse waren und es
am Anfang auch noch sein werden.
– Ich kann auch nicht glauben, daß alles, was wir vierzig Jahre aufgebaut haben, falsch war.
– Ich denke da am meisten an die ältere Generation, die sich (nicht
alle) für einen guten Staat/gutes Leben eingesetzt haben und jetzt, wo
ihr Leben das letzte Drittel erreicht hat, merken, daß alles für umsonst
war.
In der Vereinigung sehe ich vielleicht eine neue Zukunft, keine großen
Veränderungen.

o. A., o. A., Oberschüler

Ich habe Angst darum, daß es zu einem Streit zwischen BRD/
Deutschland und Polen wegen der Besitzansprüche um die Ostgrenze
kommt. Auch möchte ich, wenn es zur Vereinigung kommt, daß
Deutschland aus der NATO austritt. Ich möchte auch nicht, daß das
Grundgesetz der BRD so übernommen wird, wie es ist.
Zukunftsängste wegen einem Beruf persönlich hätte ich nicht so sehr,
aber Angst um all jene Menschen, die schon jetzt bei uns Randgruppen
waren (z. B. Behinderte).

o. A., 19 J., Lehrling (Fachverkäuferin)

Zukunftsängste habe ich jedoch, wenn in unserem Land wieder eine
Diktatur regiert, welche die Menschen um ihre Freiheiten bringt. Be-
sonders denke ich hier an den Rechtsradikalismus, der ja bekanntlich
wieder aufblüht – leider auch in unserem Lande. Wenn es der Schönhu-
berpartei gelingt, ihren Einfluß zu verstärken, sehe ich schwarz. Solche
Elemente müssen unschädlich gemacht werden – schnell!
Aber auch ein Einparteiensystem kommt für mich nicht in Frage.
Wahre Demokratie kann nur vorhanden sein, wenn verschiedene Par-
teien existieren, die einen fairen Wahlkampf führen. Sie dürfen andere
Parteien kritisieren, aber nicht verleumden oder schlecht machen. Bei

einem Einparteiensystem besteht außerdem die Gefahr, daß in unserem Land wieder eine Diktatur entsteht.

o. A., o. A., Oberschüler

Zukunftsängste hat zur Zeit wohl jeder mehr oder weniger. Bei mir ist es das Problem, nach dem Studium Arbeit zu finden. Doch das ist für mich das geringere Problem. Ich habe auch Angst, ein typischer BRD-Bürger zu werden. Damit meine ich das Karrieredenken, die Überheblichkeit sozial weniger bemittelten Bürgern gegenüber und eine gewisse Gefühlskälte. Teilweise fühle ich mich sogar betrogen, betrogen um meine Heimat. Obwohl wir bei uns viele Fehler gemacht haben, denke ich doch auch, daß Gutes darunter war. Ich habe Angst, daß dieses Gute nun in einem Meer von Geld und Wohlstand und Egoismus untergeht.

o. A., o. A., Oberschülerin

Natürlich habe ich Angst um meine Zukunft und die vieler anderer. Die Toleranzfähigkeit der Deutschen ist sehr geschrumpft. Menschen, die anders leben, lieben, denken, werden an den Rand der Gesellschaft gedrückt. Im Gesetzbuch der BRD existieren diverse Paragraphen, die das begünstigen. Beruflich werde ich schon meinen Weg machen. Psychologen bekommen in dieser jetzt anbrechenden Zeit viel zu tun. Der Mensch hat sehr gelitten. Brutalität, Aggressivität, die mit Intoleranz, Rassenhaß und der resultierenden Diskriminierung von Menschen verbunden sind, werden nicht zu bremsen sein. Ob ich in einer solchen Welt leben möchte? Nein, das weiß ich sicher. Geld wird der einzige Wert sein, an dem sich Menschen messen. Ganz nebenbei wird die Umwelt verkommen. Wir schaufeln da unser eigenes Grab. Die sozialen Maßnahmen werden auch nicht bleiben. Frauen werden in die Küche und zu den Kindern verbannt. Ich merke schon, viel Positives fällt mir nicht ein zum Thema Deutschland.

o. A., 17 J., Oberschüler

Eine richtige Angst ist wohl, daß ein vielleicht eines Tages vereinigtes Deutschland wieder zu einer militärischen Großmacht aufsteigen will. Ich glaube, daß dies die einzige, richtig große Angst ist. Da sind sicher noch mehr Befürchtungen, wie Arbeitslosigkeit, teures Sozialwesen u. v. a. m. Aber dies ist wohl die größte von mir.

o. A., 17 J., Oberschülerin

Ich habe nur die eine Angst. Diese besteht darin, daß die roten Hunde wieder an die Macht kommen. Wenn dies geschieht, muß ich mir meine Zukunft in einem anderen Land aufbauen.

o. A., 19 J., Lehrling (Ofenbauer)

Ich habe Zukunftsängste und nicht gerade wenige. Zum ersten wäre ich als Abiturient der erste, der fällt, es braucht mir nur zu passieren, daß ich mein Studium selbst bezahlen muß und keine Lebensgrundlage habe.

Zum zweiten wird mir angst und bange, wenn ich an die »soziale Sicherheit« denke. Wie soll ich meine Wohnung bezahlen, wenn ich überhaupt eine bekomme? Wo soll ich meine Kinder »hinstecken«, wenn die Kinderkrippen bzw. -gärten abgeschafft werden. Werde ich als junger, unerfahrener, frisch vom Studium kommender ausgebildeter Lehrer überhaupt angenommen. Muß ich sicher auf die Straße gehen? Und was tun die Ministerien dagegen? Nichts, die sind nur auf ihren »politischen Kampf« eingerichtet, aber nicht auf Menschen, die in der DDR geblieben sind, weil sie Hoffnung hatten.

o. A., 18 J., Oberschülerin

Ich würde dieses Land mit Sicherheit verlassen. Ich bin in Zweistaatlichkeit aufgewachsen und kenne es nur als zwei Staaten. Eine Vereinigung würde mir mein Vaterland bzw. Heimatland einfach so nehmen, es würde nicht mehr existieren. Und damit kann ich mich nicht identifizieren. Die BRD als guter Nachbar, akzeptiert. Doch man kann doch einen Staat nicht einfach aufgeben, der vierzig Jahre lang existiert hat. Wo bleibt da der Stolz und die Würde, die DDR hat ja nicht nur schlechte Seiten vorzuweisen. Geschichte kann man nicht zurückholen, und ein Großdeutschland ist nun mal Geschichte.

Sicher habe ich Zukunftsängste, wenn ich mit der Perspektive lebe, mein Heimatland zu verlassen. Vor allen Dingen, wenn man es gar nicht möchte. Mit diesem Wandel sind neue Zukunftsträume entstanden, welche mir nach der Wahl gleich wieder genommen wurden. Was soll werden? Ich weiß es nicht!

Die Angst vor einem neuen Krieg, der nach den Unruhen in der SU kommen kann, ist da. Es gibt genügend Faschos und Neonazis, bei denen es mir eiskalt den Rücken runterläuft. Ich glaube, auf meine Nationalität kann ich bald nicht mehr stolz sein.

Werde ich, wenn es so weiter geht, eine Wohnung bekommen? Ist es verantwortlich, Kinder in so eine Welt zu setzen? Es gibt so viele Fragen, aus denen größtenteils Ängste entstehen, z. B. das Wort Umwelt. Wie lange werden wir noch eine haben? Und so könnte man noch Blätter füllen. Es entsteht eine gewisse Perspektivlosigkeit. Man lebt z. Z. ins Ungewisse hinein.

o. A., o. A., Lehrling (Buchhändlerin)

– Keine gesicherte Zukunft mehr
– Angst, Kinder noch in die Welt zu setzen
– Angst, vom Kapitalismus total überrollt zu werden – denn: kein Monopol würde Geld in etwas hineinstecken, wenn es nicht wüßte, daß es später daraus Gewinn macht
– Wir haben uns meiner Meinung nach schon jetzt total ausverkauft
Regierung der CDU macht mir Angst, weil:
– Für mich keine Zukunftsvorstellung
– Haben auch nicht genügend Vorschläge für die Verbesserung der Umwelt (wohin, wenn die gesamte Umwelt verpestet und tot ist)
– Kohl ist mir verhaßt, weil er nur Mist erzählt, ich habe den Glauben an vernünftig denkende Menschen verloren, seit ich gesehen habe, wie die Leute ihn in Leipzig bejubelt haben
– Wahlergebnis war für mich ein harter Schlag
Es wäre schön, wenn ich mich irre, würde mich auch gern eines Besseren belehren lassen.

o. A., o. A., Lehrling (Buchhändlerin)

Ja, jetzt nach der Wahl, bei der die CDU gewonnen hat, habe ich Existenzangst bekommen. Ich hab' Angst, in der westlichen Gesellschaft unterzugehen, denn ich schätze mich nicht allzu clever und geschäftstüchtig ein. Außerdem fürchte ich, daß die ganzen sozialen Maßnahmen der DDR unterzugehen drohen.

o. A., o. A., Lehrling (Buchhändlerin)

Ja, natürlich. Wer hat sie nicht manchmal? Daß ich meinen Studienplatz nicht bekomme, ist ein Alptraum für mich. Genauso habe ich Angst, mich irgendwann wegen meines politischen Engagements gegen Neonazis und Skinheads mal im Krankenhaus wiederzufinden.
Ich habe Angst davor, ernsthaft krank zu werden oder arbeitslos. Ge-

nauso habe ich Angst vor einer nuklearen Katastrophe, egal, ob sie durch Waffen oder Unfälle hervorgerufen wird. Aber vielleicht geht die Welt eines Tages durch unseren Umgang mit der Umwelt zugrunde?!

o. A., 16 J., Oberschülerin

Die Vereinigung wird schneller und chaotischer ablaufen, als wir es uns wünschen können. Ich weiß nicht, wie wir sie selbst bestimmen können. Ich würde meine Heimat verlieren, ein Stück Identität, wenn alles zu schnell vor sich geht. Was nützen uns Meinungs- und Reisefreiheit, wenn wir die fünf schwächsten Bundesländer sind? Wir haben fähige Leute (Politiker, Künstler, etc.), die sich auf keinen Fall vereinnahmen lassen dürften. Wir waren etwas Eigenes, nach den Oktobertagen hätte ein großer Anfang beginnen können, doch nun ist das Ende der DDR besiegelt.

Ja, in der Natur. Es fängt bei der Arbeit an. Kann ich in diesem harten, marktwirtschaftlichen Leben bestehen? Wir haben es nicht gelernt, wollen es lernen. Dazu muß man uns eine Chance geben.

Wie wird es mit Wohnung, den Preisen und vielem weitergehen? Ich weiß es nicht, vieles ist ungewiß. Ich habe auch Angst vor dem absoluten Konsumdenken, was bei uns schon Einzug gehalten hat. Wir haben mit dem Bauch, statt mit dem Verstand gewählt. Hoffentlich erschlagen uns nicht die Folgen.

o. A., 17 J., Lehrling (Buchhändlerin)

Ja, natürlich habe ich große Zukunftsängste. Wegen den ganzen Nazis und Faschos, denn mein Freund ist nicht ganz deutsch, und man sieht es ihm auch an. Darum haben wir um unsere persönliche Sicherheit Angst. Wir brauchten in den letzten Jahren uns nicht darum den Kopf zerbrechen. Das soll aber nicht heißen, daß ich eine Stasi und eine SED wiederhaben möchte. Nein, um Gottes willen! Die Typen habe ich schon immer gehaßt. Es geht uns um die Nazis!

Ich habe auch Angst um meinen Arbeitsplatz. Ich bin eine Frau und noch in jungen Jahren, es kann mir schnell passieren, daß ich ein Kind bekomme. Ich habe auch den Wunsch, ein Kind in den nächsten zwei bis drei Jahren zu bekommen. Aber welcher Chef stellt eine junge Mutti ein, wo doch ein Kind häufiger krank ist? Also kann ich nur sagen entweder/oder.

o. A., 18 J., Oberschülerin

Da ich Pädagogik studieren werde, eröffnet sich für meine zukünftige Entwicklung ein völlig neuer Aufgabenbereich mit Vereinigung der deutschen Staaten.
– Nicht unbedingt freiwillige aber notwendige Eingliederung in marktwirtschaftliche Kreisläufe.
– Orientierung auf Persönlichkeit, Leistungsprinzip,
– Der Wunsch Lehrer zu werden, bleibt.
»Positive« Auswirkungen:
– Mehr Meinungsfreiheit als Lehrer.
– Engagement für Umweltproblematik, Friedenspolitik besser einbringen.
Seit dem 9. November begreife ich die Wichtigkeit von Freundschaft, Vertrauen und Mitgefühl.
»Negative« Auswirkungen:
– Materielle Orientierung, Leistungsdruck, nur für sich leben und an sich denken.
– Unterlegenheit der DDR-Bürger in Ausbildungsstand, Persönlichkeit, Fähigkeit, Geschäfte zu machen, Erscheinungsbild
– Sorge um soziale Sicherheit: Arbeit, Wohnung
– Angst, daß jeder nur für sich selbst lebt und an sich denkt
– Angst davor, daß die DDR-Bürger Menschen zweiter Klasse werden, und Schöpfer für Reichtum der BRD.
– Angst um Erhaltung des Friedens und der Umwelt.
– Angst vor Rechtsextreme, Ausländerhaß.
o. A., o. A., Oberschüler

Ich bin enttäuscht, daß es viele Menschen gibt, die auf Parteien hereinfallen, deren Konzept einfach nicht das richtige für uns sein kann, sondern nur der BRD dienen kann. Am meisten enttäuschten mich die Verbrecher, die vorher unseren Staat geführt oder verkommen hatten lassen und nur sich selbst bereicherten und das auf eine Weise, die sowieso irgendwann scheitern mußte.
Wenn Erich Honecker sich 75 Mio DM auf ein privates Schweizer Konto schafft, obwohl er gar nichts damit anfangen konnte, dann gibt mir das zu denken. Was waren das für Menschen?
o. A., o. A., Oberschüler

Früher war alles geplant. In der Schule – Antrag auf EOS – angenommen – Antrag Studium – zum Glück angenommen. Die nächsten fünf Jahre sind im Prinzip geplant. Danach würde ich als Lehrer arbeiten. Mit dem Recht auf Arbeit wäre es gesichert. Wenn nun die Vereinigung beider deutscher Staaten käme – und wir das Modell »BRD« allgemein übernehmen, dann ist dieses Recht nicht gesichert. Vielleicht sitze ich dann irgendwann auch mal auf der Straße.

Ansonsten kann ich mir die Konsequenzen eines vereinigten Deutschlands nicht vorstellen, da ich im Moment noch nicht weiß, wie wir uns vereinigen. Sicherlich bringt die Marktwirtschaft viel Gutes, aber die sozialen Leistungen möchte ich nicht missen.

Ich will auch nicht, daß wir ein »Ein-Mann-Staat« werden, in dem jeder seine eigenen Interessen hat und die mit allen Mitteln durchsetzen will. Andere »ganz persönliche« Veränderungen und Konsequenzen kann ich mir im Moment noch nicht vorstellen.

Eine Angst ist zum Beispiel, daß eine rechtsorientierte Partei die Führung ergreift. Die Taten Hitlers sollten eigentlich allen Warnung genug sein. Diese Menschen kann ich nicht verstehen, die diese Gefahr nicht sehen (oder sehen wollen). Abgesehen von diesen Ängsten nach der Wahl gibt's noch andere Zukunftsängste wie z. B. ökologische Probleme – Umweltzerstörung...

o. A., 18 J., Oberschülerin

Angst vor der Zukunft habe ich keine, bloß, daß Ausländerfeindlichkeiten und der Neonazismus Oberhand gewinnen. Das ist meine einzige Sorge, ansonsten glaube ich schon, wenn die BRD einiges von uns annimmt, und wir den Rest von der BRD, wird das schon ein gutes Land werden.

Schön find ich auch, daß sich Jugendliche mal selbst was kaufen können. Ich konnte mir hier vom eigenen Geld keine Hose leisten, und für den Recorder zu sparen, war ja wohl aussichtslos. Genauso wie die Einrichtung einer Wohnung junger Leute, das wird einem in der BRD absolut leichter gemacht.

o. A., 16 J., Oberschülerin

Ich persönlich würde dann wirklich Leistungen bringen müssen. Könnte dann mit DM ins Ausland mit meinen Kumpels fahren und wäre stolz, ein Deutscher zu sein und nicht bloß ein armer DDR-Schlucker.

Zukunftsängste habe ich natürlich. Wenn Deutschland wieder groß ist und wirtschaftlich stark, werden noch mehr Scheinasylanten und andere Ausländer nach Deutschland kommen. In diesem Punkt müßten die Asylanten-Verfahren radikaler durchgezogen werden (bis ein Scheinasylant ausgewiesen wird, dauert es bis zu fünf Jahren – 100000 DM für den Staat).

Da finde ich es schon besser in der DDR, wo sich die Ausländer wirklich als Ausländer fühlen und wieder in ihre Heimat zurück müssen. Außerdem habe ich davor Angst, daß die Republikaner Zuwachs finden.

o. A., 17 J., Lehrling (Elektromonteur)

Eine Vereinigung würde mein ganzes Leben verändern. Ich bin in der DDR geboren worden, wurde hier gegängelt, auf einmal soll ich in Deutschland wohnen. Die Schule wäre völlig neu, Lebensgewohnheiten und Meinungen wären von heut auf morgen zu beseitigen. Das wäre ein seelisches Chaos in meinen Augen für mich.

Ja, ich habe Zukunftsängste. Zu viele. Da ist nicht nur die Vereinigung Deutschlands, die mir Sorgen macht. Nein, auch der nukleare Weltkrieg, die Umweltkatastrophen, die hohe Radioaktivität auf der Erde und die schlimmen Umweltschäden machen mir Angst. So eine Angst, daß ich manchmal nicht mehr weiß, ob es morgen überhaupt noch eine Erde gibt. Für mein weiteres Leben, meinen Beruf, meine Familie und meine Gesundheit habe ich genauso Angst. Angst davor, alles zu verlieren, ohne wirklich gelebt zu haben. Angst, aus der Welt zu gehen, ohne daß ich sagen könnte, ich habe etwas gegen meine Ängste getan. Ich habe Angst, daß ich alles verlieren könnte, was ich zum Leben brauche, sogar mein eigenes Leben. Nur vor einem habe ich keine Angst, vor dem Tod. Denn ich glaube an die Auferstehung und weiß, daß der Tod arm und reich holt.

o. A., 15 J., Oberschülerin

Eine Vereinigung der beiden deutschen Staaten würde für mich zuerst einmal eine Enttäuschung mit sich bringen. Mein Zugehörigkeitsgefühl würde, glaub ich, ins Wanken geraten. Als DDR-Bürger fühlte ich mich bisher recht wohl. Doch wenn dann ein Gesamtdeutschland besteht, wäre ich dann »nur« noch Deutscher. Ich weiß nicht, ob ich mich damit identifizieren kann. Weiterhin würde eine Vereinigung für mich bedeuten, in einer »Ellenbogengesellschaft« mich zu beweisen. Da ich das bisher nicht gelernt habe, kommen mir so einige Bedenken. Als positiver Aspekt steht für mich ganz besonders die Möglichkeit, zu reisen.

Ich möchte nicht sagen, daß ich Zukunftsängste habe, doch ich bin besorgt. Ich könnte mir denken, daß die zwischenmenschlichen Beziehungen kälter werden und daß nur noch Besitz und Geld zählt. In der DDR sind die Menschen irgendwie mehr zusammengewachsen. Eine gewisse Geborgenheit und Sicherheit vor solchen Einflüssen der Konsumgesellschaft wie Drogen, Sex, Gewalt usw. wird wahrscheinlich für uns verloren gehen. Ansonsten habe ich keine Angst, aber ich glaube, diese Bedenken sind ziemlich beträchtlich.

o. A., o. A., Oberschülerin

Natürlich habe ich Zukunftsangst. Schon wegen meines zukünftigen Berufes. Viele Probleme werden auf uns zukommen. In unserer Stadt will man ein Drogenberatungszentrum eröffnen. Man sieht also voraus. Ein Bekannter von mir nimmt jetzt Drogen. Das tut sehr weh, vor allem, wenn man die fast problemlose Zeit vor der Wende miterlebt hat.

Auch die AIDS-Kranken werden immer mehr. Die Kriminalität wird zunehmen. Jetzt ist die Kriminalität schon sehr hoch bei uns, auch vor der Wende schon. Ich kenne ein paar Jugendliche, die stehlen und sich nichts daraus machen. Sie machen es aus Spaß. Das wird zunehmen, wir müssen uns darauf einstellen, aber keiner weiß so richtig, wie.

o. A., 17 J., Oberschülerin

Man sollte sich nicht mit Ausländern unbedingt einlassen (ich meine Geschlechtsverkehr), da man nicht weiß, ob er AIDS hat oder wie lange schon. In der DDR gibt es schon mehr Drogensüchtige und AIDS-Kranke. Wenn schon Ausländer in die DDR kommen, müßte man überprüfen, ob sie AIDS haben. Ich würde sagen, man kann nicht allen Leuten trauen, die einem so nett erscheinen.

o. A., 18 J., Lehrling (Wirtschaftskauffrau)

Zukunftsängste habe ich nur dahingehend, daß die DDR geschluckt wird, daß ich meinen Beruf nicht ausüben kann und hinsichtlich schon vorheriger Ausführungen. Daß es passieren könnte, daß ich durch materielle Aspekte meine beiden Freunde und meine Freundin verlieren könnte. Daß ich Angst um die Zukunft meines noch nicht geborenen Kindes haben muß (nicht geboren entspricht in dem Fall nicht gezeugt!).

o. A., 17 J., Lehrling (Facharbeiter für Pflanzenproduktion mit Abitur)

Ich habe Zukunftsängste, wer hat die nicht! Besonders große Angst habe ich vor meiner Zukunft als Frau. Ich möchte gerne Kinder haben, doch beides, Beruf und Familie, wird in Zukunft schwer unter einen Hut zu bringen sein. Und ein Leben am Kochtopf, dafür möchte ich nicht studieren. Große Angst habe ich vor einer Übermacht der Rechtsradikalen. Ich bekenne mich klar zum Linkssein. Und die meisten Linken haben Angst vor den Rechten, so auch ich. Zu wissen, mit einem Republikaner (o. ä.) unter einem Dach zu wohnen, ist schlimm für mich!

Und wenn Menschen sagen: »Merkt Euch die Gesichter gut, nach der Wahl wird abgerechnet«, da darf man doch Angst haben, oder? Ich möchte nicht als überflüssig in der Gosse landen, ich möchte mir ein erfülltes Leben aufbauen, und weil ich weiß, daß ich das wohl in einem vereinigten Deutschland nicht schaffe, habe ich Zukunftsangst.

Zur Zeit sehe ich keinen Sinn in meinem Leben, aber ich habe auch Hoffnung auf Änderung.

o. A., 16 J., Oberschülerin

Ich wurde zur Realität erzogen und blicke jetzt mit Grauen in unsere Zukunft! Ich würde wieder bevormundet werden, weil die BRD auch kein Rechtsstaat ist. Man würde meine Generation betrügen, weil ich aus der DDR bin. In einem vereinigten Deutschland fühle ich mich nicht wohl. Für meinen Berufswunsch sehe ich in der DDR wie in der BRD schwarz. Ich würde mich wieder bespitzelt und betrogen fühlen, mit Recht.

o. A., 15 J., Oberschülerin

Die Republikaner sollen ja in der DDR mehr Anhänger haben als in der BRD, obwohl wir ein antifaschistischer Staat sein wollen.

Man sollte endlich die Oder-Neiße-Grenze anerkennen. Stettin sollte natürlich wirklich polnisch bleiben.

Ich hoffe auch, daß, wenn Deutschland wirtschaftlich stark ist, uns niemand militärisch bedrohen wird. Deutschland wird nämlich die

Alexanderplatz, 4. November 1989
Foto: Hessheimer

Wirtschaftsnation Nr. eins sein, und einigen wird das bestimmt nicht gefallen. Deutschland (BRD und DDR) muß in Frieden und Freiheit wiedervereinigt werden und so in Frieden leben können.

o. A., 17 J., Lehrling (Elektromonteur)

Ja, Zukunftsängste habe ich. Die erste ist die Sicherheit im militärischen Sinne. Ich bin der Meinung, daß ein geeintes Deutschland, also NATO-Partner, diese nicht gewährleisten kann. Die Deutschen haben schon zu viel Unglück über die Welt gebracht und sind ein Volk mit einem teils übertriebenen Nationalstolz.

Die zweite Angst bezieht sich auf die Frage nach Grund und Boden, nach Häusern, Fabriken ... – Wie kann dies gesichert werden? Laut bundesdeutschem Recht sind alle Schritte nach '45 unrechtmäßig. Ehemalige Eigentümer melden sich beständig, um etwas vom »Kuchen DDR« zu erheischen. Es gibt viele Fragen, die offen stehen, und das beängstigt mich.

o. A., 18 J., Lehrling (Baufacharbeiter mit Abitur)

In bezug auf die Einigung und mein Leben in einem geeinten Deutschland nicht – wozu auch – es war schon immer mein Traum! Ich werde doch jetzt nicht kuschen und so feige sein, mich den dortigen Prüfungen zu entziehen. Nein!

Ich habe nur Angst, daß die PDS eine zu große Macht, also viele Wahlstimmen bekommt und daß alles wieder von vorne anfängt. Das wollen sie doch nur. Und ich habe Angst, daß die Einheit Deutschlands nicht zustande kommt, davor habe ich große Angst, schon aus Nationalstolz und Selbstwertgefühlen heraus. Denn ein Verbrecher, der früher Müller hieß und jetzt z. B. Meyer, bleibt ein Verbrecher.

Die SED war eine Organisation mit verbrecherischen Interessen, und die PDS ist auch eine, bloß unter anderem Namen. Sie versuchen jetzt die Bevölkerung einzuschüchtern, Angst zu schüren und sich selbst als Retter darzustellen. Wenn sie an die Macht kommt, ist alles aus für mich, es würde eine Welt zusammenbrechen.

Wir brauchen keine Angst vor einem geeinten Deutschland zu haben, es ist unser Vaterland, und wir können doch kämpfen, um es uns schön darin zu machen.

Diese Frage ist meiner Meinung nach eine Provokation, soll Ängste zum Vorschein bringen vor der Vereinigung, damit vielleicht gesagt

werden kann, daß wir alle Angst haben. Aber ich bleibe bei meiner Meinung.

o. A., 17 J., Oberschüler

Zukunftsängste? Natürlich habe ich die. Wenn ich bloß an den Tag
denke, wo es zur Wiedervereinigung kommt, dann wird mir jetzt schon
schlecht. Wozu das Ganze? Warum muß es auch bei uns soweit kommen, daß man Angst um seinen Arbeitsplatz hat? »Freiheit statt Sozialismus« – Ist das denn etwa die Freiheit? Ist man frei, wenn man nicht arbeiten gehen kann? Also, für mich gibt es bessere und nützlichere Freiheiten. Und weiter. Glaub' ich jetzt noch an Vergünstigungen, an die
niedrige Miete oder z. B. an das Babyjahr, das einer Frau immer zustand? Wie weit wird es bei uns wohl kommen? Es gibt noch viele andere
Gründe und Ängste für mich, die ich jetzt nicht weiter ausbauen
möchte.

Also, daß ich gegen eine Wiedervereinigung bin, habe ich ja schon
dargelegt. Was würde sich nun also für mich verändern? Ich glaube,
mein Leben geht auch eine Wende ein. Es ist dann kein Leben mehr für
mich. Ich komme da immer auf's gleiche Thema: Arbeitsplatz. Wie soll
es denn weitergehen?

o. A., 17 J., Lehrling (Köchin)

Ja, ich habe große Zukunftsängste. Ich weiß nicht, wie wir als sozialistisch erzogene Menschen damit fertig werden sollen. Wir sind in einem
System groß geworden, wo das Konsumangebot, die Verfassung, das
Recht usw. so total anders waren. Wir als junge Menschen wachsen da
wohl noch rein, aber ich glaube, wenn ich älter wäre, würde es mir
unheimlich schwer fallen. Wir hatten bis jetzt große soziale Vorteile,
die man meiner Meinung nach nicht einfach so unter den Tisch fallen
lassen sollte. Auch das Drogenproblem sehe ich als ein sehr großes
Problem.

o. A., 17 J., Lehrling (Baufacharbeiterin mit Abitur)

Ich habe Angst vor einem »Raketenunfall« und vor einer weltbedro-
henden Umweltkatastrophe. Ich bin mir nicht mehr sicher, ob ich in
solch eine verstörte Welt, in der Egoismus und Geld regieren, ein Kind
setzen möchte. Ich habe Angst davor, daß ich und andere Menschen
durch Reaktorunfälle verseucht werden. Es gibt so viele Menschen, die

Ängste haben. Warum nicht auch Politiker? Sie sollten ihren Ängsten mehr Platz geben und sie auch berücksichtigen, denn ein Sprichwort sagt: »Angst bewahrt vor Dummheit«. So manche Fehler hätten vermieden werden können.

o. A., 18 J., Lehrling (Facharbeiterin für Schreibtechnik)

Ja. Ich sehe die Naturschutzgebiete in unserem Lande für die D-Mark weichen. Es werden riesige Hotels und Parkplätze aus Beton aus dem Boden gestampft. Der Schilfgürtel um Rügen wird dem Touristenstrom aus der BRD nicht standhalten. Es werden neue und breite Straßen gebaut. Die Höchstgeschwindigkeit wird inoffiziell steigen. Der Müllberg wird wachsen, durch das Verpackungsmaterial (unnütz) von der BRD. Die Straftaten werden zunehmen. Die gesellschaftlichen Beziehungen werden zurückgehen. Die Sucht nach Drogen wird noch mehr steigen. Die Arbeitsplätze werden nicht mehr sicher sein. Zusätzlich werden noch die Kapitalisten sich auf unser Land stürzen, sich alles unter den Fingernagel reißen.

Aber unsere Wirtschaft wird endlich wieder auf Vordermann gebracht. Ein Glück ist für mich, daß die Grünen in der Volkskammer und auch im Parlament drüben sitzen (wenn es zu einer neuen Verfassung kommt, egal welcher, ob Artikel 23 oder 146), sie werden versuchen zu retten, was vielleicht noch übrig ist.

Es ist doch eigentlich komisch. Warum erhalten wir eigentlich Gebiete, so wie sie sind (z. B. das Niemandsland zwischen BRD und DDR)? Später wird unwahrscheinlich viel Geld wieder investiert, um vielleicht einen gleichen Bruchteil davon wieder Natur nennen zu können (und sich dann damit zu rühmen).

o. A., o. A., Lehrling (Buchhändler)

Zukunftsängste. Ich habe Angst, daß alle nur wegen den materiellen Werten nach Einheit schreien (oder zumindest die meisten), aber daß sie sich dessen gar nicht so bewußt sind. Und ich habe Angst, daß, wenn sie den Lebensstandard der Bürger der BRD/WB erreicht haben, sie entweder nicht mehr wissen, wonach sie dann streben sollen oder nur nach höheren größeren materiellen Werten streben. Und ich meine noch (noch!) immer, daß das nicht der Sinn des Lebens sein kann, obwohl man sich schnell davon mitreißen läßt (sehr schnell!).

Außerdem denke ich, daß die Randgruppen, Leute, die nicht mehr mitkommen, total von der Gesellschaft ausgegliedert werden. So daß sie (auch wenn sie es wollten) keine Chance mehr hätten, in die Gesellschaft integriert zu werden.

Man hört immer mehr: »Die, die wollen, finden auch Arbeit,« oder »Drüben ist ein viel besseres soziales Auffangnetz, da passiert schon nichts« etc. Und ich glaube, damit machen wir es uns zu leicht, wenn wir sagen/denken, die werden schon von irgendjemand aufgefangen. (Wenn nicht, ist es ihre eigene Schuld!)

Außerdem frage ich mich, ob nicht gute, menschliche Ideale verlorengehen, wenn der Mensch den Glauben an den wahren Sozialismus verneint und somit auch den Glauben an das Gute im Menschen. Außerdem: Was wird aus dem uns zugesprochenen Studienplatz!?

o. A., 18 J., Oberschülerin

Angst vor der Macht des Geldes, das alles so oberflächlich machen kann. Angst vor den Menschen, daß ein Größenwahn kommt, daß sich zu viele durch die schöne Fassade täuschen lassen, aber ich bin sehr froh, daß wir nun endlich mal nicht mehr bevormundet werden, wir selber sehen müssen, wie es mit uns weitergeht, und da ist noch eine Angst: Wie viele können mit ihrer »Freiheit« nichts anfangen, haben Angst vor Experimenten und rufen jetzt wieder nach einem Führer, nicht, daß sie das Alte wollen (das wäre eine Unterstellung), aber so in der Luft zu hängen, ist auch nicht gut, und da ist doch eine Vereinigung mit Kohl an der Spitze fantastisch, und dadurch wird wieder so viel verdrängt und nicht aufgearbeitet, daß es früher oder später zur Katastrophe kommt.

Die Unfähigkeit der Menschen, mit Freiheit umzugehen!

– Ich werde wahrscheinlich auswandern.

– Vergangenheit noch nicht bewältigt und schon wieder »Großdeutschland«.

– Freunde werden sich verändern, um den Absprung zu schaffen; ich selber werde mich verändern, um irgendwie auch mitzuziehen, um nicht auf der Straße liegen zu müssen.

– Mit der Vereinigung, die nicht ausbleiben wird, sind Träume und Illusionen zerstört, mit denen alles angefangen hat.

o. A., 18 J., Oberschülerin

Eine deutsche Vereinigung könnte zur Folge haben, daß die Gesetze der BRD auch für uns gelten könnten. Und eine deutliche Benachteiligung der Frauen, der Lehrlinge, alleinstehender Frauen mit Kindern würde folgen.

Aber man kann dann endlich reisen, wohin man möchte. Mehr von der Welt sehen, sein Leben gestalten, wie es einem beliebt.

Doch in diesem Zusammenhang habe ich auch ein wenig Angst vor der Zukunft. Aber da ich weiß, daß ich nicht alleine bin, wäre es dumm, vor Angst nicht mehr schlafen zu können.

o. A., 17 J., Oberschülerin

Natürlich Zukunftsangst ... bevor ich wußte, daß ich zur EOS komme, hieß es: »Gib Lehrer an, dann kommst Du allemal rauf – ändern kannst Du ja immer noch – wir brauchen Lehrer«. Jetzt? ... Haben sie sämtliche Bereiche des Sports gekürzt: Trainer oder Lehrer? Wenn, dann Lehrer! Bloß, sämtliche Trainer sind jetzt Lehrer, und z. Z. sieht's so aus, daß ein totaler Lehrerüberschuß ist. Es ist sichtlich riskant, jetzt noch ein Studium anfangen zu wollen. Gewiß werden sich auch die Anforderungen verändern. Wir, die noch zur »alten Garde« der elften Klasse gehören – also, die nicht mit der ersten oder neunten Kl. auf die Penne, sondern mit der zehnten Klasse den Sprung schaffen mußten, hatten es natürlich ganz schön schwer, und werden es noch schwerer haben, da entweder vor oder nach uns neue – bessere (so hoffe ich) – Lehrpläne gemacht werden.

Aber es ist nicht nur die Angst ohne Arbeitsplatz, die mich bedrückt. Nein, was viel schlimmer ist ... der ganze Schmutz, der jetzt auch zu uns kommt. In erster Linie denke ich an das Rauschgift und andere Mittel, mit denen man sich sein eigenes Grab schaufelt. Wenn ich mir vorstelle, ich muß später Angst darum haben, daß meine Kinder nicht zu kiffen anfangen, wo es jetzt z. B. Haschisch schon im Laden in den Niederlanden oder Norwegen (?) – weiß ich nicht – zu kaufen gibt, dann wird mir schlecht.

Genauso denke ich mit großer Angst an die ganze rechte Szene, die immer mehr das Sagen bekommt. Ich hab' Angst davor, irgendwann mal wie '33 dem sicheren Untergang zuzusteuern.

Unabhängig davon steht natürlich die Angst um unsere Umwelt, denn ohne die können wir wirklich bald einpacken. Angst vor den ganzen sinnlosen Raketen, mit denen man unsere Erde sonst wieviel mal hochjagen könnte, Angst vor einer nuklearen Verseuchung – wenn mal ein Kernkraftwerk in die Luft fliegt – oder irgendein Idiot auf den fal-

schen Knopf drückt. Angst vor dem Treibhauseffekt, daß wir irgend- wann mal alle an unseren eigenen Abgasen ersticken werden, Angst davor, daß sich Freunde mal irgendwann Aug' in Aug' gegenüberstehen
und sich erschießen...

o. A., 17 J., Oberschülerin

Natürlich, Sie nicht? Wenn es Sie wirklich interessiert, kann ich sie ja
aufschreiben in Form von Fragen an mich selbst:
– Kann ich überhaupt verantworten, Kinder in diese miese Welt zu
setzen? Sind nicht genügend andere elternlos?
– Wie lange geht dies alles noch mit der Umwelt gut, wann wird dies
alles zu Ende sein?
– Wie werden wir den Nord-Süd-Konflikt bewältigen, an den heute
vor lauter Ost-West noch keiner denkt?
– Werden die Menschen überhaupt mal aus dem lernen, was sie alles
falsch machen?

o. A., o. A., Lehrling (Gebrauchswerberin)

Eigentlich ja. Ich habe Angst, daß wir als bessere Türken betrachtet
werden. Außerdem muß man sich mit den neuen Gepflogenheiten, Ge-
setzen und der neuen Gesellschaftsordnung auseinandersetzen. Die
Angst, sich darin nicht zurechtzufinden, ist zwar klein, aber sie ist vorhanden.

o. A., 17 J., Lehrling (Galvaniseurin mit Abitur)

Ich glaube, reale Chancen hat jetzt wirklich nur noch der, der als ein
Sieger geboren wurde. Für die Hilflosen und Kleinen beginnt eine bittere Zeit, wenn bei dieser Vereinigung nicht auch die Dinge von unserem alten System übernommen werden, die sich für die Schwachen bewährt haben.
Ängste hatte ich immer, schon allein die Angst, nicht das im Leben zu
erreichen, was ich mir vorgenommen habe oder die Angst, am Ende zugeben zu müssen, daß ich mein Leben nicht voll gelebt habe.
Zukunftsängste habe ich insofern, daß ich nicht überrannt werden
möchte und daß meine Kinder, die ich haben möchte, vielleicht einmal
zu den Verlierern gehören. Ich möchte gern, daß alle so leben können,
wie sie es selbst wollen. Angst habe ich, daß mich jemand in ein Schema
stecken will, in dem ich mich nicht frei entfalten kann.

Meine größte Angst ist aber, daß ich nie in meinem Leben ohne Freund sein möchte. Ich habe Angst davor, irgendwann einmal allein zu sein und keinen Menschen zu haben, der mir hilft. Genauso, wie ich eigentlich immer Angst vor dem Tod habe, egal wer es ist.

Aber wer kann einem diese Ängste nehmen? Ängste gibt es sicher immer, besonders Zukunftsängste werden immer da sein. Egal, welcher Art sie auch sein mögen.

o. A., 17 J., Oberschülerin

Die DDR darf unter keinen Umständen von der BRD »aufgekauft« werden, auch wenn wir wirtschaftlich am Boden sind. Beide Staaten müssen gleichberechtigte Partner sein. Dazu ist es notwendig, von einer vorschnellen Vereinigung abzukommen. Wir müssen erst wieder auf die Beine kommen. Es ist klar, daß wir in zwei Jahren die Wirtschaftskraft der BRD nicht erreicht haben, doch ist die DDR wieder ein Staat, dessen Produktion auf dem besten Wege ist, stark und gewinnbringend zu sein. Das ist doch aber Voraussetzung für das Bestehen eines Staates und Vereinigung. Ansonsten ist die DDR der BRD völlig unterlegen.

Was wir in vierzig Jahren hier aufgebaut haben, ist nicht alles schlecht. Es gibt Meinungen westlicher Politiker und Wirtschaftsfachleute, die sich mit meinen Ansichten decken, gerade auf sozialem Sektor hat die DDR viel erreicht, denkt man nur an Kindergärten und Altersheime. Einige dieser Ergebnisse der in vielen Punkten falschen Politik wären auch in der BRD von großem Nutzen, um die Gesellschaft menschlicher zu gestalten.

o. A., o. A., Oberschüler

Ich habe Angst, daß wir die Dreckarbeit machen müssen.

o. A., 15 J., Lehrling (Maurer)

Ich bin Schülerin der EOS B., 18 Jahre alt und werde ein Studium in der Fachrichtung Rechnungsführung/Statistik aufnehmen.

Auf Ihre Frage, was eine Vereinigung für mich persönlich bedeuten würde, möchte ich erst einmal feststellen, daß ich Angst davor habe. Meine Ängste gehen vor allem in Richtung Familie-Beruf. Niemand kann mir eine Arbeit nach dem Studium garantieren – also was bringt es mir? Als Frau mit Kind (Kinder sind erwünscht bei mir) werde ich immer ein Risikofaktor sein. Sollte es keine Kindergärten usw. mehr ge-

ben, könnte ich meiner Arbeit nicht nachgehen. Es würde bedeuten, daß
ich mindestens zehn Jahre (Kind bis 4. Schuljahr) zu Hause bleiben
müßte. Dann wäre ich wohl zu alt, um eine Arbeit zu bekommen. Es ist
wohl vor allem diese Ungewißheit, diese unsichere Zukunft, vor der ich
mich fürchte.

Veränderungen werden wohl auch in den zwischenmenschlichen Beziehungen auftreten. Diese Ellenbogengesellschaft widerstrebt mir. Ich
bin ein Mensch, der viel und gern für andere da ist. Bisher war das möglich, da ich mich selber auch noch verwirklichen konnte, trotz der Sorge
und Hilfe um andere. Geht nicht der Mensch kaputt, wenn er immer
sich an erste Stelle rückt oder besser rücken muß, da er sonst womöglich
untergeht?

Ich denke auch an meine Eltern. Sollte in nächster Zukunft eine Vereinigung stattfinden, haben sie dann überhaupt die Chance, ihr Leben
neu aufzubauen? Oder mein Bruder. Wird er im nächsten Jahr eine
Lehrstelle erhalten?

Es sind im Grunde genommen die ganzen sozialen Sicherheiten in unserem Land DDR, um die ich bange. Ich meine, im vollen Umfang müssen sie nicht in Zukunft durchgesetzt werden.

o. A., 18 J., Oberschülerin

Ja, ich habe Zukunftsängste. Diese sind aber nicht panischer Art.
Außerdem hatte ich vor der Wende auch Zukunftsängste. Zukunftsangst
und Zukunftshoffen gehört wohl dazu, zum Leben.

Ich habe vor allem davor Angst, daß sich der Faschismus in diesem
Deutschland wieder breitmacht. Dann habe ich Angst, daß es sich nicht
mehr lange leben läßt auf dieser Erde. Ich habe Angst, daß ich krank
werden könnte. Ich habe Angst, daß ich mein Studium nicht schaffe
usw. Aber ich bin deswegen nicht hoffnungslos, und ich bin der Meinung, wir sollen hier nicht alle in panische Ängste verfallen, sondern klar
und deutlich, klug und nicht kopflos über unsere Zukunft nachdenken.
So, das reicht.

o. A., 18 J., Oberschülerin

Ich habe Angst vor einem allzu schnell vereinigten Deutschland, wie
es durch die »Allianz für Deutschland« gefordert wird. Damit zusammenhängend sind die hohen Prozentzahlen bei letzten Umfragen zu nennen, die dieses Wahlbündnis erhielt.

Damit zusammenhängend habe ich Angst vor einer Diskriminierung linker Kräfte, besonders von Funktionären, nach dem 18. März. (Ich bin ehrenamtlich im Zentralvorstand der FDJ tätig!)

Weitere persönliche Zukunftsängste habe ich im Grunde nicht, obwohl mein weiterer Weg als Offizier in der NVA höchst fraglich scheint. Aber durch meine politische Tätigkeit sehe ich hierin noch Auswege als Berufspolitiker, wobei ich schon Angebote von meinem Onkel (BRD) bekam, sich um ein Politologie- bzw. Gesellschaftskundestudium zu kümmern.

o. A., 18 J., Oberschüler

Eigentlich brauche ich keine zu haben, selbst einen Studienplatz würden meine Eltern, sofern sie ihre Arbeit nicht verlieren, finanzieren. Angst habe ich vor einem konservativen, nach rechts ausschlagenden Deutschland (Neofasch.). Ich will nicht, daß Europa für Deutschland, sondern Deutschland für Europa da ist.

Ich hoffe, daß bald ein Friedensvertrag mit den Alliierten zustande kommt, damit Europa keine Angst vor Deutschland zu haben braucht. Ich möchte nicht ins soziale »Auffangnetz« Deutschlands geraten, glaube aber auch nicht ernsthaft an diese Möglichkeit.

o. A., 16 J., Oberschüler

Es würde die Konsequenz bringen, daß ich große Angst haben müßte um meinen gewünschten Studienplatz und ob ich überhaupt einen bekommen würde. Daß ich nicht weiß, ob ich finanziell in der Lage wäre, fünf Jahre zu studieren, ob ich danach eine Arbeitsstelle bekäme, ob ich eine Wohnung bekäme, die ich bezahlen könnte, ob ich mir zwei Kinder anschaffen könnte, weil ich nicht weiß, ob ich finanziell gesichert bin. Und das wichtigste noch. Werden die Menschen untereinander so frei, lebenslustig, offen und freundlich zueinander sein, wie in der DDR dann damals.

Ich protestiere eindringlich gegen eine Vereinigung. Ich will nicht im Kapitalismus leben, auch wenn ich weiß, daß der Sozialismus Fehler gemacht hat. Doch vom Theoretischen her war es ja eine gute These, die Marx und Lenin aufgestellt haben, doch wir waren nicht in der Lage, sie erfolgreich anzuwenden.

Wenn ich überlege, dann frag ich mich, wie Erich Honecker beispielsweise, der Kommunist war, uns alle nur so betrügen und belügen konnte. Ich verstehe das nicht. Und wir, das Volk, haben immer alles geglaubt. Ich war immer eine derjenigen, die für unseren Staat und unser Land, die DDR, eingetreten sind. Und was habe ich von dieser Vaterlandsliebe gehabt? Nichts! Ich bin so pessimistisch zur Zeit.

Ja, ich habe Zukunftsängste. Man ist ratlos und weiß nicht, was man tun soll, um diesen Vorgang aufzuhalten. Ich als Schüler kann nur lernen, um gute Zensuren zu erhalten und somit eventuell einen Studienplatz. Wenn ich wählen gehen sollte, zum Glück bin ich noch nicht achtzehn, würde ich nicht wissen, wen ich wählen sollte. Ich weiß nicht, welche Partei bringt denn nun das Gute für unser Land.

o. A., o. A., Oberschülerin

Ja. Wenn es zu einer Wiedervereinigung kommen sollte, habe ich Angst um meinen Beruf, daß ich den verlieren würde, mein ganzes Wohlergehen, wie es bisher noch so war und es zur Zeit teilweise noch ist, würde auf einmal alles ganz anders werden.

Ich bin der Meinung, vor der Wende haben wir alle ruhiger und besser gelebt. Ich finde es ja gut, daß wir jetzt überall hin und her reisen können, aber das, was noch kommen wird, das kann man sich jetzt noch gar nicht richtig ausmalen. Auch wenn uns unser Staat von oben bis unten betrogen hat, dafür haben die entsprechenden Leute auch ihre Strafe bekommen, aber wer kann denn von den kleinen Leuten was dafür, unter anderem auch wir Schüler und Lehrlinge.

Warum könnte es denn nicht nur bei dem Reisen bleiben und vielleicht (ganz gut) bei einer Währungsreform. Vielleicht würde es dann nicht so viel Aufregungen in alten Stadtteilen in der DDR... usw. geben.

Man braucht ja nur mal eine Umfrage zu machen, wer dafür und wer nicht dafür ist. Es steht bestimmt noch ein größerer Teil der Bürger Ängste aus.

o. A., 17 J., Lehrling (Postfacharbeiterin)

Fragende Gesichter stimmen nachdenklich.
Welches Volk sind wir?

Rechte Seite:
Schüler verbrannten ihre Lehrbücher auf dem Alex
Foto: Rolf Walter

Folgende Seiten:
Schülerdemonstration in Berlin, Januar 1990
Fotos: Rolf Walter

FDJ JP GST
RAUS AUS DEN SCHULEN
TOLERANZ UND PHANTASIE
IN DER SCHULE NIE
Für unsere
menschliche
Zukunft

Retrospektive
Foto: Ralf Günther

Vorangehende Seiten:
Fotos: Rolf Walter (2), Zentralbild

Teil IV

Am 23. März 1990 publizierte die »Junge Welt« unsere drei Fragen. Ungewöhnlich hoch war die Resonanz darauf. Tausende Jugendliche, aber auch reifere Jahrgänge meldeten sich zu Wort und setzten sich in ihren Briefen problemhaft auseinander.

Es meldeten sich vor allem junge Leute, die unsere Tage besonders konfliktreich erleben.

Ihren drei Fragen möchte ich meine Antworten folgen lassen.

Meine Meinung zur BRD ist folgende. Sie ist ein wirtschaftlich starkes Land und hat noch echte Politikerpersönlichkeiten, zu denen ich aufrichtig und bewundernd blicken kann, wie z. B. Richard von Weizsäker! In der BRD ist so ziemlich alles besser entwickelt als hier, was natürlich aus dem Konkurrenzkampf resultiert. Da ist der Kunde »wirklich« König. Seitdem ich selber nun öfters dort war, muß ich ehrlich sagen, wir sind steinzeitmäßig zurück (was sich ja nun endlich ändert). Das Leben ist so kurz, was haben die Menschen hier alles verpaßt (kulturelle, materielle Dinge und vieles mehr)... Sein Leben wirklich auszufüllen oder eben nur dagewesen zu sein, ist schon ein Unterschied!

Natürlich hat die BRD auch ihre Schattenseiten (gefühlskalte Gesellschaft, Arbeitslosigkeit usw.), da mache ich mir nichts vor, aber »Schattenseiten« haben auch wir hier genug (Meinungsunfreiheit, Stasi und vieles mehr). Ich brauche mein Bild von der BRD nicht zu korrigieren, weil das Bild, was ich habe, stimmt.

Auf jeden Fall finanzielle und materielle Besserung. Mehr an Kultur (Musik), Lebenssinn bzw. Lebensfreude, eventuell Arbeitslosigkeit (was ich nicht hoffe) und die Erfüllung mancher Träume (Reisen, Video usw.).

Zukunftsangst, zum Teil ja. Weil jetzt eine Situation ist, wo man nicht sicher ist, was morgen kommt (Arbeitslosigkeit). Das gilt auch für meine Tochter, der ich alles bieten möchte, um ein glückliches Leben zu führen. Dem ordne ich meine Interessen unter.

Auch vor einem aufkommenden Rechtsextremismus habe ich Angst, auch wenn das auf dem Dorf nicht so anzutreffen ist (noch nicht). Aber ich werde mich zu wehren wissen.

Uwe, 24 J., Baufacharbeiter

Als ich im November in der BRD war, begrüßten uns die Leute sehr freundlich. Alles war sehr sauber, die Umwelt intakt, kein Kohlengasgestank. Ich hatte ein sehr positives Bild. Das hat sich auch noch nicht geändert. In Bayreuth und Nürnberg sah ich nur glückliche Leute. Niemand litt Not. Natürlich gibt es auch hier »Not« in Bezug darauf, daß nicht jeder ebensoviel besitzen kann wie der andere. Aber die »Not« nehme ich gern in Kauf, denn diesen Leuten geht es immer noch besser als uns, wenn sie auch wirklich etwas aus ihrem Leben machen möchten. Ich bin motiviert, strebe höchste Leistungen an und hatte davon im Sozialismus überhaupt nichts!

Also sehe ich hier im Kapitalismus die ideale Gesellschaft für meine Entfaltung. Warum sollen die, die sich Mühe geben, nicht endlich etwas davon haben?

Klar ist, daß sich die Bürger in Westdeutschland von den Übersiedlern verdrängt fühlen. Wir würden bestimmt ebenso reagieren. Klar ist auch, daß ich in meiner Heimat endlich dieselbe Gesellschaft in einem einheitlichen Deutschland aufbauen möchte.

Für mich brächte sie keine Probleme. Ich arbeitete schon vorher mit hoher Leistung und bekomme als Bauschlosser fast überall Arbeit. Ich stelle auch keine übertriebenen Lohnforderungen. Das muß alles erst langsam kommen.

Keinerlei Zukunftsängste für die Vereinigung! Meine Zukunftsangst liegt heute, kurz vor der Wahl, woanders: Sie besteht in der Angst, die SPD könnte in Ost und West an die Macht kommen und mit irgendwelchen linken Gruppierungen die Macht übernehmen. Dann käme keine Einheit, sondern das wirtschaftliche Chaos für Deutschland.

Aber denken wir optimistisch: Mein Wunsch ist, daß die DSU mit mindestens 51 Prozent die Regierung übernimmt und uns schnell in die deutsche Einheit steuert.

Alle Gründe, die rote Parteien dagegensetzen (Subventionen weg, vorübergehende längere Arbeitslosigkeit), lassen sich sowieso nicht umgehen. Aber: Je länger es mit der Einheit dauert, desto schlimmer geht es mit der Wirtschaft bergab und desto schwerer werden die Lasten des Volkes auf diesem einzig richtigen Weg!

o. A., o. A., Lehrling (Schlosser)

Endlich mal jemand, dem man sich offenbaren kann...

Seit dem 9. November lebe ich unter großen psychischen Belastungen. Ich werde damit nicht fertig.

Ich bin 35 Jahre, von Beruf Sport/Geographie-Lehrer. Ganz »neben-

bei« bin ich noch Mutter von vier Söhnen. Der älteste hat bald Jugend-
weihe, der zweite besucht die dritte Klasse, der dritte die erste Klasse.
Unser Jüngster zählt ganze sechs Monate. Wohl nicht ganz unberechtigt
trage ich in mir Ängste. Durch die Blume hat man mir mitgeteilt vor
zwei Tagen, daß ich nach dem Mütterjahr arbeitslos bin. Was für ein
Wort! Am gleichen Tag rief ich meinen geschiedenen Mann an, ob er
sich um die Kinder kümmern würde. Ich wollte mich umbringen. Ein
verachtenswerter Entschluß, ich weiß, aber meine Hoffnungen sind
gänzlich hin. Mit dem Großen diskutiere ich täglich, ob er nun mal »rüber« gehen könne, er hat jetzt einen Ausweis. Ich möchte es nicht. Die
zwei anderen quälen sich leistungsmäßig in der Schule und ich sie nach-
mittags noch täglich mit Üben. Meine Nerven sind ziemlich am Ende.
Der elfwöchige Aufenthalt in Herzberge 1986 ist jetzt wieder nutzlos.

Ich möchte keine Wiedervereinigung, wählte die PDS, doch helfen
tut nichts mehr. Als ich gestern noch eine Umfrage im Rias hörte, ob
sich Westdeutsche vorstellen können, in der DDR zu arbeiten, gaben
alle zu, es zu tun. Und wir? Mein Arbeitsplatz ist weg. Was anderes habe
ich nie gelernt. Im Kapitalismus war schon immer eine Mutter, dann
noch mit vier Kindern, dazu noch so ein kleines, als Arbeitskraft nicht
attraktiv. So, das waren meine Eindrücke. Wohler ist mir nicht. Ich
schreibe nur, damit Sie wissen, daß es noch nicht euphorisch dem Westen zugehende Menschen gibt.

o. A., 35 J., Lehrerin

Ich habe heute den Artikel in der Zeitung gelesen und möchte mich
auch dazu äußern. Zuerst ein paar Auszüge aus meinem nicht gut ge-
führten Tagebuch.

1.2.90

»...Heute hat die Regierung ein Konzept zur Wiedervereinigung
Deutschlands vorgelegt. Wenn ich mir das alles so richtig überlege, ich
will das nicht. Unsere Gesetze sollen einander angepaßt werden... Bei
uns gibt es jetzt schon 50000 Arbeitslose. Sie bekommen drei Monate als
Überbrückungsgeld 70% ihres Nettoeinkommens. Es müssen aber mindestens 500 M und max. 1000 M sein. Es wird auch über Frührenten bei
älteren Arbeitslosen diskutiert.

Bedeutet das, daß Mutti und Vati in zehn Jahren arbeitslos sind? Vielleicht muß ich mein Studium in einiger Zeit selber finanzieren. Wie
teuer wird das werden?... Lohnt sich das Studium überhaupt? Bei Zeiss,

wo ich gearbeitet habe, ist das Verhältnis von Arbeitern und Studierten
unnatürlich (1:1). Bekomme ich dort Arbeit nach dem Studium? Kann
ich überhaupt in meinem Beruf weiterarbeiten? Es ist so sinnlos, sich
darüber den Kopf zu zerbrechen. Auf der Straße demonstriert eine ganz
schöne Anzahl von Menschen. Die Regierung richtet sich nach ihren
Forderungen, ohne den Rest der Bevölkerung auch nur zu fragen. Ich
will, daß der Ehekredit bleibt, daß es keine Arbeitslosen gibt, daß meine
Kinder eine schöne Kindheit haben. So wie ich. Vati hat mir gesagt, daß
wir die Nutznießer dieser Entwicklung sein werden. Ja, wahrscheinlich.
Wir werden zu spüren bekommen, wie es ist, arbeitslos zu sein. Wie es
ist, sich für ein Kind weniger zu entscheiden, weil die finanziellen Mittel
nicht da sind... Ich bedanke mich schon jetzt für diese himmlischen
Aussichten. Wenn ich bloß wüßte, wen ich wählen muß, damit das alles
nicht passiert.

Ich hatte Angst im November, als es losging mit den ganzen Demonstrationen. Ich habe jetzt immer noch Angst. Es ist schwer zu erklären.
Auf den Demos traut sich keiner mehr eine DDR-Fahne zu tragen. Ich
auch nicht. Deswegen gehe ich nicht hin. Nicht, daß die Leute dort noch
glauben, daß ich ihnen zustimme. Ich kann keine Gegendemo organisieren. Wer soll da sprechen? Die FDJ, unser toller Jugendverband, ist von
gestern. Er kommt einfach nicht hinterher. Solche pompösen Pfingsttreffen konnte er organisieren. Jetzt aber bringt er es nicht fertig, einige
Leute, die vielleicht derselben Meinung wie ich sind, »zusammenzu-
trommeln«. Damit auch wir unsere Meinung kundtun können. Dann
würden wir vielleicht merken, daß wir auch eine ganze Menge sind.
Aber so? Macht sich jeder seine eigenen Gedanken und weiß nicht, wie
es weitergehen soll.

7.2.90

...Mutti hat mich erst mal wieder beruhigt, daß die Zukunft vielleicht
nicht ganz so schwarz wird, wie ich sie mir vorstelle...«

Ich war bis jetzt bloß einmal kurz in Westberlin. Eindrücke, die für
mich wichtig sind, habe ich nicht gewonnen. Ich befürchte auch, daß ich
mich von den Angeboten überrumpeln lasse und vergesse, was wirklich
im Leben zählt. Ich werde in Zukunft noch öfters in die BRD fahren.
Trotzdem werde ich versuchen, nicht in einen Rausch reinzugeraten.

Mein Bild über die BRD und WB habe ich nicht wesentlich korrigiert.
Es gibt Arbeitslose, Arme; Menschen, die Arbeit haben, leben besser als
wir. Schon immer habe ich unterschieden zwischen den Menschen und

dem System in der BRD und WB. Die Menschen sind genauso wie wir. Sie haben zwar andere Gewohnheiten und so, aber ich kann das akzeptieren und habe das auch schon früher getan. Als eine gute Deutschlehrerin den Ausreiseantrag vor fünf Jahren gestellt hat, konnten einige sie von heute auf morgen nicht mehr akzeptieren. Ich habe sie immer noch gegrüßt und fand, daß es ihre Entscheidung ist, was sie macht. Man kann Menschen nicht »abstempeln«, weil sie anders denken oder anders leben.

Ich müßte mir überlegen, wo ich das Geld zum Studieren hernehme. Höchstwahrscheinlich würde ich das Studium beenden, weil die Ersparnisse meiner Eltern draufgehen würden. Das will ich nicht. Oder ich muß lernen, ganz selbstverständlich mit Krediten umzugehen. Ohne Angst und Gewissensbisse, sie vielleicht nicht zurückzahlen zu können.

Dann habe ich noch so eine Vorstellung. Das ist aber mehr ein Traum. Ich würde gern weggehen aus diesen deutschen Ländern. Weg ins Ausland. Schon heute merkt man, wie schnell sich die Menschen wandeln. Auf einmal zählt bloß noch die eigene Arbeit, meine Familie. Ich will mir erst zusammen mit meinem Freund eine Zukunft aufbauen. Bis jetzt stehen wir fast mit leeren Händen da, und die Aussicht, daß alles wieder zum Laufen kommt, wird immer geringer. Unsere Zukunft wird immer unbestimmter. Ich beneide die Kinder, weil sie von den Problemen nichts mitbekommen. Als ich Kind war, habe ich mich darauf gefreut, mal erwachsen zu werden. Bis November '89 habe ich mich auch nicht in meine unbesorgte Kindheit zurückgesehnt. Jetzt tue ich es.

Annett, 19 J., Studentin

Vielleicht stelle ich mich kurz vor. Ich heiße Kathrin und bin 19 Jahre alt. Zusammen mit meiner Mutter und meinem kleineren Bruder lebe ich in R. Nach der EOS absolviere ich jetzt mein Praktikum, um im September ein Studium aufnehmen zu können. Als ich an dem bestimmten Wochenende im November die Nachrichten hörte, wollte ich es gar nicht glauben. Diese offene Grenze kam so plötzlich, daß ich es gar nicht begreifen konnte. Natürlich machte jeder gleich Scherze, und jeder wollte am besten gleich losfahren, um den Westen zu sehen. Auch wir beschlossen, für einen Tag zu unseren Verwandten nach Westberlin zu fahren. Wir waren alle sehr aufgeregt, besonders mein kleiner Bruder.

Man konnte es sich bildlich gar nicht vorstellen, wie es sein muß, in ein Land zu kommen, wo man »alles« kaufen kann. Zu kaufen, ohne wochenlang hinter Sachen hinterherzulaufen, ohne daß die Verkäuferin sagt: »Nein – haben wir nicht«, einfach zu kaufen, was man sich lange gewünscht hat.

Das war natürlich die eine Seite. Aber die Menschen waren davon total geblendet. Leider sahen viele nicht den Realitäten ins Auge. Die andere Seite ist leider nicht zu verdrängen. Als ich an der Commerzbank in Berlin-West stand, um mir die 100 DM Begrüßungsgeld zu holen, kam ich mir vor wie ein Bettler, wie ein armes erniedrigtes Würstchen.

Nicht zu verdrängen sind diese vielen Arbeitslosen und Obdachlosen, der Rassen- und Ausländerhaß, der krasse Unterschied zwischen Arm und Reich und die Drogen. Schon das allein würde mich tausendmal davon abhalten, in die BRD oder nach Berlin-West überzusiedeln.

Sie fragen nach den Eindrücken. Manchmal gab es Augenblicke, wo ich diese Wende verflucht habe. Aber ich glaube, irgendwann wäre sowieso die Bombe geplatzt. Vierzig Jahre Betrug waren lange genug. Nun, ich wohne hier an der Ostsee. Es vergeht kein Tag, wo man hier keine Westdeutschen sieht. Ich würde ja nichts dagegen haben, wenn diese Westdeutschen hier oben nur Urlaub machen würden. Aber das ist das letzte, was sie wollen. Diese Blutsauger versuchen, jedem Menschen, egal ob alt oder jung, noch den letzten Grund und Boden wegzunehmen. Die kommen mit ihrem Westgeld daher und denken, sie seien der Kaiser von China.

Na klar. Ich würde es schön finden, wenn wir auch die D-Mark bekommen würden, aber nur dann, wenn wir danach nicht arm wie die Kirchenmäuse sind. Der Westen ist doch reich und schlau genug, wieso überlassen sie uns nicht unser Geld im Umtausch 1:1. Das wäre ein fairer Preis.

Ich finde es unwahrscheinlich toll, daß sich endlich genug Menschen gefunden haben, um diesem SED-Regime unter Honecker ein Ende zu bereiten. Aber ich finde, dafür sollten wir belohnt und anerkannt werden. Aber nein. Sogar ein Drittland wird mehr beachtet als wir. Womit haben wir das bloß verdient?

Der Westen wartet doch nur auf den Augenblick, wo er uns vollständig bis auf das kleinste und dreckigste Loch aufkaufen kann. Weit von ab sind wir leider Gottes nicht mehr.

Vollkommen erstaunt war ich über das Wahlergebnis. Wer von den noch verbleibenden sechzehn Millionen DDR-Bürgern hätte je gedacht, daß die CDU gewinnt? Aber! Haben unsere Leute wirklich die CDU gewählt oder wählten sie Bundeskanzler Kohl mit seinen Versprechungen? Ich habe die Alternative Jugendliste gewählt, in der Hoffnung, daß eventuell die Jugend etwas Positives im Parlament beisteuert. Aber heute habe ich aus den Nachrichten erfahren, daß sogar der ihnen noch verbleibende Platz jetzt durch die SPD und CDU genommen wurde. Das war für mich sehr enttäuschend. Wenn ich es mir recht überlege, hätte ich mal die PDS wählen sollen. Aber das nächste Mal ist man schlauer.

Diese Wende hat leider bei sehr vielen Menschen ihre Spuren hinterlassen. So auch bei mir. Während ich mein Praktikum absolvierte, geriet ich in die Reduzierung der Verwaltung und wurde von einem Tag auf den anderen wegrationalisiert. Sechs Wochen saß ich zu Hause. Jede Woche Dienstag zum Arbeitsamt, wo die Menschen Schlange standen. Überall haben wir versucht, mich irgendwo bis zum 31.8.90 unterzubringen, aber vergebens. Nun hat mir meine Mutter einen Teilzeitarbeitsplatz besorgt. Darüber bin ich sehr froh.

Die Wiedervereinigung der BRD und DDR nach Artikel 23 wird nie meinen Segen und meine Stimme bekommen. Warum können wir nicht wie zwei souveräne selbständige Staaten nebeneinander existieren?

Gegen Verträge zwischen Ost und West habe ich nichts, sondern nur etwas gegen den Aufkauf der DDR. Eine Wiedervereinigung wird aber sicherlich kommen. Aber was wird z. B. aus unseren sozialen Maßnahmen? Werde ich überhaupt das Babyjahr erhalten oder den Ehekredit in Anspruch nehmen können? Heutzutage weiß man gar nicht, ob man ein Kind überhaupt noch großgezogen bekommt. Jede Frau, die jetzt schwanger ist oder wird, muß jeden Tag damit rechnen, arbeitslos zu werden.

Im Moment ist unser sonst so sozial sicheres Land zu einem Land geworden, wo man nicht mehr weiß, was morgen sein wird. Diese Unsicherheit beunruhigt sehr viele Menschen.

Zur Zeit bin ich sehr damit beschäftigt, ob mein Studium noch gesichert ist. Bei einer Rücksprache mit der Universität wurde mir aber versichert, daß keinerlei Bedenken bestehen.

Aber! Das Studium allein ist gut und schön. Ich werde auch mit allen mir zur Verfügung stehenden Mitteln versuchen, das Studium so gut wie möglich abzuschließen. Nur! Was wird, wenn die Studenten für ihr Studium alle finanziellen Leistungen alleine tragen müssen? Dann kann ich leider das Studium nicht weitermachen, denn welcher junge Mensch verfügt über ein derartiges Vermögen, um ein fünfjähriges Studium alleine zu finanzieren? Ich nicht. Und – wie weiß ich, ob ich nach dem fünfjährigen Studium nicht arbeitslos bin?

Viele Menschen haben mir schon von meinem Studium abgeraten. Tue ich es aber nicht, stehe ich ohne irgend etwas da.

Ich glaube, daß wir schlimmen Zeiten entgegengehen. Niemand von uns weiß, was noch alles auf uns zukommen wird. Wir können nur hoffen, daß es alles bald und ein gutes Ende nehmen wird.

Kathrin, 19 J., Abiturientin

Hallo, Ihr von der Jungen Welt!

Eure Zeitung lese ich eigentlich fast täglich, zumindest wenn es meine Zeit erlaubt, obwohl ich sie schon abbestellen wollte, bei dem gegenwärtigen westlichen Zeitungsboom. Aber immer nur Klatsch kann auf Dauer auch keiner vertragen. Und so fiel mir also beim Lesen Eure Anregung zum Nachdenken ins Auge, das finde ich verdammt wichtig, jetzt erst recht.

Vielleicht mal kurz was zu meiner Person. Heißen tue ich Katrin, seit zweiundzwanzig Jahren auf dieser Welt, Löwe, von Beruf Wirtschaftskaufmann und zur Zeit in einer Personalabteilung tätig (heißes Pflaster übrigens). Mein Wohnort ist ca. 40 km von Leipzig entfernt. Ansonsten bin ich ein ziemlicher Spaßvogel und Ökofreak. Familie habe ich noch keine. Aber ich komme vom Thema ab, Verzeihung.

Bei der Grenzöffnung empfand ich innerlich sowas wie 'ne Befreiung nach dem jahrelangen Eingesperrtsein, obwohl ich nach wie vor der Meinung bin, daß die damalige Regierung Krenz uns, der DDR, damit endgültig das Rückgrat gebrochen hat. So 'ne Art letzte Notlösung, aber den meisten hat das total geschadet. Es begann der große Konsumrausch. Natürlich nutzte auch ich die Reisemöglichkeit, und es ist erstaunlich und erschreckend zugleich, wie problemlos das doch alles geht. Einfach ein schönes Gefühl, aber nachdem der erste Druck verpufft war, sehe ich die ganze Sache doch schon etwas anders. Früher gab's ja bloß eine offizielle Variante, und die hatte natürlich richtig zu sein. Da glaubte sowieso niemand mehr an die Geschichte vom bösen, schlechten Westen. Da wurde aber die Wut auf die eigene Regierung noch verstärkt durch diese ewig einsichtige Brille.

Nachdem man jetzt selber die Möglichkeit hat, zu reisen, wohin man will (wenn das Geld da ist, natürlich), hat man zwar den ganzen Glimmer und Flitter gesehen. Und es beeindruckt auch ungemein. Ich z. B. hatte mächtig mit Kopfschmerzen zu kämpfen, weil mir das Ganze doch etwas zuviel war. Aber dann frage ich mich doch, was nach dem riesigen Konsum- und Marktangebot sowie dem ewigen Kampf ums liebe Geld noch bleibt. Die Leute von drüben sehen zwar alle irgendwie ausgeruhter und erholter aus, aber irgendwie fehlt denen das Menschliche, das Gefühlsmäßige. Das vermisse ich da immer irgendwie, nicht bei allen, um Gottes willen, das nun wirklich nicht, ich habe sehr nette Menschen kennengelernt. Aber auch in der BRD sind die Menschen in bestimmte Schichten eingeteilt, und je höher es da geht, umso mehr spielt das Geld die absolute Hauptrolle. Und das würde mich auf Dauer total anöden. Ich meine, hier wurde einem teilweise zu viel abgenommen, manchmal ja direkt das Denken, aber sich in das System der BRD einzugewöhnen, ist sicher echt belastend. Jedenfalls hat sich meine zutiefst positive Meinung ganz schön ins Negative verkehrt, aber sicher nicht nur durchs Reisen. Sondern einfach durch die jetzigen Wahlsieger bei uns und die überhebliche Politik der Kohl-Regierung. Und für den einzelnen bewegt sich nach wie vor nichts. Und wie lange mein Arbeitsplatz noch sicher ist, weiß auch niemand. Bei uns sieht es derzeit so aus, daß wir vielleicht noch ca. einen Monat die Lohn- bzw. Gehaltstüten der Belegschaft füllen können, und dann ist auf deutsch gesagt Pumpe, wenn keiner uns Kredit gewährt. Und dann stünden ja wohl alle auf der Straße. Kein sehr schöner Gedanke. Ich bin zwar ziemlich optimistisch veranlagt, aber bei so 'ner Lage kann einem das gehörig vergehen. Echt jetzt.

Von der Vereinigung verspreche ich mir außer vollen Geschäften nicht allzuviel Gutes. Die Frauen werden dabei wohl sowieso draufzahlen. Mir fallen da solche Stichworte wie Babyjahr, Haushaltstag, Ehekredit usw. ein, was dann für mich bestimmt passé ist. Geld alleine macht ja nun mal auch nicht glücklich. Im Moment fühle ich mich ziemlich überrumpelt von den ganzen Sachen, die so tagtäglich um mich 'rum passieren. Einen Durch- oder Überblick habe ich jedenfalls nicht mehr, weil hier einfach jeder machen kann, was er will.

Von der Wahl bin ich absolut enttäuscht, und die Umwelt ist nach wie vor echt kaputt gewirtschaftet, und kaum einen kümmerts.

Also, allzu rosig sehe ich nicht in die Zukunft, obwohl ich natürlich versuchen werde, für mich privat und für 'ne gesunde Umwelt noch was Anständiges draus zu machen.

Katrin, 22 J., Wirtschaftskauffrau

Wie recht Sie haben, denn Nachdenken tut jetzt wirklich not. Wir hätten mit dem Nachdenken schon viel eher beginnen müssen und nicht erst jetzt, wo es bereits fünf Minuten vor zwölf ist. Zu viel stürzte mit dem »9. November« auf uns ein, und um das verarbeiten zu können, hätte man uns mehr Zeit lassen müssen. Alle Menschen waren irgendwie durcheinander, keiner konnte so richtig begreifen, was da eigentlich vor sich ging, jeder hatte Angst, irgend etwas zu verpassen... Hinzu kamen die unglaublichen Enthüllungen über Veruntreuung, Bereicherung und Machtausnutzung. Eine Hysterie setzte ein, die sich gegen den gesamten Parteiapparat richtete und ein für allemal den Glauben an den »wahren Sozialismus« unter sich begrub. Plötzlich sollte alles anders werden – man plädierte für Demokratie, für Bezahlung nach Leistungen, man wollte nun reisen und sich an einem äquivalenten Angebot gleich westlichen Maßstäben erfreuen.

Das Zauberwort dafür ist die Marktwirtschaft – aber eine soziale bitte schön!!! Denn natürlich möchten wir ja auch weiterhin unsere Arbeitsplätze behalten, unsere Kinder nach wie vor in die Kindereinrichtungen schicken und natürlich billig wohnen! Mit der CDU wollen wir den Weg so schnell wie möglich beschreiten. Aber wollen wir das wirklich, ein schlechter Abklatsch der BRD zu werden, haben wir es nötig, unsere bewährten (!) Methoden z. B. in der Bildung (10-Klassenschule) in den Boden zu stampfen, müssen wir uns um jeden Preis anpassen? War wirklich alles so schlecht, was wir vierzig Jahre lang praktiziert haben? Gibt es denn nichts mehr, worauf wir stolz sein können?

Es ist schon erschreckend, wie viele Abiturienten jetzt ohne jede Zukunft dastehen.

Ich habe selber das Abitur gemacht und weiß, wie hart schon allein eine Ablehnung trifft, aber plötzlich zu merken, daß man nirgendwo mehr gebraucht wird, ist weitaus schlimmer. Wer kann die Ängste derer nachvollziehen, die plötzlich ohne Arbeit dastehen. Flexibilität, alles schön und gut, aber kann man all' das, was man mal gelernt und womit man gelebt hat, wie eine leere Hülle abstreifen?

Wir haben jahrelang behütet gelebt, brauchten uns um nichts zu kümmern, da ja für uns gedacht wurde. Plötzlich schmeißt man uns »ins kalte Wasser« und verlangt von uns, zu schwimmen.

Die Vereinigung sollte keine Hau-Ruck-Aktion werden, sie sollte logisch durchdacht werden, und die Menschen in der DDR und BRD sollten sich erst gegenseitig eine Basis für eine Vereinigung schaffen, denn das Mißtrauen auf beiden Seiten, eventuell resultierend durch beiderseitige Unkenntnis, muß noch abgebaut werden.

Mein Bild über die BRD habe ich korrigieren müssen, denn ich bin sehr enttäuscht, wie unfair der Wahlkampf geführt wurde und mit welcher Frechheit sich BRD-Politiker in unseren Wahlkampf eingemischt haben. Auf Wahlveranstaltungen unserer Parteien haben sie ihre Interessen vertreten, haben den Menschen leere Vorstellungen gegeben, um ihre Vorstellungen und Wünsche durchzusetzen.

Das Ergebnis ihrer Kampagne war letztendlich, daß eine relativ unbekannte Partei aus dem Wahlkampf als Sieger hervorging, die keinen kompetenten Kopf besitzt und auf die Hilfe der Bundesregierung angewiesen ist. Ist das die Partei, die wir brauchen? Ich habe kein sehr gutes Gefühl, wenn ich daran denke, was noch so auf uns zukommt.

Ab September 1990 beginne ich zu studieren, und ich möchte gerne wissen, ob die von dem Rektor der Humboldt-Universität zu Berlin, Prof. Dr. H., geäußerten Vorstellungen zur Zukunft an den Universitäten der DDR jetzt unsere Perspektive sind? Müssen wir jetzt auch neben dem Studium jobben, auf Zimmersuche gehen und an überfüllten Vorlesungen teilnehmen, um die Produktivität zu steigern? Tauschen wir jetzt unsere »paradiesischen Zustände« gegen einen »lästigen Part-Time-Job«?

Und was wird jetzt aus der einen Million Hausbesitzer in der DDR, deren Häuser früher einmal jetzigen Bundesbürgern gehörten, die jetzt wieder Anspruch erheben werden? Welche Schritte unternimmt unsere Regierung, um diese Menschen rechtlich zu schützen, oder gelten bald die Gesetze der BRD? Was ist man denn noch als DDR-Bürger wert? Ist man denn nun schon wieder ein »Mensch zweiter Klasse«? Ich hoffe, daß sich diese Ängste nicht bewahrheiten werden!

Sylvia, 20 J., Studentin

Ich möchte Ihnen schreiben, weil ich als Mutter von drei kleinen Kindern sicher auch ein Recht darauf habe, meine Meinung zu sagen. Und auch, weil mich diese drei Fragen so aufgewühlt haben.

Nicht erst seit der Öffnung der Grenze denke ich über unsere Zukunft nach. Genau wie Tausende andere Menschen in unserem noch »bestehenden Land« hat sich wohl jeder darüber Gedanken gemacht. Auch kritische. Natürlich sieht das Leben und auch unsere Zukunft jetzt ganz anders aus. Schön ist, wenn ein geteiltes Land wieder eins wird. Weil ja

»deutsche Menschen« auch zusammengehören möchten. Und unbedingt sollen. Mein Bild über die Bundesrepublik und Westberlin kann ich nicht ändern, ich konnte mir ja bisher gar kein persönliches Bild machen. Ein Land oder eine Stadt, welche man nie persönlich gesehen hat, kann man auch nicht selbst beurteilen. Ich kann nur sagen, daß mir Tränen in den Augen standen, als ich in der Bundesrepublik so viele nette und hilfsbereite Menschen kennengelernt habe. Welche es natürlich auch bei uns gibt.

Ihre Frage 2 kann ich nicht mit zwei Worten beantworten. Bitte verzeihen Sie mir.

Konsequenzen für mich und meine Kinder: Uwe kommt dieses Jahr zur Schule, Sebastian ist zweieinhalb, auch zu Hause, weil ich im Babyjahr bin und es jetzt vom Staat auch gewünscht wird, daß Krippenkinder, deren Mütter im Babyjahr sind, zu Hause sind. Nicht, daß Sie mich falsch verstehen, ich habe meinen Sohn gern zu Hause, aber es ist schwer in einer Zweieinhalbzimmerwohnung. Mein Baby ist zehn Monate alt.

Nach der Vereinigung: Wenn es keine Krippenplätze mehr gibt, muß ich zu Hause bleiben, bis meine Tochter drei Jahre ist und in den Kindergarten kann. Auch wenn die Krippenplätze zu teuer sind, kann ich keinen mehr in Anspruch nehmen. Sollten die Kindergartenplätze auch zu teuer werden oder sollten sie auch abgeschafft werden, muß ich meinen Sohn Sebastian auch zu Hause behalten. Da er im Juni Geburtstag hat, kommt er mit sieben in die Schule. Wenn dann die Schulspeisung auch wegfällt, ja dann? Und wer wird mir mit drei Kindern, wenn ich kein Kind mehr unterbringen kann, Arbeit geben? Wer wird daran denken oder wen wird's interessieren, daß ich zehn Jahre zur Schule gegangen bin (Abschluß 2), zwei Facharbeiter habe? Meinen zweiten als »Facharbeiter für Krankenpflege« habe ich erst im Februar dieses Jahres mit 2 abgeschlossen.

Was nutzt es mir, immer nur auf das Gute zu hoffen? Wenn ich in die Zukunft sehe, sehe ich für mich persönlich eine viel zu kleine Wohnung, ein halbes Zimmer, wo zwei Jungen wohnen, ein kleines Schlafzimmer, wo ein Baby mitschläft, und eine arbeitslose Mutter, die vor lauter Zukunftsangst manchmal nicht schlafen kann.

Angst, vor dem Nichts zu stehen, Angst, keine Chance zu bekommen, tausend Ängste, von denen man nicht spricht. Und Ängste, die gar nicht neu sind. Und da wird so einfach gefragt, ob man Zukunftsangst hat.

Ihre Fragen sind bestimmt gut gemeint, sie nutzen mir und meiner Familie nichts. Sie helfen nicht, denn sie sind keine Hände, die einem helfen können. Es sind nur Fragen, mehr nicht. Denn jeder muß mit seinem Leben selbst fertig werden, es wird niemand da sein, der uns eine Chance gibt. Hoffnungslos!

Ich werde mich niemals beklagen, Sie dürfen mich jedoch nie nach meinen Ängsten fragen, denn dann könnte es geschehen, ich gäbe Ihnen keine Antwort und ließe Sie einfach stehen! Alles Gute für Sie alle!

Regina, o. A., Facharbeiterin für Krankenpflege

In der JW vom Donnerstag habe ich das Interview mit Ihnen gelesen und mich spontan entschlossen, Ihnen zu schreiben. Spontan deshalb, weil ich mich noch nie an derartigen Umfragen beteiligt habe, sicher zum großen Teil aus Bequemlichkeit, selten aus Zeitmangel. Und aus Desinteresse auch nicht.

Ich möchte mich zunächst kurz vorstellen. Mein Name ist Jan, 25, wohne noch bei meinen Eltern und studiere in L. im 8. Semester Chemie und absolviere z. Z. mein Betriebspraktikum in Wolfen, so daß ich seit zwei Monaten nicht viel von den Veränderungen an den Unis mitbekomme. Nun zu Ihren Fragen:

Von der Grenzöffnung habe ich am 9. 11. gegen 22 Uhr am Ende einer Volker-Braun-Lesung in Leipzigs »Neuer Szene« erfahren. Am 18. 11. bin ich zum ersten Mal über Invalidenstraße in Westberlin gewesen. Auch nach einer Woche war die Begrüßung noch herzlich, ich erinnere mich an zwei gelbe Nelken, die noch nach zwei Wochen zu Hause in der Vase standen.

Moabit war leer, und bis zum ersten »Bild«-Zeitungsladen und dem ersten Coop-Laden war es nicht weit. Ansonsten sah vieles sauberer und gepflegter als hierzulande aus, nur eben allgegenwärtige Werbung und Graffiti, vor allem an Briefkästen. Dann Zettel an Wände geklebt, z. B. von der FAP (Freiheitliche Arbeiterpartei – rechtsradikale Vereinigung – die Herausgeberin). Damals dachte ich noch, wie gut, daß es sowas bei uns nicht gibt – inzwischen ein Traum. Dann das Geld geholt. Sind wir käuflich? Was hätte da Idealismus genützt im Gegensatz zu denen, die selbst Kleinkindern stundenlanges Fahren und Warten zumuten, um das Geld zu bekommen und um dann etwas für sich, nicht für die Kinder, zu kaufen. Insofern war es die erste Begegnung mit Verhaltensweisen von DDR-Bürgern am S-Bahnhof Zoo.

Zum Kudamm zog es uns nicht, und in der Kleiststraße vor dem
DGB-Haus wurden Kaffee, Tee und Kuchen für DDR-Bürger verschenkt. Dort unterhielt ich mich mit einer Frau, die schon ziemlich
durchgefroren aussah und auch schon drei Stunden dort stand. Als ich
ihr sagte, daß ich sie nicht beneide, meinte sie, was solle man in so einer
Zeit zu Hause sitzen, man könnte ja was verpassen. Das beeindruckte
mich. Und als ich noch meinte, es wäre doch schlimm, wie sich manche
DDR-Bürger hier aufführen, meinte sie, bundesdeutsche Touristen wären mindestens genauso schlimm, für sie war das kein Problem. Erstaunlich.

Zurück zum Potsdamer Platz. Immer wieder bewunderte ich Rad-
wege und Radfahrer gleichermaßen – fast ideale Bedingungen gegenüber
unserer Situation. Auch ansonsten konnte ich nun verstehen, warum
unsere Städte von westdeutscher Seite immer als grau bezeichnet wurden (was ja ohnehin stimmt). Was nicht zu sehen war: Penner oder Obdachlose. Es sah alles so normal aus.

Mitte Dezember war ich einige Tage in Hamburg. Auch dort habe ich
nur in der Innenstadt mal drei Bettler gesehen, ansonsten nichts. Auch
keine Rechtsextremisten und auch keine Soldaten. Mir fiel auf, daß es
dort möglich ist, sich total in seinen Hobbys zu verlieren. Das Angebot
ist riesig. Ich habe feststellen können, wie schön Busfahren sein kann,
wie ein Kraftraum und Toiletten aussehen können, das ließe sich fortset-
zen.

Was mich erstaunt hat, ist, wie sehr man dortzulande am finanziellen Anschlag lebt, Kredit was Normales ist. Ich hatte nun meisten-
teils mit Studenten zu tun, da war der direkte Vergleich möglich.
250 Mark Miete, nebenbei arbeiten, Auto usw., wer kann da bei uns
schon mitreden. Fast war ich froh, daß ich mit meinem Stipendium,
ohne nebenbei arbeiten gehen zu müssen, hinkomme. Jetzt nicht
mehr so.

Ich erlebte wirklich diesen Konsumzwang in der Verpackungsgesell-
schaft. Oberflächlich gesehen, geht es allen irgendwie gut. Dann dieser
Individualtrieb, der alle nur noch mit sich beschäftigt sieht.

Wenn ich sagen soll, was ich an meinem Bild korrigiert habe, würde
ich sagen, ich war erschrocken über die Verschwendung von Papier und
Plaste usw., also eine andere Art Umweltverschmutzung.

Volle Läden erwartete man ja, aber da gibt es ja auch nicht alles, das
freute mich fast etwas. Einen Konsumschock habe ich nicht erlitten, nur

in Platten- und Buchläden war es denn doch etwas schwer, sich zurück-
zuhalten.

Ich war bisher noch zwei weitere Male in der Bundesrepublik und
auch nochmal in Westberlin und möchte doch hierbleiben. Hätte mir
auch gerne eine eigenständige DDR erhalten, aber das ist ja längst nicht
mehr möglich.

Was mir noch aufgefallen ist: Wenn die Häuser ordentlich in Schuß
sind, dann macht es auch Spaß, mal über die Straße zu schauen, wenn
dort ebenfalls alte Mehrgeschosser stehen. Es kommt auch dadurch ein
ganz anderes Lebensgefühl zustande. Man fühlt sich halt wohler.

Je schneller die Vereinigung kommt, umso unsicherer wäre sicher
meine Zukunft; solange ich noch Student bin, ist das ja auch eine finanzielle Frage. Ansonsten hofft ja jeder, vom großen Arbeitskuchen was
abzubekommen.

Zwei Tage vor Ihrem Interview erschien in der DDR-taz eine Analyse
»Gefährdete Jugend« zur verfehlten Jugendpolitik, die Sie sicher besser
kennen als ich. Besonders der Hinweis auf die »unzureichend ausgebil-
deten Fähigkeiten zur Problembewältigung« ist, so denke ich, bemer-
kenswert. Das würde ich auch für mich als ein Problem sehen. Wann
mußte ich bisher meine Ellenbogen gebrauchen, um was zu erreichen?
Ich möchte auch nicht unbedingt nur so vorwärtskommen. Doch wer garantiert mir, darauf verzichten zu können? Ansonsten sehe ich privat
und beruflich momentan keine Probleme, nur an drei- bis vierstellige
Mieten werde ich mich wohl nie gewöhnen wollen. Und beinah hätte ich
es vergessen: Meine Freundin erwartet ein Kind. Werden wir diesem
Kind ein unbeschwertes Aufwachsen ermöglichen können?

Jan, 25 J., Student

Endlich kann ich Eure Zeitung im PZV bekommen und lesen... Ich
bin stolz auf meine Arbeit, denn sie ist wichtig, wie das Brot zum Essen.
Wenn keine sauberen Bahnhöfe in Berlin, ist auch Berlin bald dreckig.
Über Eure drei Fragen gerne, denn auch ich habe eine Meinung von
Weltanschauung und Partei. Ich gebe zu, daß ich schwul bin und für
mich in Westberlin eine neue Welt ist, und auch ich finde es gut, daß ich
meine Freunde im Westen besuchen kann, z. B. Kaffeetrinken. Wie gesagt, finde ich, daß die Grenze wieder offen ist, das ist toll. Aber mein
Bild von der kap. Stadt oder Staat ist das gleiche, wie mir meine Freunde
es berichtet haben. Wenn du Geld hast, bist du etwas. Aber das ist bei

uns nicht so. Hier bist du Mensch und nicht irgendein Ding in »ALDI«
oder »OTTO«, ob mit oder ohne Geld bist du in der DDR ein Mensch,
und hier war eine gewisse Nest-Wärme, und die Leute waren netter und
nicht auf DM fixiert...

Ich weiß nicht, was ist, wenn ich nicht weiterkomme und meine Kumpel sind nicht da. Ich kann Euch das nicht sagen, ich weiß es nicht, ich hoffe doch nur Gutes, lassen wir es 'rankommen.

Ja, ich habe Zukunftsängste. Um meinen Arbeitsplatz, um meine Wohnung und dann grade, weil ich schwul bin und dann habe ich wieder den § 175 auf dem Hals und ich war froh, daß es das bei uns nicht mehr gibt und jetzt wieder. Nein danke, ich habe auch Angst um andere Jugendliche, die noch in die Schule gehen und später keinen Job haben und auf der Straße landen, wie es drüben fast so üblich ist. Siehe Drogenszene. Ich frage mich, was haben die Menschen gewählt, und sie haben nicht einmal überlegt, und da sieht man, was die DM ist. Auch Menschen kann man kaufen. Ich gebe vielleicht ein Zitat mit, was von mir kommt: »Auferstanden von Ruinen, aufgebaut von Hand zu Hand, erschafft haben wir des Menschen Glück, denn Heimat, Wald und Flüsse, das war unser. Schade, verkauft haben sich die Leute für die Deutsche Mark und wissen nicht, was dahinter steckt, und wie sagte Brecht: Erst das Fressen und dann die Moral«.
Andreas, 21 J., Arbeiter

Wem gehen in diesen Tagen nicht Gedanken über all die Dinge, die in und mit unserem Land geschehen, über die eigene Zukunft und die Theorie des Sozialismus, durch den Kopf? Der eine sieht seine persönlichen Ansichten rosiger, andere schwarz. Das Nachdenken vieler Menschen, besonders Jugendlicher, endet mit Hilflosigkeit, fast Kapitulation vor der Ohnmacht des Einzelnen, mit Zukunftssorgen, die hier bei uns bisher kaum einer kannte. Auch bei mir ging bisher alles glatt, und mein weiterer Weg lag fest: Kinderkrippe, Kindergarten, Einschulung, Eintritt in die PO, seit der 3. Klasse R-Schule, seit der 9. Spezialrussischschule, danach Studium als Ma/Ru-Lehrerin in G. (mühsam gegen alle Bürokratie durchgesetzt, da diese Fachkombination nicht existiert), dann gesicherter Arbeitsplatz, denn Ru-Lehrer wurden gebraucht.

Nun bin ich achtzehn Jahre, stehe kurz vor dem Abitur. Den Studienplatz habe ich erst einmal sicher. Aber alles andere hängt in der Schwebe: Wie wird das mit dem Studium? Wird man es selbst finanzieren müssen? Werden in fünf Jahren überhaupt noch Ru-Lehrer gebraucht bei der Kürzung, die jetzt überall vorgenommen wurde? Wie wird man dann als Lehrer mit m./l. Weltanschauung dastehen?

Auf all diese Fragen weiß jetzt noch keiner eine Antwort. Bei dem rasanten Tempo, das bei den Arbeiten an Währungsreform und Vereinigung von DDR und BRD scheinbar vorgelegt wird, kann einem »Links-Wähler« nur mulmig werden. Unsere Bürger sind doch auf derartige Verhältnisse überhaupt nicht eingestellt. Und ich fürchte, unter den Verhältnissen, wie sie in westeuropäischen Staaten herrschen, werde ich nicht unterrichten können. Mich schreckt nicht das Leistungsprinzip – das kann ja nur vorwärts helfen. Aber dieser z. T. rücksichtslose Konkurrenzkampf, ständig die Angst, wegen fortschrittlicher Initiativen die Arbeit zu verlieren (als Lehrer steht man da ja besonders im Blickfeld). Sicher war es auch bei uns »vor der Wende« manchmal nicht leicht, die z. B. im Stabü-Unterricht gefragten Meinungen mit dem Gewissen in Einklang zu bringen. Aber es muß doch eine Alternative sowohl zum Kapitalismus als auch zum bisher sogenannten Sozialismus (es war ja keiner im Sinne von Marx, Engels und Lenin) geben. Es war doch nicht alles schlecht, was bei uns und in den anderen RGW-Staaten (ich vermeide absichtlich die Bezeichnung »soz.«) seit dem II. Weltkrieg und in der SU seit 1917 geschaffen wurde. Und es ist auch nicht alles »Spitze«, was aus dem »Westen« kommt.

Ich war bisher nur zu Stippvisiten »drüben«. Klar, auch mich hätte das gewaltige Warenangebot fast erschlagen. Ich sammle Servietten und stand dann fast in Tränen aufgelöst vor -zig Sorten, wo es bei uns oft keine oder immer und überall die gleichen gibt. Aber was sicher auch keinem neu, mir jedoch besonders aufgefallen ist: Alles, was man nicht allzuoft benötigt, ist verhältnismäßig billig (Rundfunk, Kleidung, Autos, Genußmittel), wogegen Grundnahrungsmittel doch deutlich teurer sind, genau wie andere zum Leben notwendige Dinge wie Mieten, Kinderbetreuung... Also, da finde ich unsere Regelung günstiger, obwohl z. T. sicher übertrieben. Ich könnte mir vorstellen, daß die Lebensmittel u. ä. etwas unter dem wahren Herstellungspreis verkauft werden, dafür aber andere Preise etwas heraufgesetzt werden. Klingt vielleicht utopisch und ist auch nicht allzu gekonnt ausgedrückt, aber den Gedanken der Stützung für WtB (Waren des täglichen Bedarfs – die Herausgeberin) und Kindersachen, Betreuung (von Kindern, aber auch Behinderten), Diätwaren (für Diabetiker, Zöliakie u. a.) würde ich jederzeit unterstützen. Dabei müßte jedoch auch eine Möglichkeit gefunden werden, den Mißbrauch derartiger Vergünstigungen zu verhindern.

Im übrigen finde ich, sind die Menschen überall annähernd gleich. Die BRD ist für mich Ausland, wie es auch Polen, Griechenland und Schweden sind. Es gibt dort wie hier kontaktfreudige und verschlossene, höfliche und rauhe Menschen, freigiebige und geizige. Mich stört an der Wirtschaft, daß alles vermarktet wird. Immer diese Werbung, das Anbiedern. Das vertrage ich nicht. Es ist überhaupt erstaunlich, wie eine so planlose (?) Wirtschaft so gut funktioniert. Vieles läuft nur auf gut Glück, über Spekulationen, z. B. bei den Bauern. Eine zentral gesteuerte Planung mit entsprechendem Spielraum müßte doch ähnliche Ergebnisse zustande bringen können.

Ach, es ist alles so verwirrend. Die Gedanken verlaufen sich und stoßen immer wieder auf Grenzen, die durch das Wissen oder fehlende Übersicht und Durchblick gesetzt sind. Ich finde, es gibt zur Zeit genug Gründe, wieder auf die Straße zu gehen, bevor alles zu spät ist. Aber man hört ja kaum noch etwas von den anfänglichen Initiativen der Bürgerbewegungen. Ist ihre Kraft bereits erlahmt, ihr Enthusiasmus schon gebrochen? Es wäre schade drum.

Was geschieht mit den Zuschriften auf den Artikel? Werden sie beantwortet, Hinweise oder Ratschläge gegeben? Was kann man überhaupt machen? – Muß man sich der Entscheidung der Wahlen fügen? Warum können nicht zwei deutsche Staaten mit relativ offenen Grenzen bestehen bleiben? Wird der Grundgedanke des Sozialismus wieder verschwinden, oder gibt es für ihn noch eine Rettung?

Es gibt noch so viele Fragen, die mich und Altersgefährten bewegen.
Uta, 18 J., Abiturientin

Was soll man schon für Eindrücke besitzen, wenn man den Luxus, Warenangebot, Freundlichkeit hinter dem Ladentisch, Autos, Werbung, gute Straßen, saubere Städte und Gemeinden sieht. Es erwächst eine innere Bereitschaft, dieses selbst so schnell wie möglich zu erlangen, weil man doch nur einmal auf dieser Welt ist. Hinzufügen möchte ich noch, daß das ehemalige Machtregime ja selbst nach diesem Slogan gelebt und somit keinen Sozialismus aufgebaut hat, sondern eine Monarchie. Aus dem Grund hat das Volk der DDR zum 18.03.'90 sich für die D-Mark entschieden, also zur Abschaffung der DDR. Dies ist verständlich, zeigt aber gleichzeitig die politische Unmündigkeit der Bürger, weil

sie nicht in der Lage sind oder waren, die Geschichte gedanklich aufzu-
arbeiten.

Mein Bild zur BRD oder Westberlin hat sich nicht verändert, da ich
der Meinung bin, der Kapitalismus ist menschenfeindlich. Speziell die
BRD war und ist das Aushängeschild des Kapitalismus in Europa (Mar-
shal-Plan), um das sozialistische Lager gefügig zu machen.

Wenn ich mir das politische Taktieren der Kohl-Regierung ansehe in
den letzten Wochen und Monaten:
- Versprechungen auf Hilfe für die DDR
- Wahlunterstützung in der DDR für den eigenen Wahlkampf in der
BRD
- Wiedervereinigungsgeschrei gegenüber den europäischen Nach-
barn...
- Abweichen von den bestehenden Grenzen
- Einbindung der DDR in die NATO
- keine konkreten Abrüstungsschritte,
sehe ich den leibhaftigen Kapitalismus vor mir, der sich nicht ändert
und somit auch nicht gemäßigt handeln wird gegenüber den zukünftigen
Arbeitnehmern in der DDR (siehe K. Marx).

Welche Konsequenzen würde die Vereinigung der deutschen Staaten
vermutlich für Sie persönlich bringen?

Bei dieser Frage ist es entscheidend, wie die Wiedervereinigung vonstatten geht. Aber ich glaube, der Wähler hat sich schon entschieden für
eine schnelle Vereinigung (Anschluß) ohne Wenn und Aber.

Konsequenzen: Ich muß diese Frage, glaube ich, nicht beantworten.

Haben Sie Zukunftsängste und welche?

Ein Beispiel: Haben wir nicht das MfS abgeschafft, um endlich »frei«
zu leben, was eine wichtige Konsequenz war und ist, da es nicht mehr
den neuen Anforderungen gerecht geworden wäre. Ja, es war ein Erfor-
dernis.

Jetzt unterwerfen wir uns freiwillig einem neuen kapitalistischen Ge-
heimdienst, der die Interessen der jeweiligen herrschenden Klasse mit
aller Konsequenz vertritt, ist das nicht irre? Aber wir machen das ja freiwillig, um endlich »frei« nach kapitalistischer Definition leben zu können und endlich den Worten von Rosa Luxemburg gerecht zu werden
(Freiheit ist immer die Freiheit des Andersdenkenden).

Das Erwachen für die ehemaligen DDR-Bürger in einem gemeinsamen Deutschland wird ernüchternd sein, dann aber zu spät, was ich aber

den CDU-Wählern von ganzem Herzen wünsche. Ich habe den Brief nicht unterschrieben, weil ich meine Zukunftsängste nicht noch freiwillig heraufbeschwören will, wenn ihn der BND liest. Die Chance will ich mir offen halten, um in der »neuen Freiheit« bestehen zu können.
o. A., o. A., o. A.

Besonders wichtig ist für mich der Kontakt zu anderen Jugendlichen aus der BRD/WB. Bisher war ich nur in WB (privat) und habe so noch keinen großen Kontakt zu bundesdeutschen Jugendlichen erhalten.

Aber hier in der DDR bei einem kleinen Meeting mit bundesdeutschen Jugendlichen habe ich die ersten Eindrücke über ihr Leben gewonnen. Besonders eindrucksvoll finde ich ihr Schulsystem, worüber ich früher nie etwas gehört habe. Und ich glaube schon, daß es in dieser Beziehung doch einige Vorurteile meinerseits gab. Jetzt bin ich aber davon überzeugt, daß das Schulsystem in der BRD doch besser ist als unseres. Mir gefällt zum Beispiel das Leistungsprinzip an den Gymnasien, in denen jeder sich in seinem Fach höher »qualifizieren« kann.

Meine ersten Eindrücke in Westberlin waren natürlich die Riesenangebote in den Geschäften. Natürlich ist das ein großer Unterschied zu unserem Warenangebot. Gerade als Jugendlicher zieht man sich ja verrückt modisch an. Daß dort die Möglichkeiten dafür gegeben sind, ist eindeutig.

Was für mich eigentlich am wichtigsten ist, ist der Kontakt zu anderen Bürgern der BRD. Ich glaube, man muß sich erst mit den Menschen und ihren Lebensgewohnheiten vertraut machen, um sie richtig einschätzen zu können.

Seit den Wahlen der vergangenen Woche mache ich mir noch mehr Sorgen um meine Zukunft. Ehrlich gesagt, ich war davon überzeugt, daß die SPD die Wahlen gewinnt. Im Programm der SPD fand ich nämlich Zukunftspläne für uns Jugendliche. Ich bin auch dafür, daß die Vereinigung beider deutscher Staaten nur schrittweise vollzogen werden sollte. Ich kann mir wirklich nicht vorstellen, ganz plötzlich in einem kapitalistischen Gesellschaftssystem zu leben. Woher soll ich wissen, wie ich mich in solch einem System zu verhalten habe. Bisher habe ich nur Liebe und Geborgenheit bei uns in der DDR kennengelernt. Um meine Zukunft brauchte ich mir keine Sorgen zu machen. Deshalb bin ich auch mit gutem Gewissen zur EOS gegangen, um danach studieren zu können. Mit vollem Optimismus habe ich mich dafür eingesetzt, daß ich meinen Studienplatz als Sonderschulpädagogin erhalte. Ich habe mich wahnsinnig gefreut auf mein Studium. Das heißt, diese Freude hielt sich nur bis zur Wende in unserem Land.

Ehrlich gesagt, mir ist es auf einmal egal, ob ich meinen Studienplatz erhalte oder nicht. Ich habe ziemlich resigniert, ganz einfach, weil ich Angst habe. Wovor? Ich weiß nicht, ob ich vielleicht noch mein Studium selbst finanzieren müßte. Und mir ist jetzt schon klar, wenn es so kommen würde, ich könnte das Geld für ein Studium nicht aufbringen. Naja, und was mache ich ohne Beruf!

Die zweite Frage ist, ob ich nach meinem Studium überhaupt eine Arbeitsstelle bekommen werde?

Mir ist klar, daß mir auf diese Fragen noch niemand eine Antwort geben kann, und deshalb glaube ich, daß meine Ängste gerechtfertigt sind.

Später möchte ich natürlich auch mal eine Familie gründen. Aber wenn so vieles im Sozialwesen wegfällt (Babyjahr etc.), da habe ich einfach Angst. Ich kann kein Kind in eine Welt setzen, in der die Zukunft unbestimmt ist. Ich möchte, daß meine Kinder einmal so aufwachsen wie ich, in einem Land, in dem die Zukunft gesichert ist, aber natürlich nicht mit einer solchen Regierung, wie unsere es war. Es müßte eine Mischung aus dem kapitalistischen und aus dem sozialistischen System sein. Das Soziale aus dem Sozialismus und das Materielle aus dem Kapitalismus. Bloß, wie soll's sowas mal geben?

Anja, 18 J., Oberschülerin

Es mag vielleicht vorkommen, als hätte ich alles in rosarote Farbe getaucht. Aber von meinen bisherigen Kontakten zu BRD-Bürgern war ich angenehm überrascht.

Sicher, sie treten sehr souverän auf und kehren ein hohes Anspruchsniveau heraus. Aber ich habe sie bisher, auch wenn meine Kontakte nicht sehr eng waren, hilfsbereit, aufgeschlossen, anteilnehmend und sogar behutsam erlebt. Ich glaube, seitdem wir offener geworden sind, viel über unsere Lage berichtet wird, bringen sie viel mehr Verständnis und Interesse für unsere Situation auf. Die meisten wollen helfen, Ängste bei DDR-Bürgern abzubauen. Ich empfand gerade in Bayern die Ausgeglichenheit der Menschen dort als sehr angenehm. Ich denke, daß in den Warenhäusern und Billigläden die dort arbeitenden Menschen während des Streßgeschäftes in der Vorweihnachtszeit vom Verhalten der meisten DDR-Bürger angetan waren, da wir ja wesentlich gedulgiger sind und deren Arbeit mehr zu schätzen wissen.

Bei persönlichen Kontakten ist mir aufgefallen, daß Bundesbürger immer eine eigene, manchmal anfechtbare, umfassende Meinung haben, die sie selbstbewußt äußern. Sie wollen auch im privaten Leben perfekter sein, d. h., detaillierte Kenntnisse über Kultur, Politik, Geographie haben. In Gaststätten beispielsweise unterhalten sie sich im Freundeskreis viel ungezwungener und freier als wir.

Mein Eindruck war, daß die Leute in Bayern und Hannover viel gemütlicher als in Westberlin sind. Doch dieser Eindruck ist oberflächlich, da ich nur ein Mal in Westberlin war. Dort fand ich alles viel unpersönlicher und hektischer. Angenehm aufgefallen ist mir, daß es in Geschäften viel lockerer zugeht, daß z. B. auch Hunde mit herein dürfen. Jedenfalls habe ich bei BRD-Bürgern mehr herablassende Arroganz erwartet.

Gut fand ich, daß sie das Verhalten mancher DDR-Bürger ablehnen, die wie Kinder über alles staunen und glauben, sich ständig bedanken zu müssen.

Mein Bild habe ich korrigieren können, indem ich Gespräche mit einigen Westdeutschen geführt habe und sie uns manchmal ihre Hilfe in Kleinigkeiten angeboten haben.

Ich kann mir vorstellen, daß sie nur dann so entgegenkommend sind, solange sie selbst kaum Schaden erleiden. Bei Geschäftsleuten kann ich mir schon Skrupellosigkeit vorstellen, obwohl ich bis jetzt am eigenen Leib keinen Schaden erlitten habe.

Ich befürchte, daß es in Zukunft schwerer sein wird, sich auf Arbeit zurechtzufinden, da das Ausbildungsniveau drüben oft höher ist. Es ist zwar eine Herausforderung, jetzt vieles nachholen zu können, aber es geschieht unter ungünstigeren Bedingungen. Man muß vielleicht eine Stufe auf der sozialen Leiter heruntersteigen.

Ich finde es auch bitter, daß meine Eltern nun vielleicht ihre Arbeit nicht behalten können, da sie über fünfzig sind und es gesundheitlich bergab geht. Dabei ist es gerade für sie hart, da sie bisher die Schwächen des Staates nie ausgenutzt haben und selten krank gemacht haben, obwohl es ihnen oft nicht gut ging. Andererseits sehe ich für die Zukunft viele positive Veränderungen. Frauen können in ein paar Jahren mehr Zeit der Familie, dem Haushalt, ihren Interessen widmen, wenn die Berufstätigkeit der Frau eingeschränkt wird. Es werden interessantere Möglichkeiten für die Freizeit geboten. Die Individualitäten der Menschen können sich kreativer ausprägen; unser Leben wird bunter, anziehender, lebenswerter. Über Probleme wird gesprochen; es wird nach einer Lösung gesucht.

Doch in der Zeit, bis das so sein wird, werden unsere Menschen wie Sozialhilfeempfänger drüben leben, was das materielle Lebensniveau betrifft.

Ich habe im Moment noch keine Zukunftsängste. Es wird sich herausstellen, ob ich den neuen Härten gewachsen bin. Man muß nun mehr denn je die Verantwortung für sich selber tragen. Man muß sich gründlicher überlegen, wie man sich entscheidet und sollte Fehler vermeiden.

Ich denke aber, daß viele Zukunftsängste haben. Es kommt ja immer darauf an, in welcher Ausgangsposition man steht. Auf jeden Fall aber denke ich, daß nun alles mehr System bekommt, daß viel Bürokratie wegfällt. Und eine Gesellschaft, in der alles in Ordnung ist, gibt es nirgendwo.

Wibke, 25 J., Kellnerin

Ich heiße Silke, bin 16 Jahre alt und werde ab 01.09.90 die EOS besuchen. Für mich war es in letzter Zeit sehr wichtig, in Erfahrung zu bringen, wie Freundschaften im deutschen Nachbarland gepflegt und geführt werden. In Gesprächen habe ich immer wieder bemerkt, daß dieses Wort »Freundschaft« eine etwas andere Bedeutung als in unserem Land besitzt. Ich glaube, daß diese Freundschaften dort zwischen Jugendlichen und zum Teil auch Erwachsenen immer mit Geld in Verbindung zu bringen sind. Da Freundschaft für mich das Wichtigste, was ein Mensch besitzen kann, ist, macht mir die andere Art, mit Freunden umzugehen, Angst.

Außerdem bleibt für mich bis jetzt noch dieses Gefühl, daß ich mir sehr alleine vorkomme, dort drüben in der anderen Gesellschaft. Immer, wenn ich mich im westlichen Teil bewege, spüre ich diese Nichtzugehörigkeit zu jener Gesellschaftsordnung. Doch leider ist es mir noch nicht gelungen, genau zu wissen, woran das liegt. Alles, was einem im »Westen« als DDR-Bürger so begegnet, ist noch so neu, und es wird schnell zu viel.

Aber an diese Fülle von Konsumgütern werden wir uns gewöhnen. Wie schon erwähnt, habe ich vor, mit Beginn des Monats September die EOS zu besuchen. Und mit jedem Tag wächst meine Angst vor der Zukunft, wenn ich in die Zeitung schaue und lese, wieviel Abiturienten ohne Uni-Platz sind und förmlich auf der Straße sitzen. Daß dies auch mich in zwei Jahren betreffen könnte, ist mir ganz klar, und ich rechne mit allem. Aber wozu mache ich das Abitur? Doch nicht, um danach einen Facharbeiterberuf zu erlernen! Doch ich habe Hoffnung, und die gibt mir und wohl auch noch vielen anderen Jugendlichen die Kraft, nicht aufzugeben.

Silke, 16 J., Schülerin

Ich weiß nicht, ob ich genau auf Ihre Fragen antworten werde. Aber ich möchte schreiben. Ich bin 17 Jahre alt und gehe mit großen Schritten auf die 18 zu.

Ich habe diese Politik also voll miterlebt, und jetzt liegt sie mir wie Blei im Magen.

Früh sehe ich Raben und Krähen auf den Feldern, die Fruchtbares zer- und raushacken.

Die BRD... was für ein Land? Ich kann es mir nicht erklären. Jedenfalls gibt es viele Jugendliche, die nachdenken, und diese Menschen fand ich hier selten. Singende Schreibende, welche die Marx und Lenin ehren und studieren, aus freien Stücken. Aber Angst habe ich mehr wie genug vor den Menschen. Sie formen und das mit unüberlegten Händen. Die Wahl war demokratisch? Ich habe sie in einem Pflegeheim miterlebt. Dort haben die Schwestern den Wahlberechtigten die Partei plausibel gemacht, die zu wählen ist, und alle haben sie gewählt. Manche auch deshalb, weil sie Angst hatten. Ach, die Demokratie.

Die Zukunftsängste, nehmen wir doch die Angst, die man jetzt schon wieder hat. Darf man denn noch so ehrlich sein. Wird man denn nicht schon wieder bevormundet.

Ich persönlich knie vor den Gräbern von Marx, Engels, Lenin und Thälmann und bitte um Gnade. Die Menschen wählen wieder Bonzen, wegen ihnen möchte ich weglaufen. Im Oktober stand auf den Plakaten »Wir wollen Sozialismus!« Nun ist es weggewischt!...

Claire, 17 J., o. A.

Es ist heute das erste Mal, daß ich mich schriftlich zur politischen Situation und meinen Beziehungen dazu äußere.

Ich beginne am besten im November 1989. Damals, am 9.11., befand ich mich hier in W. im Wohnheim der Hochschule für Architektur und Bauwesen, an der ich studiere. Als da die Nachricht über das Radio kam, die Grenzen seien geöffnet, durchfuhr es mich ziemlich unangenehm. In diesem Moment empfand ich absolut keinen Grund zum Jubeln. Eher war mir ein bißchen mulmig, und ich dachte an die Zukunft – was jetzt noch alles kommen würde. Doch diese Gedanken schob ich schnell wieder beiseite.

Damals verstand ich die Welt nicht mehr. Ich konnte mir nicht vorstellen, warum auf einmal überall demonstriert wurde. Warum die Menschen nichts Gutes mehr an unserer DDR ließen. Ging es uns denn wirklich so schlecht? Natürlich, hier gab es nicht täglich Bananen, Apfelsinen oder andere tropische Früchte. Dinge des Luxus, volle Läden...! Natürlich kommt Ärger und Unverständnis in einem auf, wenn man sieht, wo all das Geld geblieben ist. Was damit geschah! Und trotzdem sag ich mir immer, ich habe bis jetzt recht gut gelebt, fühlte mich nicht bespitzelt von der Stasi oder unterdrückt von irgendwelchen Staatsorganen.

Doch eines ist mir klar geworden. Man hat uns zu viel Unwahrheiten gesagt über den Kapitalismus und seine Menschen, hat uns nicht zu selbständigen Menschen erzogen, die gelernt haben, zu kämpfen und sich zu wehren gegen Ungerechtigkeit. Denn sollte es wirklich zu einer Vereinigung der deutschen Staaten kommen, so habe ich größte Angst, auch nur einer Anforderung des Lebens gerecht zu werden. Das, was ich in meinen fast zwanzig Lebensjahren gelernt habe, kann ich da wohl vergessen. Und deshalb bin ich auch dagegen, daß unsere DDR von heut auf morgen »D« heißt. Geht es denn nicht auch anders? Warum versuchen wir es nicht mit einem neuen Sozialismus? Ich habe zwar wenig Ahnung von Wirtschaft und der Hilfe zwischen Ost und West. Doch ich könnte mir vorstellen, daß auch eine Hilfe in Form von materiellen und finanziellen Mitteln die DDR wieder aufbauen könnte, so daß sie wieder voll »betriebsfähig« ist und gut in der Welt dasteht. Ist es denn nicht möglich, daß man sich gegenseitig hilft, ohne daran zu denken, wie man den anderen am besten von sich abhängig macht?

Ich war in der BRD und habe mich dort gut mit den Menschen unterhalten. Mir gefielen auch ihre Ansichten, die sich wenig von meinen unterscheiden. Auch sie waren dagegen, daß wir, die DDR, sobald wie möglich zur BRD gehören. Aber leider sehen die meisten Menschen bei uns nur noch Westgeld, was ja die Wahl am 18. 3. auch deutlich bewiesen hat. Man könnte glauben, ihnen sind u. a. die zur Zeit angebotenen Tomaten auf die Augen geflogen – furchtbar! Auch habe ich in der BRD

Berlin, 13. Dezember 1989
Foto: Ralf Günther

bemerkt, daß bei weitem nicht alles so ist, wie wir es gelernt haben, und trotzdem bin ich dagegen, all das, was sich BRD nennt, in die DDR zu übertragen. Schließlich ist die DDR ein eigener Staat, der selbst bestimmen und entscheiden kann, und ich bin für einen Neubeginn des Sozialismus!

Die Konsequenzen für mich und viele andere, die die Vereinigung mit sich bringen würde, sind, so denke ich, nicht sehr erfreulich. Wenn z. B. ein gewisser Herr Pieroth, der hoffentlich nie unsere Wirtschaft in seine Hände nimmt, sagt, er rät Frauen (alleinstehend mit Kind), frühzeitig einen Beruf zu lernen und bloß nicht lange zu studieren, dann sind wohl die Aussichten schon voll klar, oder?! Ich habe Angst, nicht mal meine kleinen Träume erfüllen zu können – natürlich ist Arbeitslosenunterstützung dann auch Westgeld! Doch ich bin wohl nicht dazu da, um mich von einem Herrn Pieroth wieder ins Mittelalter versetzen zu lassen, wo die Frau am besten nur zu Haus ist und der Mann arbeitet!

Was ist das eigentlich, was sich im Moment in unserem Land vollzieht – Fortschritt oder Rückschritt? Irgendwie macht mich das alles nicht froh und glücklich! Was für mich zur Zeit auch sehr fraglich ist, ist die Tatsache, ob man es heut überhaupt noch verantworten kann, ein Kind zu bekommen. Wissen wir denn, wie sie in zwanzig Jahren leben, wie ihre Zukunft aussieht? Ich kenne schon einige, die sich ihr Kind haben nehmen lassen, weil sie absolut nicht wissen, ob man es verantworten kann. Und das ist eine sehr schlimme Situation!

Ich wünsche mir sehr, daß wir uns nicht verschenken und daß wir noch lange DDR bleiben – es lohnt sich, neu anzufangen! Man könnte vielleicht ein bequemeres, reiches Leben leben. Doch ist es garantiert? Lieber stecke ich mein Wissen und meine Kraft in ein Land, wo es recht zugeht, d. h. nicht so wie die letzten Jahre!

Zur Zeit haben wir hier an der HAB ziemlich viele ungelöste Fragen – wie lange bekommen wir noch Stipendium, wie lange gehört uns noch dieses Wohnheim, wie sieht die Chance einer Arbeit nach dem Studium aus…? Es ist sehr schwer, noch Kraft zum Lernen zu finden, weil man nicht weiß, wie alles entschieden wird.

Wir alle hier hoffen, zum Guten, und ich bin übrigens stolz darauf, daß besonders Studenten immer noch zeigen, daß es auch noch eine DDR-Fahne gibt. Wir sind DDR und nicht ein Stück BRD!

Anke, 19 J., Studentin

Wenn ich ehrlich bin, ich habe mein Bild über die BRD bzw. über WB nicht korrigiert. Die Eindrücke, die ich auf meinen Besuchen gewonnen habe, waren erschütternd. Gastfreundlichkeit ist eine positive Seite, doch was kam danach? »Bei Euch ist eh alles Scheiße – vierzig Jahre nur Dreck und Elend!«

Wenn ich von mir ausgehe, hab ich wohl kaum in Dreck und Elend gelebt. Okay – vieles klappte nicht, entsprach nicht unseren Vorstellungen, doch darf man deswegen alles in den Schmutz ziehen? Ich frage die Leute, die meckern und abhauen bzw. die auf »Rote« schimpfen. Was habt ihr konkret getan, damit sich was ändert?

Zukunftsangst? Und wie! Ich bin gerade einundzwanzig und studierte Pionierleiter/Geschichte in D. Jetzt nur noch Geschichte und extern Englisch. Die Vereinigung würde mir persönlich nichts Gutes bringen, arbeitslos oder ein 3. Ausbildungsfach suchen. Jetzt gibt es meines Wissens im Stadtbezirk Dresden-Mitte neunzig arbeitslose Lehrer.

In zwei Wochen unterrichte ich das erste Mal in Geschichte, ich freue mich und frage mich – meine erste und letzte Stunde? Und schon ist sie wieder da – die Angst.

Ungefähr 200 – 300 Studenten geht's hier genauso wie mir, sollen wir alle ausreisen?

P. S. Am meisten ärgert mich die »Rezeptverteilung«, ihr solltet bei euch...! Sollten wir wirklich?
Daniela, 21 J., Studentin

Vielleicht ein Haus, ein Moped, ein Swimmingpool und viele Freunde wiederzusehen!

Türken sind brutal! Mein Bild hat sich nicht verändert.

Ja, daß 1 : 3 oder 1 : 5 umgetauscht wird! Hoffentlich gibt es mal wieder Rennräder in den Geschäften der DDR.

Ich habe noch andere Meinungen, aber (zu 1.) diese hier aufzuschreiben würde zu lange dauern, und ich könnte mich sicher nicht richtig ausdrücken! Diskutieren wäre besser gewesen! Meine Meinung behalte ich für mich! Ist manchmal besser so, aus Fehlern lernt man! Wenn man im Unterricht nämlich zum Lehrer berechtigte Kritik äußert, würde einem dies mit einem saftigen Eintrag und einer Note 5 in Betragen vergolten. Ich finde, daß, wenn man jetzt seine Meinung schreibt, würden die vierzig betrogenen Jahre auch nie wieder gut!

Alles nur durch die SED! Alle Lügner! Ich spreche aus Erfahrungen!

Glaubt mir! Der DDR ist nicht mehr zu helfen, das liest man doch täglich in allen Zeitungen!

o. A., o. A., o. A.

Mit der Öffnung der Grenzen im November konnte man endlich all das erleben, was man jahrelang vorher über ARD und ZDF mitgesehen hat. Aber auch eben vieles andere mehr, falls man im Kaufrausch bei Quelle, im Plaza oder sonstwo in versteckte Ecken und Winkel gesehen hat. Nicht nur Wohlstand und soziale Absicherung begegnete uns.

Mir persönlich geht dafür alles zu schnell, aber wenn uns die »Einigung«, sprich Anschluß, nun doch überrollt, dann sollten doch diejenigen auch zuallererst die Zeche zahlen, die uns an den Bundeskanzler für ein Butterbrot verkauft haben und die der Allianz zu Füßen gefallen sind. Aber andererseits kann man es den Menschen aus Thüringen und Sachsen nicht verdenken, wenn sie die Allianz wählten, wurde doch der Wahlkampf nicht nur auf Bühnen geführt, sondern auch im Magen der Menschen. So wurden ganze Faschingsveranstaltungen von Betrieben und Konzernen, von Brauereien gesponsert. Vom Konfetti bis zur letzten Uniform, wobei dann die Würde eines Menschen überhaupt keine Rolle mehr spielte. Hauptsache war, der Preis stimmte und die Partei. Aber wer kann überhaupt noch etwas gegen diese drei Parteien sagen. Sie gibt es doch eigentlich gar nicht. In Wirklichkeit regiert doch unser BLÜMchenKOHL. Da ist es doch nun völlig egal, daß laut westlichen Agenturberichten »ein kleiner Weinpanscher namens Elmar Pieroth« bei uns Wirtschaftsminister wird.

Wenn dann alles soweit ist, warum laden wir uns nicht auch noch einen Franz Schönhuber als Justizminister ein. Dann wären wir wieder dort, wo vor Jahrzehnten die Zeit schon einmal stehengeblieben ist. Deshalb sollte sich jeder, aber auch wirklich jeder fragen, ob er dafür 1989 dabei war.

Zukunftsängste – warum eigentlich, nur weil ich in einer Drei-Raum-Wohnung lebe mit meiner Frau und meinen zwei Kindern und nicht genau weiß, ob es vielleicht doch einmal soweit ist, daß so ein Wohnungshai kommt und eben mal so nebenbei eine vollständige Straße kauft, die Mieten raufsetzt, und das alles in einer Zeit, wo man vielleicht arbeitslos dasteht.

Zukunftsängste – warum und vor wem denn? Im Höchstfall vor DDR-Bürgern, die unbedingt alliieren wollen.

Entschuldigt, wenn ich Euch meine Adresse nicht mit angebe, aber ich glaube nicht an die Meinungsfreiheit des einzelnen, vor allem nach den Zerschlagungen der Gegendemonstrationen in Karl-Marx-Stadt u. a. Hochburgen der »Allianz«, als selbst die VP nur zuschaute in unserem jetzt so »demokratischen« Land. Wahrscheinlich als Einstimmung auf bundesdeutsche Verhältnisse. Lieber wegschauen als Eingreifen mimen, noch dazu als *Volks*polizei. Deshalb ohne Adresse, nicht, daß sich einer der Ordner verirrt, rein zufällig natürlich. Übrigens bin ich parteilos, aber noch nicht meinungslos.

Andreas, o. A., o. A.

Ich möchte Ihnen die Fragen beantworten, weil ich glaube, daß viele junge Leute so denken wie ich, und daß Sie das Ergebnis dieser Untersuchung der neuen Regierung vorlegen werden, damit gezeigt wird, in welcher Lage sich Jugendliche befinden, daß sich einige nicht zurechtfinden in der Politik der deutschen Einheit und Ängste haben. Ich glaube aber auch, daß das die Politiker, die den Anschluß nach Artikel 23 des Grundgesetzes wollen, überhaupt nicht interessiert. Aber trotzdem.

Nun zu Ihren Fragen.

Mein Eindruck von den deutschen Nachbarn, ich möchte sagen, kein besonders überwältigender. Wir haben zwar Verwandte in Westberlin, doch die sind der Meinung, wir sollten doch froh sein, daß alles so kommt. (Die Verwandten sind ehemalige DDR-Bürger, schon vor längerer bzw. langer Zeit ausgereist). In der BRD war ich bis jetzt noch nicht, und ich muß ehrlich sagen, es reizt mich auch nicht, nun unbedingt dort hinzufahren. Vielleicht später mal, um die Landschaft und die Traditionen kennenzulernen. Aber jetzt hätte ich Angst, mal hinzufahren, daß ich nicht anerkannt werde, nur als der arme DDR-Bürger, der doch soviel durchmachen mußte und nun endlich... Ich weiß nicht, ob die Menschen in der BRD so denken, ich höre nur die Politiker. Oder das Verhalten der Bundesbürger in unserem Land, ihre ganze Art ist eine völlig andere, meine ich jedenfalls. Ich fühle mich dann wie ein Fremder im eigenen Land, wenn ich an die Vereinigung denke.

Und damit möchte ich auch Ihre zweite und dritte Frage beantworten. Die Leute von drüben haben die dicke Kohle, und wer die Kohle hat, hat auch die Macht. Außerdem hat die Wahl gezeigt, wie das Geld die Menschen verblenden kann, ihr Gehirn und das Nachdenken ausschaltet, daß sie sich ohne Wenn und Aber aufgeben, als wären sie ein Nichts. Aber diese Leute sehen das ja anders. Sollen sie nur, jetzt ist es sowieso zu spät. Das Schlimme an der ganzen Sache ist nur, daß man da mit drinnen hängt, nicht aussteigen kann, so sehr man sich das auch wünscht. Ich sage Ihnen, ich habe nichts gegen die Vereinigung, aber ich habe was dagegen, daß wir bis aufs kleinste das System der BRD übernehmen sollen und sicher auch werden. Schrecklich der Gedanke, und so etwas nennt man noch Politik. Ich finde, nichts ist so perfekt, daß es einfach übernommen werden kann, auch nicht in die BRD.

Zur Frage 3 kann ich nur sagen, ja, ich habe Zukunftsängste, und die sind nicht klein. Was wird aus meiner Wohnung, kann ich sie noch bezahlen. Werde ich immer Arbeit haben oder finden. Das Arbeitsproblem z. B. ist sehr groß. Ich bin es doch gar nicht gewohnt, um Arbeit zu kämpfen, mich anbieten zu müssen so gut wie möglich, und daß ich dabei vielleicht nicht mehr Ich sein darf, um die Stelle zu bekommen. Bloß von der Arbeit hängt alles ab. Ich habe gestern in einer Zeitung gelesen, daß fast jeder zweite Haushalt in der BRD verschuldet ist, ein Grund dafür war Arbeitslosigkeit, die Raten konnten nicht mehr gezahlt werden, und damit fing der Teufelskreis an und kein Ende in Sicht. Davor habe ich am meisten Angst.

Weiter kommt noch hinzu, daß ich mich überhaupt nicht auskenne mit dem bundesdeutschen Recht und Gesetz. Mich könnten sie total betrügen. Wenn ich mir den Markt drüben anschaue, z. B. nur mal die Versicherungen oder Banken, überall muß man vergleichen, wo ist es billiger, wer hat bessere Leistungen, und jeder verkauft sich, so gut er kann, die haben ja gelernt zu überzeugen. Wie soll ich da herausfinden, ob es stimmt oder nicht, oder ob da noch ganz unten auf dem Vertrag in kleiner Schrift nur ein paar kleine Bemerkungen und Einschränkungen gemacht sind, die ich nicht verstehe, weil ich mich nicht auskenne, und letztendlich habe ich gar nichts gewonnen, nur bezahlt, vielleicht auch noch den Rechtsberater, damit ich nicht ganz untergehe.

Ich würde es gut finden, wenn darüber Informationslehrgänge zu kleinen Preisen (für jeden und alles muß man ja in Zukunft bezahlen, weil fast alles privat wird) durchgeführt werden, um nicht ganz dumm den anrollenden Geschäftemachern gegenübertreten zu müssen. Bis jetzt brauchte ich mir darüber keinen Kopf zu machen, es gab ja nur eine Versicherung oder Sparkasse, und denen habe ich mit blindem Vertrauen

meine Unterschrift gegeben. Was hatte ich zu befürchten, ich fühlte
mich sicher.

Um noch mal auf das erste Problem mit der Arbeit zurückzukommen, ich finde, man kann seine Zukunft gar nicht mehr planen, z. B. den Ehekredit. Man wußte, daß man ihn zu kleinen Zinsen immer zurückzahlen konnte, weil man auch immer Arbeit hatte. Aber weiß ich jetzt, wenn ich heute einen Kredit aufnehme, ob ich ihn dann mal zurückzahlen kann, wenn ich plötzlich keine Arbeit mehr habe. Oder etwas anderes. Wenn ich studiere, und das wollte ich eigentlich, habe ich danach die Kosten für das Studium bzw. das, was mir als Stipendium gezahlt wird, zurückzuzahlen. Und dann steht wieder die Frage, ob ich das kann.

Was mich noch bedrückt, ist, daß die ehemaligen DDR-Bürger jetzt hierher kommen und ihren einstigen Besitz zurückhaben wollen. Z. B. ihre Mietshäuser und ihre Grundstücke. Ich finde, wir sind denen dann total ausgeliefert, die bestimmen, was bei uns passiert, was wie teuer ist, weils denen ja gehört. Denen ist es doch egal, ob dann beispielsweise ein Rentnerehepaar die hohe Miete zahlen kann oder nicht, obwohl sie vielleicht ihr Leben lang dafür investiert haben. Angebot und Nachfrage, mehr nicht. Und so ordne ich den Satz ein: Wer das Geld hat, hat auch die Macht. Die DDR-Bürger dann jedenfalls nicht. Ich kann mir vorstellen, die meisten haben ein Sparguthaben von ca. 5 000 bis 10 000 Mark. Aber davon kann man sich keine Wohnung kaufen, es sei denn, man nimmt einen Kredit auf...

Also, ich weiß nicht, wie es weitergehen soll, irgendwie schon, aber ich bin nicht sehr zuversichtlich. Zumal ja auch schon westliche Politiker vom Armenhaus Deutschland reden, und dafür war und bin ich mir eigentlich zu schade, aber nun muß man das Beste draus machen. Ich weiß nur eins oder glaube es zu wissen, unser Lebensstandard wird sich vorläufig nicht verbessern, zwar werden wir dann das »harte« Geld verdienen, doch die Preise werden denen in der BRD angeglichen, ich meine den Wegfall der Subventionen, und unsere Leute werden aber trotzdem nur soviel Geld wie bisher bekommen. Für mich würde das heißen, Einschränkungen machen zu müssen, selten Kino, Theater, Disko, keine große Urlaubsreise usw. Vielleicht übertreibe ich auch, aber im Moment sehe ich das so. Ich arbeite in einem Ministerium, das es wahrscheinlich nicht mehr lange gibt, und der Markt ist zur Zeit mit Sekretärinnen abgedeckt. Was tun? Arbeitslos zu sein, nicht mehr gebraucht zu werden und auf Sozialhilfe angewiesen zu sein, ist das

Schlimmste, was ich mir vorstellen kann. Sieht so das soziale Netz aus? Ich finde es jedenfalls erst mal sehr gut, daß Sie sich mit dem Thema »Jugend« beschäftigen und wünsche Ihnen Erfolg bei Ihrer Arbeit.

o. A., 20 J., Facharbeiterin für Schreibtechnik

Ich hatte kein konkretes Bild von »drüben«. Als wir dann in Westberlin waren, fielen uns natürlich das Warenangebot und die Straßengestaltung auf. Das war mir aber nichts Neues, durch Werbung usw. Trotzdem konnte ich mich eines Gefühls der Kühle nicht erwehren, ein oberflächliches, buntes Bild – so bot sich mir Westberlin. Ich dachte, das Durchsetzen und trotzdem »Menschlichsein« ist sicherlich schwer hier.

Wir waren froh, wieder zu Hause zu sein in unserem kleinen Dorf. Wir würden der Güter wegen nicht rübergehen. Wie gesagt, viel kühler Glanz. Trotzdem muß ich zugeben, daß ich genaugenommen nichts über WB und die BRD aus eigener Erfahrung weiß.

»Welche Konsequenzen würde die Vereinigung der deutschen Staaten vermutlich für Sie persönlich bringen?«

Zunächst: Wir wohnen in einem alten Gutshaus in zwei kleinen Zimmern zu viert. (Also ich, mein Mann, unsere beiden Töchter, 6 u. 1 Jahr alt.) Eins der Zimmer gehört zu einer anderen Wohnung, wir müssen es als Schlafzimmer nutzen. Wir haben keine Toilette, kein Bad, keine Küche... (Es gibt nur eine Toilette für fünf Mietparteien.) Wir arbeiten beide in der Landwirtschaft. Um jemals vernünftig zu wohnen, müssen wir ein Haus bauen. (In unserem Dorf gibt es keine Neubauten o. dergleichen.)

Werden wir das finanziell durchstehen? Bei D-Mark, Arbeitslosigkeit, verschärften Kreditbedingungen, allgemeinen Teuerungen?

Aber auch etwas anderes macht mir persönlich Sorgen. Bisher haben die Menschen hier im Dorf ein freundschaftliches Verhältnis miteinander. Es wird gefeiert, gemeinsam gearbeitet und auch »geschwatzt«. Es gibt keine großen Unterschiede in den Lebensverhältnissen. Alle haben, was sie brauchen, es ist irgendwie sicher und ungezwungen. Verschieben sich nun die Verdienstmöglichkeiten, gibt es Arbeitslose, wird dann durch das Gefälle nicht das Klima vergiftet? Die dörfliche Geborgenheit zerstört? Welche Chancen haben dann unsere Mädchen? Welche Ideale sollen wir ihnen vermitteln, wo es doch uns schon schwerfällt, an etwas zu glauben – jetzt! Wir haben auch Angst, uns so ganz allgemein nicht behaupten zu können. Wir sind nicht so »cool« und gewandt.

Nun ja, da hätte ich die dritte Frage eigentlich schon mitbeantwortet. Und dann möchte ich auch zugeben, daß wir durch unsere Schule und Kindheit allgemein geprägt sind. (Wir sind beide Jahrgang 63.) Uns wurde nicht nur Verwerfliches beigebracht, wie das manchmal so zum Ausdruck kommt. Sollen wir das alles jetzt schnell vergessen?

Ich könnte jetzt noch viel dazu schreiben, aber das war es im wesentlichen erst einmal. Vielleicht könnten Sie mir darauf antworten! Haben Sie Hoffnung für unsere Zukunft? Und dann: Ich mag die DDR. Wir hätten sie jetzt wirklich besser machen können. (Aber ein »Pfarrer« Ebeling küßt dem Kanzler die Füße und maßt sich an, für uns zu sprechen. Wer aber hat den denn schon gewählt?) Na ja... viel Wut und irgendwie Hilflosigkeit fühlen viele Menschen hier im Dorf. Von Westeuphorie keine Spur.

Sabine, 27 J., o. A.

Wir haben in den letzten Monaten so viel erreicht wie noch nie vorher, ich hasse jegliche Pessimisten und Schwarzmaler, die an das Mißlingen einer Sache glauben, ohne sie eigentlich »gelebt« zu haben!!

Unsere deutschen Mitmenschen auf der anderen Seite kochen auch nur mit Wasser, sie haben sich das Land mit dem höchsten Lebensstandard und einem sagenhaften Bruttosozialprodukt durch harte Arbeit, gesunden, der Wirtschaft dienlichen Konkurrenzkampf und perfektes Management auf dem Sektor aller wirtschaftlich-wissenschaftlichen Gebiete aufgebaut.

Die Mehrzahl der Bundesbürger steht uns offen gegenüber, akzeptiert auch die Meinung eines anderen und diskutiert sachlich über Probleme, die bei der Diskussion über ein vereintes Deutschland auftreten. Das sind persönliche Erfahrungen, die ich während eines vierzehntägigen Urlaubs bei Freunden in der Nähe von Trier gesammelt habe, egal ob im Kegelklub, zu Hause oder in der Diskothek.

Die meisten sind neugierig auf die DDR und ihre Bewohner, die Medien haben auf vielen Gebieten, in Ost und West, gelogen, das wahre Bild total verzerrt!

In Westberlin weilte ich nur kurz, eine imposante Stadt, ein gemeinsames Berlin wird sicher schnell zu einer europäischen Metropole. Leben möchte ich jedoch nicht in Berlin, wahrscheinlich eine Frage der Mentalität, aushalten würde ich es auf die Dauer wohl nur hier in Sachsen oder in Bayern, die Menschen sind sich sehr ähnlich, besonders, was den Nationalstolz zu ihren Heimatländern betrifft.

Eine Vereinigung der deutschen Staaten sollte unvermeidbar, aber durchdacht und unter Mitarbeit aller mit Mehrheit gewählten Parteien erfolgen. Es ist Aufgabe der Politiker, für das Wohl des Landes und damit für den Wohlstand der Bürger zu arbeiten, nicht umgekehrt, das haben wir in den letzten vierzig Jahren wohl alle zur Genüge getan und damit eine Clique von Verbrechern fettgemästet.

Von Beruf bin ich Koch, seit fünfzehn Jahren, wir sind wohl eine Art »Weltmeister im Improvisieren«, nach dem Motto: Aus Nichts und Wenig mach' Viel. Mein Beruf wird in Zukunft mehr Spaß machen, es ist doch Sinn und Zweck der Sache, seinen Gast zu verwöhnen, anstatt nur mit Äpfeln, fauligem Gemüse und Makrelenfilet in Tomatentunke zu arbeiten.

Das in der BRD praktizierte Prinzip zum Erreichen des Meistertitels ist optimal, jeder sollte selbst für sich lernen und wissen, wann er sich für eine solche Qualifikation reif fühlt, ohne »Marxismus-Leninismus« koche ich genauso gut, bisher war das ein Schwerpunkt in der theoretischen Ausbildung, fachliches Wissen wurde vorausgesetzt, welch ein Hohn! Ich lerne dazu, wenn ich mit älteren, erfahrenen Meistern zusammenarbeite, ihnen über die Schulter sehe, etwas mit den Augen stehle, nicht, indem ich das »ND« studiere!

Zu dieser Frage eine klare Antwort: Nein!!! Angst hätte ich nur vor einer Art »Konterrevolution«. Zu verhindern, daß dieselben »Staatsführer« wieder ans Steuer geraten, darauf sollten alle bisher betrogenen Menschen achten, zu denen ich auch alle ehrlichen Kommunisten zähle, die für das Gute der Sache eintraten, ohne sich zu bereichern und dafür eigentlich am allermeisten betrogen worden sind! Ich denke da auch an Menschen in der eigenen Familie, für sie brach eine Welt zusammen, sie sind enttäuscht, verbittert, haben all die Jahre umsonst gearbeitet, für das Wohl einiger Verbrecher und ihrer »treusten« Stasi-Büttel.

Ansonsten gebe ich da einem Mann recht, der vor vielen Jahren schon sagte: »Der Kapitalismus macht soziale Fehler, der Sozialismus...!!«

o. A., o. A., Koch

Eindrücke vom deutschen Nachbarn aus den letzten Wochen? Da denke ich zuerst an den aus Bonn gesteuerten Wahlkampf zum 18. März. Ich habe da nur noch Worte wie Freiheit, Wohlstand, Einheit im Ohr.

Doch wo bleiben solche Sachen wie kameradschaftliches Miteinander, Solidarität mit der Dritten Welt, Zukunft der Kinder...

Ansonsten hat sich auf Westberlin-Besuchen mein Bild von »drüben« bestätigt. Konsum steht an erster Stelle (aber alles bekommt man auch nicht auf Anhieb). Leute mit Kindern sieht man selten und wenn, scheinen sie doch ärmlicher gekleidet, als gewohnt. Polizisten sind selbstbewußter als hier, Verkäuferinnen freundlicher, die Menschen im allgemeinen scheinen selbstbewußter, höflicher, einsamer. Leute lachen sieht man selten. (Gilt allerdings auch bei uns, leider.) Alles dreht sich um's Geld: Wie kann man was am besten von der Steuer absetzen, wo ist was am billigsten...

Abgesehen von Werbung und vollen Geschäften sehe ich keinen Unterschied zu unseren Städten. (Allerdings unterscheidet sich wohl Westberlin von anderen Städten »drüben«.)

Konsequenzen durch die Wiedervereinigung für mich? Es hat im Prinzip schon begonnen. Mein Mann und ich sowie weitere Verwandte haben keinen sicheren Arbeitsplatz mehr. Mein Studium als Diplom-Wirtschaftlerin kann ich vergessen. Das Fernstudium meines Mannes steht nur noch auf wackligen Beinen. (Welcher Betrieb kann sich noch Freistellungen zum Studium leisten, zumal es sowieso einen Überschuß an Hoch- und Fachschulkadern gibt?). Ob ich mich jetzt weiterbilden kann, ist fraglich, denn wer ist als Betrieb an einer Frau mit zwei Kleinkindern interessiert. Ob ich mir in Zukunft das Geld für Kindereinrichtungen leisten kann, weiß ich nicht. Ansonsten warten wir oder besser gesagt, rechnen wir jeden Tag damit, daß sich unser alter Hausbesitzer wieder meldet...

Zukunftsängste? Zuerst mal um meine Kinder. Was wird mit ihnen in einer Welt mit Drogen, hoher Kriminalität, in einer Welt, wo sich fast alles nur noch um's Geld und Konsum dreht? Was wird überhaupt aus unserer Erde, wenn der Sozialismus als Gegenstück zum Kapitalismus wegfällt? Entwicklung resultiert doch immer aus Widersprüchen...

Ich habe Angst um die Erhaltung der Erde durch den drohenden ökologischen Kollaps, Angst um den Weltfrieden durch allseits zunehmenden Nationalismus, insbesondere bei uns und in Europa.

o. A., o. A., Diplomökonomin

Als man am 9. November 1989 die Grenzen öffnete, war die Freude verständlicherweise auf beiden Seiten, in Ost und West, riesengroß. Wie viele andere nahm auch ich die Gelegenheit wahr und fuhr nach Hamburg. Ich ging durch Straßen, Gassen und Geschäfte. Bei der Ankunft auf dem Hamburger Hbf. konnte ich es nicht glauben, doch der Punkt aufs i wurde von den Geschäften gesetzt. Da habe ich mich gefragt, was haben wir eigentlich die letzten vierzig Jahre gemacht? Geschlafen? Bestimmt nicht. Aber woraus resultieren diese krassen Gegensätze? Man konnte es doch Jahr für Jahr in den Zeitungen lesen: »Nettoproduktion um soundso viel Prozent übererfüllt, Nationaleinkommen übererfüllt« usw. War das denn alles Manipulation? Manchmal frage ich mich, und ich bin bestimmt nicht der einzige, wofür haben eigentlich unsere Eltern gearbeitet? Für die Partei (die ehemalige SED-Führung)? Nach den ganzen Offenbarungen der letzten Tage, Wochen und Monate glaube ich es fast. Sicherlich ist es richtig, wenn Leute, die einen Staat regieren, ein paar (!!!) Privilegien haben, aber so etwas wie Wandlitz ist doch Schwachsinn. Die Obrigkeit lebt in Saus und Braus, und die Rentner in den Altersheimen leben genauso wie Tiere. Ich bin der Meinung, es kann nur noch bergauf gehen mit diesem Staat.

Ich würde vermutlich meinen Arbeitsplatz verlieren, wie viele andere auch, aber ich mach' mich da nicht heiß, denn noch ist mein Arbeitsplatz sicher, und bevor ich gehe, gehen noch ganz andere Leute (z. B. aus Büro's usw.).

Ein paar Zukunftsängste habe ich schon. Dabei geht es nicht um meinen Arbeitsplatz, sondern vielmehr um die dann zwangsläufig steigende Kriminalität und Gewalt auf der Straße. Sicherlich wird es dann auch zum verstärkten Auftreten von Neonazis und Skinheads kommen, aber Skins und Neonazis hatten wir auch schon vorm 9. November '89. Die größte Angst habe ich allerdings vor dem AIDS- und Drogenproblem.

o. A., o. A., o. A.

Vor der Grenzenöffnung war das Thema »in den Westen fahren« tabu. Es war ein Wunschtraum, der sich sowieso nie erfüllen würde. In der Schule wurde uns ewig eingebleut: »Der böse Kapitalismus«, »Ausbeuter«, »Arbeitslose«...

Am Freitag, dem 10. 11. '89, konnte ich es kaum glauben. Im Unterricht war ich mit meinen Gedanken schon woanders. Weiter gedacht habe ich in diesem Moment noch nicht. Was wird nun? Die Frage habe ich mir erst einige Zeit später gestellt. Das mit der Arbeitslosigkeit habe ich mir ganz anders vorgestellt. Daß die dort auf der Straße rumliegen und so. Habe ich überhaupt nicht gesehen. Und von Leuten, die rüber sind (für immer), hat man auch nur Gutes gehört. Arbeit bekommt man problemlos, wenn man will! Das war doch nur die Angriffsstellung unseres Staates gegen den Kapitalismus. Das finde ich Scheiße. Ich hatte mich echt gefreut, als die Wende anfing (Anfang September/Oktober), die Grenzen geöffnet wurden, man sich Geld eintauschen konnte, die SED beseitigt wurde und so auch die Stasi. Ich bin gegen die Wiedervereinigung, wie sie sich der Herr Kohl und die ganze Meute vorstellen. Wiedervereinigung ja, aber nicht jetzt. Wenn jetzt Währungsunion kommt, ist das zwar positiv für alle materiellen Dinge, aber das ist der erste Schritt, und die weiteren Schritte folgen rasch. Die, die jetzt »CDU – Hurra!« geschrien haben, sitzen als erste auf der Straße, als Arbeitslose.

In diesem Zustand kann die DDR sich nicht mit der BRD verbünden. Wir werden aufgefressen von den Leuten. Die sind doch nur auf's Geldmachen aus. Die siebzehn Millionen Menschen, die hier leben, sind denen doch egal. Hauptsache, aus der »kleinen« DDR ist noch was rauszuholen.

Ich finde, daß wir das auch selber schaffen. Die DDR hat es vierzig Jahre lang geschafft, sich durchzuboxen. Bloß weil Herr Kohl große Versprechungen macht, vom großen Geld, wird alles fallengelassen. Was hat die DDR dem Volk getan? Die SED-Bonzen gibt es nicht mehr, die Stasi gibt es nicht mehr. Warum aufgeben?

Ich habe nach der Wahl besonders davor Angst, meine Lehrstelle zu verlieren. Auf der Straße zu liegen. Wofür haben wir das verdient? Ich würde mir auch gerne das kaufen, wofür die da drüben immer Werbung machen. Aber dafür mich selber verkaufen. Nein Danke!

Ich habe Angst vor dem Aufkauf der DDR durch die BRD. Der große Haifisch in Form der BRD kommt langsam angeschwommen und wird immer schneller – bis er zufaßt. Die DDR wehrt sich nicht gegen ihn. Sie schwimmt ihm noch entgegen. Es dauert nicht mehr lange!
Danke!
Die Nelken
DDR – Unser Vaterland!
Manja, 16 J., Lehrling (Facharbeiterin mit Abitur)

Meine größte Zukunftsangst ist, daß die Deutschen zum dritten Mal in diesem Jahrhundert größenwahnsinnig werden könnten. Leider sehe ich dafür schon viele kleine Anzeichen. Z. B. Rechtsradikalismus, Deutschland in den Grenzen von 1937 (was folgt darauf?!) und dann vielleicht auch noch »Einig Vaterland« in der NATO. Dies eben Genannte birgt für mich eine Gefahr für den Weltfrieden in sich und ist somit nicht von Vorteil für ein »Gemeinsames Haus Europa«.

Ich sage, mir wären zwei deutsche Staaten am allerliebsten, die sehr gute Nachbarschaft miteinander halten. Die Reisefreiheit würde mir vollkommen genügen. Ich glaube, dann könnte ich meine persönlichen Ziele und Wünsche am besten verwirklichen. Eine Vereinigung nicht in Einklang mit dem Bau des Hauses Europa würde mich vielleicht meinen späteren Arbeitsplatz kosten, wer nimmt schon jemand, der aus gesundheitlichen Gründen nie voll einsatzfähig ist? Ich wollte eine große Familie, wo bekommt man drüben eine Wohnung preisgünstig für vielleicht drei Kinder? Werde ich am Kochtopf stehen müssen Tag aus Tag ein oder arbeiten gehen dürfen? Werde ich als Frau ökonomisch unabhängig sein? Soll ich mir Geld für mögliche Arztbesuche sparen? Mit diesen Fragen will ich nur andeuten, das Wahlergebnis vom 18. 3. '90 werden wir alle noch bitter bezahlen müssen. Denn das Ellenbogengebrauchen ist dem DDR-Bürger ja weitestgehend fremd, und es werden sich für so manchen die durch Herrn Kohls »Versprecherblasen« in die Welt gesetzten »rosaroten Träume« vom »schnellen Geld und Glück« in so manchen Stein, der einem schwer im Magen liegt, jäh umwandeln. Ich bin, wenn schon keine Zweistaatlichkeit mehr möglich ist, für einen schrittweisen Annäherungsprozeß, der Europa und der Welt dient, das schließt eine absolute Entmilitarisierung beider Staaten mit ein, so daß im Endeffekt zwei souveräne, gleichberechtigte Staaten sich zu einem friedlichen, linken, fortschrittlichen Staat verbinden. In diesem Prozeß könnte den Interessen aller Menschen, auch der aus den Nachbarländern, entsprochen werden.

Ich war erst viermal in Westberlin, und ich muß sagen, ich war jedesmal froh, wieder zurück zu sein, und ich möchte nie in Westberlin wohnen. Ich fühlte eine Art Kälte um mich, die sich vielleicht mit diesem enormen Konsum-Angebot begründen läßt. Ich schäme mich für die DDR-Bürger, die alles ramschen, wenn es nur kostenlos zu haben ist. Ich will nicht erkannt werden, weil ich diesen Satz »ach der arme Zoni!« nicht mag und ich mich eigentlich weder als arm noch als Zoni bezeichne und gar fühle. Mein Bild von der BRD und Westberlin war eigentlich realistisch, weil mein Vater oft dienstlich dorthin fahren konnte. Mich

zieht nur sehr wenig nach drüben, weil mir alles fremd ist und ich mich
dort nicht wohl fühle.

Antje, 16 J., o. A.

In den letzten Tagen habe ich sehr oft über die letzten Jahre meiner Entwicklung nachgedacht und glaube nun einen Anfang machen zu müssen, um alles wieder ins Rollen zu bringen. Ich bin 22 Jahre und stamme aus dem Arbeitergebiet Halle/Leipzig. Aufgewachsen bin ich in W., einer nicht gerade großen Stadt. Meine Eltern sind Intellektuelle, und das unterschied mich in meiner POS-Zeit von anderen Schülern. Hinzu kam noch die westdeutsche Verwandtschaft, die mich bis heute mit den einfachsten und wichtigsten Dingen des Lebens ausstaffierte (sprich den Klamotten). Natürlich kann man da auf die Grundsubstanz des Denkens schließen, welches man da eventuell bekommen könnte. Jedoch versuchte ich schon recht früh, mich damit auseinanderzusetzen. Weshalb ich und nicht die anderen. Viele meiner Mitschüler glaubten damals, ich schwimme in westlichen Produkten, doch ich fand den Sinn dieses Denkens nicht. Bereits in der zweiten Klasse wurde uns verboten, die westdeutschen Medien reinzuziehen. Jedoch schaute ich mir den Sandmann der ARD jeden Abend an und vergaß völlig die Verbote. Ob ich damals gemerkt hatte, daß in diesem meinem Heimatstaat etwas nicht stimmte? – ich glaub schon.

Später, als ich dann recht gut mit meinen Gedanken und Gefühlen umgehen konnte, redete ich über meine Verwandten, über ARD-Sendungen am Abend, über Werbespots ... und schimpfte insgeheim über die Scheiße hier im Land, weil ich jeden 1. Mai zur Demo mußte usw. Meine Eltern ließen mir relativ viel Freiheit in meiner Gedankenwelt. Doch ging es um den Vergleich zwischen Ost und West, da lag plötzlich so eine komische Grenze zwischen ihren Argumenten und den meinen.

In der zehnten Klasse hatte ich dann die Nase voll von dieser blöden Hetze der BRD gegenüber und fragte mich nach den Gründen. Ich kannte doch das Land nur von den Verwandten und dem Bildschirm. Bei einem Besuch einer Tante störte ich in einem Gespräch, wo sie feststellte, wie beschissen es hier in der DDR ist. Wir haben, wir besitzen, wir ... Mir kamen auf einmal andere Existenzen aus der anderen Republik in den Kopf. Ich fragte nach diesen Leuten. Die Frage wurde von der Tante beiseite geschoben, und ich bekam 'ne Banane. Komisch, ich konnte mit einem Male auf die Banane verzichten. Mich hat dies derart angekotzt, so daß ich versuchte, positive Dinge in der DDR zu finden. Wenig gab es, und ich stieß mich ständig an den negativen Dingen.

Auf der Penne ging ich dann den Ursachen nach. Viele Diskussionen mit den Leuten in der Schule folgten. Aufrufe wurden gestartet. Es waren kleine Kämpfe gegen die Obrigkeit, die am langen Hebel saß. Gewonnen haben wir nie, aber es entstand die Grundsubstanz für die Alternative zum stalinistischen Sozialismus. Es waren schöne, sehr schöne Träume. Aber Kampf war immer in unseren und in meinem Herzen anzutreffen. Geschlagen haben wir uns nie gegeben. Wichtig in dieser Zeit waren die Auseinandersetzungen zwischen Ost- und Westfernsehen. Irgendwann lernte ich Leute aus der BRD kennen, die mir ein völlig anderes Bild aufzeigten, als das, das ich von der Verwandtschaft hatte. Irgendwie kamen mir die Probleme bekannt vor, und zu diesem Zeitpunkt wußte ich genau, wo ich hingehöre. In die DDR. Manchmal gab es Treffen, wo ich mir vorkam wie ein Exot zwischen all den Wessis. Aber ich wurde akzeptiert und wegen meiner Haltung nicht verurteilt. Man überlegte gemeinsam, wie man es besser machen würde.

Nach der Penne hatte ich dann wahnsinnig viel Kontakt zu oppositionellen Kräften. Gespräche, Diskussionen, Ziele wurden besprochen. Ich lernte, lernte, lernte. Danach war ich häufiger bei der Stasi, und diese Gespräche waren mir so verhaßt. Dort habe ich begriffen, daß in diesem Verein nie Frieden herrschen kann.

Meine Vorstellung von der westlichen Welt? Du bekommst alles! Aber menschlich gesehen stimmt dort irgendwie etwas nicht. Irgendwie hatte ich null Bock auf diesen Konsum. Na ja, und dann gingen die Tore auf, und die Glitzerwelt nahm Gestalt an. Ehrlich gesagt, mir war kotzübel, als ich von außen in diese prallgefüllten Geschäfte sah. Oh, war mir schlecht. Was mich jedoch faszinierte, war die Architektur (da ich zwei Semester Architektur studierte und aus politischen Gründen rausgeschmissen wurde). Als dieser erste Schock vorbei war, beobachtete ich die Leute. Oberfläche! Wie froh war ich dann, Kneipen zu finden, wo ich gleichgesinnte Leute traf. Rote, Punker, Rocker, Alternative... Man kam recht schnell ins Gespräch. Manche hatten Lust, sofort in die DDR zu gehen, um dort vor den aufkommenden Gefahren zu warnen. Wir sahen die Bilder von Leipzig, marschierten entgegengesetzt mit DDR-Fahnen. Angst, Angst, Angst ... sie wurde mit einem Male sehr erdrückend. All die politische Moral der Anfangszeit begann unter mir hinwegzulaufen. Leipzig am Anfang – das war Gewalt, Leipzig am Ende

– das war Gewalt. Von Demokratie konnte nicht im entferntesten geredet werden. Und wir haben uns eine saubere DDR vorgestellt. Eine wahrhaft gute und moralische DDR. Doch der Wahlkampf in der DDR wurde für mich zum einzigartigen Witz. Freiheit statt Sozialismus, Mann, was haben diese Leute nur getan. Nichts gelernt. Niemals. Auch die Geschichte des Dritten Reiches schien bei vielen nur ein Witz zu sein. Und Kohl ist auferstanden aus Ruinen, wo Hitler sich damals herniederlegte.

Gerade durch die letzten Jahre habe ich gelernt, wie sehr ich die DDR mag. Ich zähle mich nicht zum Deutschtum. Nicht einen Zentimeter. Gut, ich spreche deutsch, aber das ist nicht ausschlaggebend. Sollte es »eventuell« eine deutsche Einheit geben, so werde ich die nächsten fünf Jahre lang studieren, danach ein wenig Geld verdienen und dann in ein anderes Land überwechseln. Vielleicht gibt es bestimmte Teile der DDR, die nicht Deutschland werden wollen. Sollte dieser Traum wahr werden, dann versuche ich, dort zu bleiben. Aber das ist ein Alptraum. Ich glaub', daß dies wohl ein wenig zu viel Geschichte war, vielleicht auch ein wenig konfus. Na ja, hoffe, es reicht.

Bernhard, 22 J., Student

Ich bin 23 Jahre alt, (noch) ledig, Mutter von zwei Töchtern (zwei und ein Jahr alt), von Beruf Lehrerin für Schüler der unteren Klassen und seit dem 12.03.1990 Mitglied der PDS.

In der Schulzeit, so bilde ich mir ein, habe ich mich aktiv mit dem politischen Geschehen nicht nur im Unterricht, sondern auch außerunterrichtlich und als Agitator unserer FDJ-Leitung beschäftigt. Die Ideale des Sozialismus waren und sind meine Ideale, ich habe sie ständig zu vertreten gewußt, auch in meiner vierjährigen Potsdam-Studienzeit!

Als nun die Korruptionen und Machenschaften der führenden Politiker unseres sozialistischen Staates aufgedeckt wurden, brach im ersten Moment eine Welt für mich zusammen! Das konnte einfach nicht wahr sein, das durfte nicht wahr sein!!! Gut fand ich, daß alles getan wurde und weiter wird, um das wahre Ausmaß der Ausbeutung des arbeitenden Volkes der DDR durch führende und machtausübende Politiker der DDR aufzudecken.

Was ich allerdings wirklich nicht verstehen werde, ist, daß so viele DDR-Bürger unserem Land den Rücken kehren, jetzt, wo sie die Möglichkeit haben, ihre eigenen Interessen durchzusetzen. Wie am Anfang meines Briefes erwähnt, bin ich sozialistisch erzogen worden und stehe zu meinem Staat, stehe zu meiner DDR! Schon im Elternhaus und auch im Staatsbürgerkundeunterricht der Schule wurde meines Erachtens keine Schwarz-Weiß-Malerei im Verhältnis BRD–DDR betrieben. Immer wieder gaben meine Eltern (Vater: SED) und Stabü-Lehrer Anstoß, selbst Gutes und Nachteiliges herauszufinden, meist natürlich aus Informationen der Medien.

Ich hatte also, um Ihre erste Frage zu beantworten, keine Notwendigkeit, mein Bild über die BRD und Westberlin zu korrigieren. Allerdings frage ich mich immer wieder, wieso dieses unwahrscheinlich reichhaltige Angebot im Westen meine Landsleute zum Verrat ihrer Heimat, ihres eigenen Werks, mehr oder weniger verführen konnte...? Es ist doch bei uns in der DDR genauso, hast Du Geld, kannst Du kaufen! Okay, vorausgesetzt, es gibt etwas. Aber wegen Bananen, Kiwis, Mangos und den vollen Regalen und Schaufenstern würde ich mich nicht in die Ungewißheit begeben. Eine Revolution stand vor der Tür, wurde in unserem Land jedoch nicht voll aufgenommen, konnte gar nicht, weil eben viele, die diese Revolution hätten tragen müssen, ihr Land, unser Land, verrieten. Hier, an Ort und Stelle, hätten sie kämpfen sollen, hätten ihren Mund auftun und ihre Kraft einsetzen sollen, daß ihre Wünsche berücksichtigt werden...

Ich hatte bisher keine Schwierigkeiten, an die Kraft des Volkes der DDR zu glauben, aber nach den Wahlen des 18. März' sieht es anders aus. Das laufende Hin und Her der Versprechen der Politiker aus der BRD-CDU, aber auch unserer Parteien wie CDU, DA, SPD u. a. bekräftigten mich in meinem Vorhaben, Mitglied der PDS zu werden. Die PDS, so habe ich es erkannt, ist die einzige Partei, die ihren Wahlkampf ehrlich geführt hat, ehrlich, indem sie sich erneuerte, öffentlich ihre Vorgehensweise erläuterte und vor allem »Alles zum Wohle des Volkes« tat, d. h. in ihrem Programm alle sozialistischen Errungenschaften behalten und weiterführen möchte sowie eine wahrhaft sozialistische Demokratie aufbauen möchte!!! Die PDS hat aus den Fehlern der vergangenen Jahrzehnte gelernt, andere Parteien sehen nur die Fehler und wollen »Nie wieder Sozialismus«. Die CDU war doch eine der Blockparteien vor der Wende, war doch wirklich die Blockpartei. Warum bekennt sie sich nicht zu den gemachten Fehlern?

Zu Frage drei würde ich sagen, ich habe Angst davor, daß dieses »Nie wieder Sozialismus« unser ganzes Leben zerstört. Es hört sich sicher übertrieben an, aber ich habe wirklich keine Angst um mich in dem Sinne, aber um die Ideale des Sozialismus, die schon so lange Zeit die Menschen in unserem Staat geprägt haben! Natürlich denke ich auch an meine Kinder, an die anderen Kinder und an die, die ich selbst schon in der Schule unterrichtet habe...

Etwas Angst um mich habe ich auch: wie soll ich, ein sozialistisch ausgebildeter Lehrer, ein sozialistisch überzeugter Lehrer, nach einer Wiedervereinigung meine Schüler unterrichten?

Ines, 23 J., Lehrerin

Habe um siebenundzwanzigeinhalb Ecken Verwandte in Berlin (West), die ich seit einem Besuch von ihnen bei meiner Oma kenne. Ich hatte nie etwas von ihnen gehört. Ich unterhielt mich mit ihrem Sohn (ca. 16 Jahre) über die DDR, die Bundesrepublik (Berlin/West eingeschlossen) und die politische Lage zwischen den beiden Staaten. Das war ungefähr im Januar dieses Jahres. Dieser Jugendliche hat (für meine Verhältnisse) eine sehr realistische Weltanschauung, d. h. also auch, daß er gegen das imperialistische System ist wie ich (mit wenigen Ausnahmen). Worüber ich erstaunt war, daß er auch kommunistische Triebe hatte, so wie in manchen DDR-Köpfen stalinistische, marxistische sowie kapitalistische Triebe vorhanden sind (siehe Wahlergebnis gegenüber der »CDU«). Wir erzählten über unser System in unserem Land, wie wir (Jugendliche) dieses System erlebten, wobei auch jeder große negative Eigenschaften des Systems aufzählen konnte (ca. Hälfte–Hälfte). Das war für mich sehr aufschlußreich – und ich änderte meine Meinung zur BRD erheblich (zum Realistischen hin). Diesen Vorgang beeinflußte u. a. stark mein Geschichtslehrer (realistisch, tolerant, marxistisch).

Hier würde ich sehr viele Konsequenzen ziehen müssen (positive bzw. negative für mich) – hier einmal die großen negativen Konsequenzen:

– Umstellung auf das andere System.

Dabei (glaub ich) wird es sehr fatale, aggressive Konflikte mit meiner Umwelt geben.

– Müßte Teil meiner Mentalität preisgeben, was eigentlich nicht geht – Freizügigkeit, Humor, Kameradschaftlichkeit, Treue, Verrücktheit (positive) usw.

Ich habe große Angst um mein Bestehen in diesem neuen Staat, der bald total vom Geld geprägt werden wird, obwohl ich die EOS schaffen will und vielleicht könnte. Ich werde sehr wahrscheinlich an diesem System seelisch kaputtgehen, wenn mich nicht eine echte, große Liebe daran zu hindern versucht. Ich wurde als »Roter« erzogen und fühle mich selbst als Kommunist – werde also wahrscheinlich kein gutes Leben in solch einem System haben. Aber ich will die Welt verändern!!! Kommunismus soll einkehren!!! Trotzdem weiß ich, daß ich das nicht mehr erleben werde (wenn überhaupt jemals jemand), das kann (... Mio. oder Mill.) Jahre dauern. Deshalb möchte ich mich mit anderen zusammenschließen, die die gleichen Ansichten, Meinungen haben oder ähnliche.

Tschüß Michi

Entschuldigt bitte »Kliere« und evtl. Fehler – habe noch keinen ordentlichen Tintenkiller (»von drüben«). Auf einen kommunistischen, demokratischen, humanen Weg in die Zukunft (wenn es die gibt?)!!! Prost!

Michael, 14 J., Schüler

Ich bin in einer Kleinstadt im Oderbruch aufgewachsen, die ich, außer zur Berufsausbildung, nie längere Zeit verlassen habe. Ich lebe also immer noch da, wo ich Kindergarten, Schule etc. absolviert habe. Nach der Ausbildung habe ich drei Jahre als Kindergärtnerin gearbeitet, das Abi an der Abendschule nachgeholt und arbeite nun als Logopädin. Mit dreiundzwanzig gehöre ich sicherlich nicht mehr zu der Gruppe der Jugendlichen, die Sie konkret angesprochen haben. Ich wohne allein, habe also keine Familie und fühle mich von den Interessen und der Lebenshaltung her dieser Altersgruppe mehr zugehörig als den »Erwachsenen«. Daher bin ich von den Sorgen und Problemen der Jugendlichen in dieser Gegend hier gleichermaßen betroffen, halte mich also auch für »kompetent«, auf die von Ihnen aufgeworfenen Fragen zu reagieren.

Wenn man herausfinden möchte, welche Denkweisen sich bei Jugendlichen nach dem 09. November herausgebildet haben, muß man sicher auch in Betracht ziehen, welche Denkweisen (soziale Strukturen, Problemkreise, Identitätskrisen usf.) vor diesem Datum bestanden haben.

Das Milieu, in dem man hier aufwächst, bewegt sich zwischen dörflich und kleinstädtisch. Das bedeutet einerseits eine tiefere innere Bindung zur Gegend, zu den Leuten – andererseits bedeutet das, in einem kulturellen Notstandsgebiet aufzuwachsen. Aus diesem Grund halte ich es für wesentlich, eine genaue Unterscheidung »der Jugendlichen« vorzunehmen.

Was mich an der Diskussion über »die Jugend« im allgemeinen aufgebracht hat, das war die Tatsache, daß man wohl immer den aktivsten Teil der Jugendlichen meinte – also diejenigen, die sich beispielsweise am Runden Tisch beteiligt haben oder sich anders politisch betätigen.

Der größte Teil der Jugend wächst aber in der Provinz heran. Welche Konsequenzen das hat, habe ich ja selbst erfahren. Dieser aktive Teil der Jugendlichen ist hier noch viel geringer als in Großstädten. Es gibt im Oderbruch keine Anlaufpunkte für junge Leute, um sich selbst zu einem aktiven Menschen zu entwickeln (ich nehme da die wöchentlichen Diskos aus). Es sei denn, man hat das Glück, engagierte Eltern zu haben, die es verstehen, spätere Interessen sinnvoll anzubahnen. Oder aber, man erkennt die Situation rechtzeitig selbst und macht das Beste draus: wenn hier keine Kultur ist – zur Kultur zu fahren. Dieser Widerspruch zwischen dem, was man in sich drin hat und dem, was von außen auf einen wirkt, wird auf verschiedene Weise gelöst:

– Man versucht einen Kompromiß zu schließen, indem man zwar hier wohnt, aber beispielsweise die Wochenenden woanders verbringt, um sich geistig »über Wasser« zu halten

– Man steigt in die beiden großen »Fluchtwellen« ein, die die Provinz besonders betreffen, nämlich einmal die Abwanderung in die Großstädte, andererseits die Abwanderung gleich in den Westen

– Man gibt auf und paßt sich der Umgebung an.

Alle drei Varianten enthalten keine Möglichkeiten, die Situation der Jugend hier zu verbessern. Und eben weil der aktive Teil hier so verschwindend klein ist, wird es noch eine geraume Zeit dauern, bis die Jugend ihre Probleme selbst in die Hand nehmen kann.

Diese Bemerkungen halte ich einfach für notwendig, um auf die zwei aufgeworfenen Fragen zu antworten.

Die »kulturelle Verwahrlosung« ruft ganz extreme Ansichten hervor. Sie reicht von der unkritischen Anbetung westlicher Verhältnisse bis hin zu einer großen Nachdenklichkeit, die die Verbundenheit, die innere Beziehung zur engen Heimat wachsen läßt – quasi als Abwehrreaktion auf die zunehmende »Verwestlichung«.

Ich erinnere mich sehr deutlich an die erste Tour nach Westberlin, ich habe sie fast zwei Monate nach der Grenzöffnung unternommen. Die »Grundbefindlichkeit« war, durch ein supermodernes Labyrinth zu stolpern – als provinzieller Trottel. Ich habe sehr schnell festgestellt, daß mit dem »moderneren Leben« dort nicht unbedingt die zwischenmenschlichen Beziehungen herzlicher sind. Aus einem großen, interessanten Angebot an Kultur ergibt sich nicht zwangsläufig ein höheres Bildungsniveau als in meinem kleinstädtischen W. Aus weltgewandten, lockeren »Bundis« werden beim genauen Hinsehen und Zuhören sehr schnell nette, freundliche und nichtssagende Leute.

Ich weiß, diese Wertung ist so pauschal wie eben nur möglich, sie deckt sich aber sehr genau mit meinen Erfahrungen, die ich bisher gemacht habe.

Die Korrektur meines Bildes bezieht sich also zuerst auf die Menschen, auf ihre anderen Werteinstellungen, Beziehungen zueinander. Die Unterschiede zum kapitalistischen Gesellschaftssystem waren ja pro forma bekannt, nicht aber, wie sich diese Dinge auf die Beziehungen zwischen den Menschen auswirken. Das war es eigentlich, was mir am negativsten, am nachhaltigsten aufgefallen ist. Der Bettler am Straßenrand wird einfach nicht gesehen, mit ihm ein Drittel der Bevölkerung aus dem eigenen Bewußtsein einfach ausgeklammert – riesige soziale Unterschiede in einer Familie können schweigend übergangen werden, ohne daß auch nur ein Mitwisser irgendwelche Gewissensbisse hat. Als Logopädin verstehe ich mich auch als »Sozialarbeiter« – viele Sprachstörungen können doch nur beseitigt werden, wenn man in die soziale Situation des Patienten eingreift. Wahrscheinlich sind mir aus dieser Sicht heraus die obengenannten Dinge besonders aufgefallen, negativ zu Bewußtsein gekommen.

Das habe ich ja – in bezug auf meine Arbeit – schon gesagt. Nimmt man alle Konsequenzen zusammen, kommt man zwangsläufig auf das Ergebnis, daß die CDU-wählende Mehrheit endgültig den Abschied der DDR vom Sozialismus gewählt hat. Sicher ist die Wahl nur der Endpunkt unter eine lange Entwicklung gewesen. Aber für mich läßt sich nun eben klar formulieren, daß »soziale Marktwirtschaft« sich mit der Einführung der kapitalistischen Produktionsmethoden übersetzen läßt.

Ich will nicht die Konsequenzen aufrechnen, die sich für meinen Alltag daraus ergeben werden. Vieles läßt sich nur spekulativ sagen. Das verbinde ich mit der Frage nach den Zukunftsängsten. Mit dem größten Bedauern sehe ich kommen, daß sich die zwischenmenschlichen Beziehungen unter der bald herrschenden »natürlichen Auslese« in der Gesellschaft verändern werden, nämlich sich den Beziehungen nähern wer-

den, wie sie mir drüben so bedrückend und unangenehm klar geworden
sind. Wenn man gezwungen ist, von der DDR Abschied zu nehmen – ohne
ihr Territorium zu verlassen, wird es natürlich besonders für die Jugendlichen zu Identitätsproblemen kommen. Was kommt, läßt sich ja an der
derzeitigen Jugendpolitik der BRD absehen. So kann mich eigentlich
nur bedrücken, daß man da so ganz sang- und klanglos von einer sozialistischen Alternative auf deutschem Boden Abschied genommen hat.
Was mich nicht so sehr entsetzt hat, war der – im Vergleich zu westlichen Regierungen eher mickrigere – Luxus der »bürokratischen Oberschicht«, sondern vielmehr die Tatsache, daß wir alle wahrscheinlich
viel zu lange geschlafen haben und viel zu spät aufgewacht sind.
Ich befürchte, daß der Jugend in Zukunft immer weniger Rechte ein-
geräumt werden. Ich weiß nicht, was im Oderbruch passieren wird,
wenn die Landwirtschaft der DDR plötzlich unter EG-Normen wirt-
schaften muß. Ich befürchte, daß aus dem kulturellen Notstandsgebiet
eine Wüste werden wird.

Ich habe aber die Hoffnung, daß mit zunehmenden negativen Veränderungen auch der wenig aktive Teil der Jugendlichen anfangen wird,
die Bedingungen zu hinterfragen, Forderungen zu stellen, sich einfach
mehr politisieren wird, als das bisher der Fall war. Hier waren plötzlich
nachts Leute beim Plakatekleben zu treffen, denen die Politik im allgemeinen und die der DDR im speziellen vielleicht noch vor einem Jahr
völlig gleichgültig war.

Ich bin sehr gespannt auf die Arbeit eines zeitgeschichtlichen Jugend-
forschungsinstituts, mich interessiert sehr, welche Erkenntnisse sich aus
der Forschung ergeben werden, und noch viel mehr, wie man künftig in
der Lage sein wird, diese Ergebnisse im Sinn der Jugendlichen umzuset-
zen.

Ada, 23 J., Logopädin

Zuallererst möchte ich sagen, daß für mich die Ereignisse in den Oktobertagen vergangenen Jahres nicht überraschend kamen. Die zunehmende Unzufriedenheit der Bürger war ersichtlich und berechtigt. Nur
stellte sich mir die Frage, ob ich ebenfalls an den Demonstrationen teilnehmen sollte. Mir fehlten (noch nicht!) keine Bananen, Coca Cola etc.
Vielleicht, weil ich es nicht kannte. Ich konnte auch ohne sie gut leben.
Aber bei den Demonstrationen ging es wohl um mehr als nur darum,

deshalb beteiligte ich mich an ihnen (z. B. mußten und müssen Wirtschaftsstrukturen verändert werden, die Stasi sollte aufgelöst werden u. a.).

Durch die gesamte Entwicklung in der DDR und die immer lauter werdenden Forderungen war es abzusehen, daß irgendwann die Grenze aufgemacht werden müßte. Das geschah für mich relativ schnell (vielleicht sogar überhastet) Anfang November. So war die Möglichkeit geschaffen, seine Verwandten, Bekannten und Freunde im anderen Teil Deutschlands zu besuchen (nach jahrelanger, vielleicht sogar jahrzehntelanger Trennung). Und wir konnten bzw. können sehen und kaufen, was es bei uns nicht gibt. Man erhielt eine weitere (hautnahe) Möglichkeit, Vergleiche zwischen beiden Teilen Deutschlands zu ziehen. Als ich das erste Mal in Westberlin war, war ich ein wenig enttäuscht. Ich weiß nicht, warum. Wahrscheinlich hat sich der Traum vom »Goldenen Westen« in der Realität anders gezeigt. Ein junger Mann, der in Westberlin lebt, fragte mich, ob ich dort leben könnte. Ich sagte: »Nein.« Ich glaube, daß viele Jugendliche mit Illusionen ausgereist sind. Es herrscht dort ein ganz anderes Klima, und ich denke, daß ich dem Leistungsdruck dort nicht gewachsen wäre. Nicht, daß ich faul bin, aber der intelligente Mensch, der schnell begreift, aufnimmt, verarbeitet, der viel weiß, ist gefragt. Und was ist mit den anderen? Dabei übersehe ich nicht, daß es zwei Dritteln der dort lebenden Bevölkerung gut geht. Aber was ist mit dem Rest? Daß ich mein Bild von der BRD bzw. Westberlin korrigiert hätte, kann ich eigentlich nicht so sehr behaupten. Für mich sind jene Menschen keine Feinde o. ä. gewesen. Ich habe einfach »bloß« gesehen, daß dort ein anderes System, andere Strukturen herrschen. Doch warum sollte man deshalb zwischenmenschliche Beziehungen einschränken bzw. aufgeben? Dafür habe ich noch nie einen Grund gesehen. Ich bin sehr skeptisch, wenn es um die Vereinigung beider deutscher Staaten geht. Dafür sind verschiedene Möglichkeiten vorgeschlagen worden. Auf keinen Fall würde ich mich für das Vorhaben der CDU, die einen Anschluß nach dem Artikel 23 des bundesdeutschen Grundgesetzes vorsieht, aussprechen. Das würde zur Panik, zum absoluten Chaos führen. Weiterhin könnten sie somit der Forderung nach sozialer Sicherheit der gesamten Bevölkerung nicht nachkommen. Damit beginnen neue Zukunftsängste, die nach der Wahl verstärkt zugenommen haben.

Ich bin Studentin. Und wie bekannt – ist meine Arbeitsstelle nach

Abschluß der Hochschule nicht gesichert. Das System an sich (daß man sich selber bemühen muß) finde ich gut. Aber wer will die Hochschulabsolventen, die noch nie in einem Betrieb gearbeitet haben? Facharbeiter sind gefragt! Wenn ich könnte wie ich wollte, würde ich sofort etwas anderes machen, d. h. meinen Fachschulabschluß, damit ich später etwas in der Hand habe. Da ergibt sich für mich auch ein Widerspruch. Es fehlen so viele Arbeitskräfte (Fachkräfte), aber es werden keine ungelernten eingesetzt. Warum gibt es keine Möglichkeit des Einsatzes und der Weiterbildung?

Ich habe Angst vor einer überhasteten Vereinigung. Meiner Meinung nach sehen viele Leute nur die D-Mark u. a., deshalb wollen sie sie so schnell wie möglich. Im Moment denke ich so, daß ich schnell was finden muß, wo ich Geld verdienen kann und nicht mehr meinen Eltern auf der Tasche hängen brauche (denn soviel verdienen sie nicht, um mich noch zu unterstützen), denn das Stipendium von 190,– Mark reicht hinten und vorne nicht. Dabei entsteht erneut eine Frage: wird Bildung wieder zum Privileg? Ich wünsche es uns nicht. Damit möchte ich meinen Brief beenden. Ich hoffe, daß Sie etwas aus ihm entnehmen konnten.

Viola, o. A., Studentin

Nachbemerkungen

Ich lese diese Briefe wieder und wieder. Jene, die hier wie nach einer zufälligen Auswahl aus 6400 Zuschriften abgedruckt sind. Und all die anderen...

Manche der Mädchen und Jungen beschreiben darin ihre Perspektive voller Unklarheiten. Sie schauen schmerzvoll auf ein Leben in der DDR zurück, das ihnen dereinst kalkulierbar und vorgezeichnet erschien. Gewiß vergessen einige dabei konfliktreich gelebte Momente, in denen sie sich innerlich gegen die festgelegten Regeln und Normen, gegen das »man sollte« und »das tut doch jeder« oder »das Kollektiv erwartet das so« aufgebäumt haben – bevor sie Wärme, Zuneigung, Fürsorglichkeit, Sicherheit in diesem autoritären Staat durch Anpassung erreichten.

1988 und Anfang 1989 konstatierten soziologische Umfragen ein weithin verbreitetes »Sicherheitsgefühl« Jugendlicher in der DDR. Angesprochen war das berufliche Fortkommen, der versprochene Arbeitsplatz, die sozial abgesicherte Familienplanung oder eine vergleichsweise zu anderen Ländern damals noch geringere Gefährdung Jugendlicher durch Drogenmißbrauch und AIDS.

Viele junge Leute haben sich inzwischen aufgemacht und berichten in ihren Briefen darüber. Sie versetzen oder überspringen Grenzen, die sie zuvor noch als gegeben annahmen. »Die Zukunft ist voller Geheimnisse«, befindet der 15jährige Martin. Er gehört zu den Mutigen, die Unklarheiten nicht leugnen. Aber sie nehmen ihnen mit ihrer geheimnisvollen Neugier das Schreckhafte, das Furchtsame, die Widrigkeiten und die Bitternis. Alle zusammen, die Zaghaften, die Furchtsamen und die Zögerlichen, die Wagehalsigen, die Mutigen..., alle Jugendlichen, die mir geschrieben haben, sind unterwegs. Werden sie durchhalten auf der Suche nach einer eigenen, nicht abermals einfach einzuordnenden Identität? Auch wenn der Preis dafür steigt und jeder ganz allein für sich und dann wieder mit den anderen Ängste und Verunsicherungen bewältigen muß? Werden wir lernen, eigene Werte und Maßstäbe zu setzen und uns in einer weithin unbekannten Gesellschaft souverän zu positionieren?

»Welche Möglichkeiten eröffnen sich in einem künftigen Gesamtdeutschland?« oder »Was erwartet uns?« fragen Jugendliche in vielen Briefen. Von frühester Kindheit an drangen unbemerkt Wertungen und vorgeprägte Muster über den »imperialistischen Gegner«, Vorstellungen vom »Wolfsgesetz des Kapitalismus« und Einschätzungen über den »friedensbedrohenden NATO-Block« in unsere Köpfe. Sicherlich geistern sie noch darin und konnten mit dem Abbau der Mauer und der Grenzpfähle nicht urplötzlich verschwinden. Manche der Ängste und Sorgen, die aus diesen Briefen klingen, sind aus übernommenen Feindbildern zu erklären.

Andererseits empfinden sich ehemalige DDR-Jugendliche angesichts des Trümmerfeldes des »realen Sozialismus« und der um so glanzvoller erscheinenden westlichen Ordnung heute auf der Verliererseite. Die empfundene Demütigung wird in vielen Briefen unterschiedlich beschrieben. Und ein »Verlustgefühl«, weil Ideale und Utopien zerrannen.

Unbewußt oder schon bewußt schwingt darin oft die Frage nach dem eigenen Schuldanteil an einem verpfuschten Weg. Andere wiederum weisen Mitverantwortung an den Geschehnissen hierzulande empört von sich. Sie setzen Tabus.

Ich glaube aber, daß uns die zeitgeschichtliche Auseinandersetzung mit einem Stück eigenem Leben in der DDR niemand abnehmen kann. Und daß sie notwendig ist.

Den eigenen Schuldanteil herauszufinden und auch dazu zu stehen ist schwer. Mir hilft dabei eine Schrift »Naturrecht und menschliche Würde« von Ernst Bloch. Er unterscheidet Rechts- und Unrechtsbewußtsein in der Menschheitsgeschichte und definiert dabei das *norma agendi* – das von einer Obrigkeit gesetzte Recht – und *facultas agendi* – das Recht beziehungsweise die Pflicht (?) des einzelnen oder der Gruppe, vom *norma agendi* abzuweichen, wenn es sich als Unrecht am Menschen entpuppt. Bei der Lektüre der vorliegenden Briefpost spüre ich, daß bei jungen Leuten das intensivere Nachdenken auch darüber eingesetzt hat. Darin sehe ich in all unserem Dilemma die eigentliche Chance.

Später einmal werden Sozial- und Geisteswissenschaftler unsere Briefe zu einem höchst brisanten zeitdokumentarischen Material erklären. Sie werden daraus ihre Analysen treffen, Computerprogramme

entwickeln, Statistiken und Tabellen füllen und über unsere Befindlichkeit Auskunft geben. Mit dem Wissen darüber, wie es mit uns weiter-
ging, werden vielleicht die Feinfühligen unter den Historikern an Hand
der schriftlichen Quellen unsere Tage fast wahrheitsgetreu beschreiben.

Unsere Publikation versteht sich als Wegbegleiter der Jugend in unserem Land; sie kann aber auch Eltern, Lehrern, Erziehern, Sozialarbei-
tern, Politikern – all jenen, die mit Jugend umgehen und Entscheidun-
gen im Interesse Jugendlicher treffen wollen – Problemsicht vermitteln
und das Gespräch zwischen den Generationen beleben.

Die Jugendlichen aus Ost und West wissen auch heute noch kaum etwas voneinander und oft nicht das Richtige! Sie brauchen ausreichende
Kenntnisse und das Gespür dafür, was sie selbst und den anderen ausmacht. Junge Leute werden dabei ihr Selbst-, Welt- und Gesellschafts-
bild korrigieren. Und sie müssen wohl erst lernen, warum die Menschen
aus beiden Teilen Deutschlands zusammengehören.

Ich danke allen meinen Briefpartnern, die diese Publikation ermög-
lichten.

Helga Gotschlich

Inhalt